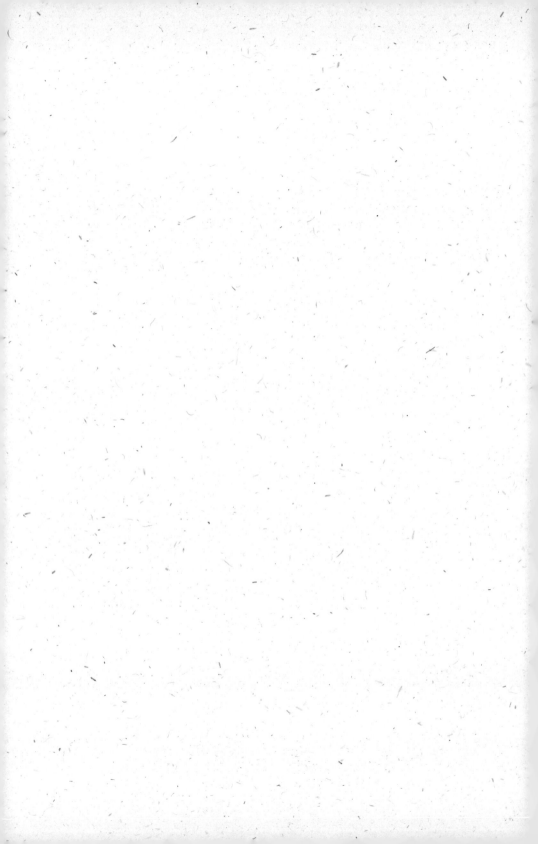

# 창사기행

수신사기록 번역총서 2

안광묵 지음 · 구지현 옮김

## 서문

1876년 제1차 수신사행에 참여했던 인원은 76명이다. 수신사가 관찰한 일본의 모습을 보기 위해 정사 김기수(金綺秀)의 『일동기유(日東記游)』가 주로 활용되었다. 그런데 1차 수신사행의 현전하는 또 다른 기록물이 안광묵(安光默)의 『창사기행(滄槎紀行)』이다.

도구전(都口傳)에 따르면 안광묵은 반당(伴倘)으로 사행에 참여하였다. 반당은 사신을 따라다니면서 시중을 들거나 호위하는 일을 담당하는 원역(員役)이다. 정사 김기수가 직접 선발한 인물이었던 것이다. 그래서인지 그의 사행록 전반을 살펴보면 김기수의 기록을 보전하려는 노력이 엿보인다. 스스로 관리의 신분이 아니었기 때문에 연회 참석을 피하는 등 몸가짐을 매우 조심하였으나, 기록만큼은 적극적이었다. 직접 참여하지 못하였던 의례나 행사의 과정을, 다른 사람을 통해 들어서라도 기록하였고 김기수의 진술을 그대로 옮겨 적은 경우도 있다. 안광묵의 사행록 『창사기행』는 개인의 기록일 뿐 아니라 사행원 전체의 경험을 집대성한 것이기도 하다. 김기수가 후에 『일동기유』를 정리할 때 많은 부분 안광묵의 기록을 의지하였던 흔적도 찾아볼 수 있다.

이제 처음 안광묵의 『창사기행』을 번역하여 낸다. 통신사의 전통하에 일본을 관찰하고 기록하였으나, 대상이 근대화 된 만큼 예전과 같은 글쓰기 방식이 유효하지는 않았다. 이러한 특성을 잘 살린 번역인지 걱정스럽다. 많은 동학들의 연구에 사용되기를 기대하며, 아울러 따끔한 질정을 바란다.

소롤 수석재에서

구지현

## 차례

## 일러두기

1. 서울대학교 규장각 한국학연구원 소장 필사본을 저본으로 하여 번역하였다.

2. 번역문, 원문, 영인본 순서로 수록하였다.

3. 가능하면 일본의 인명이나 지명을 일본어 발음으로 표기하였다. 단, 시문에 사용된 단어나 한국식 표현, 발음을 고증할 수 없는 고유명사는 한국 한자음으로 표기하였다.

4. 원주는 번역문에 【 】로 표기하고 본문보다 작은 글자로 편집하였다. 원문에서도 동일한 방식으로 편집하였다. 각주 및 간주는 모두 역자 주이다.

5. 인물 및 사건 정보는 주로 한국학진흥사업성과포털에서 제공하는 《조선시대 대일외교 용어사전》을 참고하여 작성하였다.

# 창사기행(滄槎紀行)

## 1 기본 서지

표제는 '滄槎記', 내제는 '滄槎紀行'이다.

필사본. 1책(67장). 34×22.5cm. 필사기 없음.

## 2 저자

저자 안광묵(安光默, 1832~?)의 자는 성중(聖中), 호는 정산(挺山), 본관은 죽산(竹山)이다. 1876년 수신사 김기수(金綺秀, 1832~1894)의 반당(伴倘)으로 일본에 다녀왔다. 음직(陰職)으로 벼슬에 나아가, 감찰(監察)·명릉령(明陵令)·함안 군수·음성 현감·진위 현령·자인 현감 등을 역임하였다. 정확한 생애는 알려져 있지 않다. 다만, 김기수의 수행원으로 수신사행에 참여하였고, 『창사기행』 가운데 등장하는 종형제가 김씨인 점을 미루어, 연안 김씨 집안과 친척 관계에 있을 것으로 추정된다.

## 3 구성

권 머리에 1876년 수신사의 파견 과정이 간략하게 기술되어 있다. 이어서 사행에 참여한 76인의 인적 사항이 기술되어 있다. 그 이후는 일기 형식으로 되어 있다. 궐에서 명을 받고 출발한 4월 4일부터 흥인문으로 서울에 들어온 6월 1일까지이다. 날짜 별로 일행의 여정과 만난 사람들, 오고간 문서 등이 기재되어 있다. 시문은 오언절구 2수, 칠언절구 9제 12수, 오언율시 3수, 칠언율시 3수로, 총 17제 20수가 실려 있다.

## 4 내용

『창사기행(滄槎紀行)』은 날짜, 날씨를 기술하고, 그날 여정과 주요 사건을 차례로 기술한다.

1876년 4월 4일 서울을 떠나 4월 21일 동래부에 도착하였다. 일본에서 기선을 부산에 대기시켜놓고 있었다. 4월 22일 일기에는 '일본국선상조약선도(日本國船上約條先到)', '함내 규칙(艦內規則)', '괘위죄목(詿違罪目)'이 실려 있다. 조선인이 화륜선에 익숙하지 않고, 메이지유신 이후 일본의 규율도 달라졌으므로, 일본 쪽에서 필요한 사항을 먼저 알린 것으로 보인다.

4월 27일 영가대에서 해신제를 지내고, 29일 출항하였다. 이날 일기에 화륜선의 제도와 일본 인원에 대해 자세히 기록하였다. 이튿날인 5월 1일 시모노세키에 도착하였고, 에이후쿠지에 머물며 승려 및 일본인들과 창화시를 나누었다. 5월 4일 고베항에 들어가 정박하였다. 이곳의 관리들을 만나 인사를 나누고, 『만국공보(萬國公報)』를 얻어보기도 하였다. 이튿날 다시 출발하여 7일 요코하마에 도착한다. 이날 기차를 타고 도쿄 신바시로 가서, 숙소인 엔료칸으로 간다. 저자는 숙소까지

가는 길의 풍경을 자세히 묘사하였다. 이날 외무성에서는 숙소에서 지켜야 할 규칙을 보내온다. 8일 조선 측에서 외무성에 서계를 전달하였다. 이날 일기에는 서계 및 별폭 내용, 서계 전달 과정, 외무경 및 일본 관료와의 대화가 매우 자세히 기록되어 있다. 아울러 일본 쪽에서 천황 배견을 제의한다. 10일 아카사카의 행궁으로 천왕을 만나러 간다. 저자는 이날 거리의 모습과 행궁의 제도 및 의례에 대해 매우 자세히 기록하였다. 이후 도쿄에 머물면서 새로 육군성, 해군성과 같은 관서를 비롯하여 학교, 박물관 등을 관광할 것을 제의받아, 관찰하며 기록하였다. 18일에는 영접을 담당했던 미야모토 오카즈가 사진사를 보내와 사진을 찍기도 하였다. 미야모토 및 소 시게마사 등의 초청으로 저택에 가서 사적인 연회에 참석하여, 일본 내 명사들과 교류하기도 한다. 24일 전별연을 베풀었고, 26일 요코하마로 가서 승선하여, 요코스카 항에 정박한다. 윤 5월 1일 석탄을 싣기 위해 배가 고베항에 정박하였다. 이때 일본에서는 오사카의 조폐료를 관광시키려 하였으나 거절하였다. 4일 시모노세키에 정박하였다가 다시 출발하였으나, 풍랑 때문에 나아가지 못하였다. 선장은 노선을 바꾸어 쓰시마를 들러 부산으로 향하기로 한다. 5일 쓰시마에 도착한 사신 일행은 옛 쓰시마 도주의 접대를 받고 쓰시마를 둘러보았다. 달라진 쓰시마의 풍경에 대해 저자는 자세히 기록을 한다. 7일 사행은 부산에 돌아온다. 5일간 동래에서 머물렀다가, 13일 출발한다. 6월 1일 서울에 들어가는 것으로 일기를 맺었다.

## 5 가치

『창사기행』은 전형적인 사행일기의 형식을 취하여 기록되어 있다. 달라진 일본까지의 여정과 일본의 풍속 등을 관찰한 날짜별로 자세히 기록하였다. 또 주고받은 문서, 예단, 창화시 역시 기존의 사행일기와 같은 방식으로 기록되어 있다. 따라서 일본의 신문물에 대한 전근대 인물로서의 관점이 매우 잘 드러난다.

같은 시기 김기수의 『일동기유(日東記游)』와 비교하면, 훨씬 내용이 풍부하고 묘사가 자세하며, 개인적인 감회와 평가가 자세하다. 사적인 기록물로서 문학적 가치가 더 높다고 할 수 있다.

# 창사기행(滄槎紀行)

대조선국(大朝鮮國)이 개국한 지 485년, 대청(大淸) 광서(光緖 : 청 덕종(德宗)의 연호. 1875~1908.) 2년은 우리 성상[고종]께서 즉위하신 지 13년 되는 병자년(1876)이다. 2월 22일 의정부에서 다음과 같이 초기(草記)[1]하였다.

"지난번에 일본 사신의 배가 온 것은 전적으로 수호(修好) 때문이었으니 우리 선린(善隣)의 뜻에서도 마땅합니다. 이제 파견하는 사신은 신의를 닦기 위한 것이니 사신의 칭호는 수신사(修信使)라고 하고 응교(應敎) 김기수(金綺秀)[2]를 특별히 가자(加資)[3]하여 임명하고 해조(該曹)로

---

1 초기(草記) : 조선시대 어떤 사실의 내용을 간단히 기록하여 임금에게 상주하는 일을 가리킨다.

2 김기수(金綺秀) : 1832~1894. 본관은 연안(延安). 자는 계지(季芝). 호는 창산(蒼山). 서울 출신. 김준연(金駿淵)의 아들. 1875년 현감으로 별시문과에 합격해, 병과로 급제하여 홍문관응교가 되었다. 1975년 9월 운요호 사건(雲揚號事件) 발생 후 일본은 전권대사 구로다 기요타카(黑田淸隆)를 조선으로 보냈으며, 1876년 2월 조일수호조규가 체결되었다. 이에 따라 일본은 조선에게 수교 교섭에 대한 회사(回謝) 사절단을 보내도록 요구하여 김기수가 제1차 수신사로 파견되었다. 5월 22일부터 6월 27일까지 일본에 체류하였는데, 부산을 출발해 시모노세키(下關)·고베(神戶)·요코하마(橫濱)·도쿄(東京)를 방문해, 육군성, 해군성 등을 견문하였으며, 공부경(工部卿) 이토 히로부미(伊藤博文), 육군경(陸軍卿) 야마가타 아리토모(山縣有朋), 외무대승(外務大丞) 미야모토 오카즈(宮本小一) 등 여러 주요 인사와 만나 대화를 나누었다. 일본에 체류한 동안 견문한 것을 『일동기유(日東記

하여금 구전으로 단부(單付)[4]하도록 하고, 딸려 보내는 인원은 일을 이해하는 자를 헤아려서 가려 뽑아 보내야 할 것입니다. 이는 수호 후 처음 있는 일이니 금번은 특별히 당상관(堂上官)이 서계를 지니고 가도록 하고 이후 서계는 전례에 따라 내려 보내고 동래부(東萊府)에서 에도[江戶]에 전하도록 하겠습니다."

다음과 같이 전교하셨다.

"윤허한다."

**3월 8일.**

도구전(都口傳)[5]을 계하(啓下)[6]하였다.

수신정사. 예조참의 김기수.【자는 계지(季芝). 호는 창산(蒼山).】 본관은

---

游)』 및 『수신사일기(修信使日記)』로 남겼다. 귀국 후 1877년 황해도 곡산군수(谷山郡守), 1879년 덕원부사(德源府使), 1881년 성균관대사성, 1883년 감리의주통상사무(監理義州通商事務) 등을 역임하였고, 1893년 황간(黃澗)·청풍(淸風) 지방에서 민란이 발생하였을 때 안핵사(按覈使)로 파견되었다.

3 가자(加資) : 정3품 통정대부(通政大夫) 이상의 품계를 올리던 일을 가리킨다. 일본으로 파견되는 사신은 정3품 통정대부의 품계와 예조참의(禮曹參議)의 직함을 띠었기 때문에 사행에 앞서 김기수에게 가자한 것이다.

4 단부(單付) : 한 사람의 후보를 올려 관직에 임명하는 일을 가리킨다. 보통은 세 사람의 후보를 올려 낙점한다.

5 도구전(都口傳) : 통신사행을 편성할 때 인원에 관하여 정한 규정. 또는 그 명단. 구전(口傳)이란 원래 3품 이하의 관원을 선임할 때 이조(吏曹)나 병조(兵曹)에서 낙점(落點)을 거치지 않고 뽑아 쓰는 것을 말하는데, 통신사행(通信使行) 때의 정사(正使), 부사(副使), 종사관(從事官) 일행의 인원과 수 역시 모두 구전하였으므로 그 규정이나 명단을 도구전식(都口傳式)이라고 하였다. 삼사신(三使臣) 이하 사신의 노자(奴子)에 이르기까지 열거하며, 일행의 옷감과 사미(賜米)를 마련하여 내려 보내는 내용 따위를 나중에 덧붙였다.

6 계하(啓下) : 임금의 재가(裁可)를 받음을 가리킨다.

연안(延安)이다.【신묘년 4월 3일 생.】

반당(伴倘).[7] 부사과(副司果) 안광묵(安光默).【자는 성중(聖中). 호는 정산(挺山).】 본관은 죽산(竹山)이다.【임진년(1832) 2월 24일생.】

서기. 부사과 박영선(朴永善).[8]【자는 성초(性初). 호는 죽존(竹尊).】 본관은 밀양(密陽)이다.【무자년(1828) 7월 22일 생.】

군관. 전 낭청(郎廳) 김문식(金汶植).【자는 경로(景魯). 호는 우련(友蓮).】 본관은 선산(善山)이다.【기유년(1849) 3월 2일생.】

전 판관 오현기(吳顯耆).【자는 치영(致英). 호는 연사(蓮史).】 본관은 해주(海州)이다.【임인년(1842) 5월 16일생.】

화원(畵員). 사과(司果) 김용원(金鏞元).【자는 선장(善長). 호는 미사(薇史).】 본관은 수양(首陽)이다.【임인년(1842) 1월 16일 생.】

사역원(司譯院) 별견당상(別遣堂上)[9] 가선대부(嘉善大夫) 현석운(玄昔運).【자는 덕민(德民). 호는 자영(紫英).】 본관은 천령(川寧)이다.【정유년(1837) 3월 17일생.】

장무관(掌務官).[10] 상판사(上判事) 현제순(玄濟舜).【자는 치화(致華). 호

---

7 반당(伴倘) : 사신이 자비(自費)로 데리고 간 수행원. 반인(伴人)·반종(伴從)·반종인(伴從人)이라고도 한다. 여기에서는 정사의 반당을 가리킨다.

8 박영선(朴永善) : 1828~?. 1876년 수신사 김기수의 서기(書記)로 일본으로 건너가서 도쿄의 준텐도(順天堂) 의원의 의사 오타키 도미조(大瀧富三)에게 종두법을 배우고, 구가 가쓰아키(久我克明)의 『종두귀감(種痘龜鑑)』을 가지고 돌아왔다. 이를 그의 제자인 지석영(池錫永)에게 전해줌으로써 한국 종두법 발전에 영향을 미쳤다. 1878년 무신 겸 선전관, 훈련원주부, 훈련원감찰, 1881년 통리기무아문의 주사(主事), 1889년 울진현령(蔚珍縣令), 1890년 내금위장(內禁衛將), 1895년 문산만호(文山萬戶) 등을 지냈다. 1883년 강위(姜瑋)와 함께 박문국(博文局)을 세우고, 일본인 이노우에 가쿠고로(井上角五郎)를 고문으로 위임하여 『한성순보(漢城旬報)』를 간행하고 주필로 활약하였다.

9 별견당상(別遣堂上) : 별견왜학당상(別遣倭學堂上). 대일외교에 중요한 일이 있을 경우, 조정에서 특별히 선발하여 파견한 당상역관을 가리킨다.

는 소관(韶觀).】 본관은 천령이다.【기유년(1849) 10월 28일생.】

건량관(乾糧官).[11] 부사용(副司勇) 고영선(高永善).【자는 자중(子中). 호는 우정(雨亭).】 본관은 제주(濟州)이다.【기유년(1849) 11월 2일생.】

별견한학당상(別遣漢學堂上). 가의대부(嘉義大夫) 이용숙(李容肅).【자는 경지(敬之). 호는 국인(菊人).】 본관은 전주(全州)이다.【무인년(1818) 10월 11일생.】

건량감관(乾糧監官). 김상필(金相弼).

향서기(鄕書記).[12] 김한규(金漢奎).

행중 노자 11명.

향서기. 변택호(邊宅浩). 강익수(姜益洙).

예단직(禮單直).[13] 노명대(盧命大).

통인(通引).[14] 홍치조(洪致肇). 박영호(朴永浩)

소동(小童).[15] 박문찬(朴文燦). 이장호(李章昊).

통사(通事). 김복규(金福奎). 김응기(金應祺). 박기종(朴淇鍾). 김채길(金采吉).

---

10 장무관(掌務官) : 사행 중 삼사신(三使臣)을 도와 직접 사무를 도맡아 보는 역관. 장무역관(掌務譯官)·장무통사(掌務通事)라고도 한다.

11 건량관(乾糧官) : 사행 때 통신사 일행이 먹을 양식(糧食)을 맡은 관원(官員). 원래의 사행 인원 중에서, 그 중에서도 특히 역관 중에서 2, 3인을 뽑아 건량관으로 정하였다.

12 향서기(鄕書記) : 동래(東萊)와 그 주변 고을의 아전(衙前) 중에서 차출된 서기(書記)를 가리킨다.

13 예단직(禮單直) : 왜관(倭館)에서 혹은 사행 때에 예단(禮單)을 맡은 사람. 예단은 예폐(禮幣)의 물목을 기록한 명세서를 가리킨다.

14 통인(通引) : 여기에서는 통인통사(通引通事)를 가리킨다. 잔심부름을 하는 역관(譯官).

15 소동(小童) : 배소동(陪小童)·소동자(小童子)라고도 한다. 사행 중 정사·부사·종사관·제술관·역관 등의 시중을 들며, 때로는 춤을 추거나 노래를 불러 사신 일행의 무료함을 달래주는 역할을 맡기도 하였다.

급창(及唱). 노비 득이(得伊), 금석(今石).

도척(刀尺). 노비 장오(章五), 경오(敬五).

일산직(日傘直). 노비 학이(鶴伊)

절월수(節鉞手). 박일성(朴日成). 조문철(趙文喆).

순령수(巡令手). 진업이(陳業伊). 박정봉(朴正奉).

나팔수(喇叭手). 박화준(朴化俊). 양치우(梁致雨).

후배사령(後陪使令). 김이종(金以宗). 김명식(金明植). 박용안(朴用安). 강광운(姜光雲).

건량마두(乾糧馬頭). 김홍기(金弘基).

주방사환(廚房使喚). 방성옥(方成玉). 박동이(朴同伊). 이종이(李宗伊). 김대업(金大業). 송만종(宋萬宗). 윤계안(尹桂安). 김성신(金性信).

숙수(熟手). 박영오(朴永五).

악공(樂工). 이운이【해금】. 박춘섭(朴春燮)【단가(短笳)】. 유상룡(柳尙龍)【장고】. 진장명(陳長命)【단가】. 이종명(李鍾明)【고수(鼓手)】. 김부리(金富利)【장적(長笛)】.

사인교(四人轎) 가마군 10명.

배를 탄 사람 도합 76인.

**4월 4일.** 을축. 맑음.

정사가 궐에 나아가 입시한 후 조정의 명과 서계를 받았다. 절월(節鉞)을 세우고 숭례문 밖 관사로 나갔다. 잠시 후 조정에서 전별연을 베풀었다. 신시 후에 출발하여 과천 신원(新院)에 도착했다. 삼십 리를 가서 숙소를 정하니, 밤이 깊어 삼경이 되려 할 때였다.

부마가 연서역(延曙驛)에서 나와 기다리고 있었다.

지공(支供)은 남양부에서 담당했다. 부평부 역시 지공을 담당했다. 【과천현감 정재영(鄭在英)은 아직 부임하지 않았고 남양부사 강윤방(姜潤方)은 한양에 있었다.】

평구 찰방 안환(安懽)이 예단영송관(禮單領送官), 부마차사원(夫馬差使員)으로서 앞서 갔다. 정사는 모두 본읍에서 지공하였다.

**숭례문을 나서며 읊다**[出崇禮門口占]

상서로운 해 뜬 주변 조정에서 하직하고 　廉陛拜辭瑞日邊
절월 깃발 앞세우고 저녁바람 나섰네 　節旗擁導晚風前
예로부터 에도까지 가는 길 뉘 찾았나 　振古誰尋江戶路
이미 일백삼십 년이나 흘러버렸네 　已過一百十三年

**5일.** 병인. 맑음.

늦게 광주(廣州)를 출발하여 판교까지 20리 가서 점심을 먹고, 용인현(龍仁縣)까지 30리 가서 묵었다.【시흥에서도 출참(出站 : 접대를 위해 역에 사람을 보내는 일)하였다.】 이날 50리를 갔다. △【점심은 본부에서 공억(供億 : 음식물 접대)하였고, 아침과 점심은 안산군(安山郡)에서 출참하였다.】 △【광주판관 이석응(李錫應)은 서울에 있고 안산군수 김봉균(金鳳均)은 읍치에 있었다. 용인현령 홍현보(洪顯普)는 약원(藥院)에서 숙직하고 있었다.】

### 풍덕천(豐德川)[16]을 지나다[過豐德川]

| | |
|---|---|
| 목멱산 풍광이 멀어지더니 | 木覓山光遠 |
| 낙생역(樂生驛)[17] 들 풍경 펼쳐진다네 | 樂生野色開 |
| 적운(狄雲)과 양수(楊水)가 | 狄雲與楊水 |
| 역력하게 바라보이는 데 나타나네 | 歷歷望中來 |

**6일.** 정묘. 맑음.

양지(陽智)까지【현감은 이교상(李敎象)이다.】 40리 가서 점심을 먹었다.【이천(利川)에서 출참하였다. 부사 김철근(金哲根)은 읍치에 있었다. 양성현(陽城縣) 역시 출참하였다.】 죽산(竹山)까지 60리 가서 묵었다.【부사는 박정희(朴鼎熹)이다. 안성(安城)에서 출참하였다. 군수 홍순긍(洪淳肯)은 읍치에 있었다. 진위현(振威縣)에서도 출참하였다.】 이날 백 리를 갔다.

**7일.** 무진. 아침 맑음.

정오에 음죽(陰竹) 곤좌점(昆佐店)에 도착했다. 소나기가 지나갔다. 40리 가서 점심을 먹었다.【현감 홍종만(洪鍾萬)은 읍치에 있었다. 읍치는 동쪽으로 30리 거리에 있다. △ 여주에서 출참하였다. 목사 홍만식(洪晩植)은 읍치에 있었다. 지평현(砥平縣)에서도 출참하였다.】 식사 후 인마를 교체하였다.【충청도 연원역(連原驛)에서 와서 기다리고 있던 자들이다.】 연원 찰방 김재정(金在鼎)이 부마차사원으로서 만나러 왔다. 저물녘 날이 개고 따뜻

16 풍덕천(豐德川) : 현재 경기도 용인시 수지구 풍덕천1동의 안산 남단에서 발원하여 성복천으로 흘러드는 하천이다. 풍덕내라고도 한다.

17 낙생역(樂生驛) : 현재 경기도 성남시 분당구 판교동에 설치되어 있었던 역참이다.

해졌다. 용안역(用安驛)까지 40리를 가서 묵었다.【충주 본부에서 출참하였다. 목사 이정로(李正魯)는 읍치에 있었다.】 이날 80리를 갔다.

### 음죽 가는 도중에[陰竹途中]

| | |
|---|---|
| 삼춘 다 보내고야 꾀꼬리 소리 듣고 | 送盡三春始聽鶯 |
| 이별 정자 버들이 익숙하게 손 보내네 | 短長亭柳慣人行 |
| 오래된 약사탑은 너른 들판 향해 있고 | 藥師舊塔臨彌野 |
| 높다란 봉수대는 돌성 밖에 솟아있네 | 烽燧高臺出石城 |
| 그늘진 절벽이라 꽃향기가 늦게 나고 | 陰崖晚覺花香動 |
| 밤비가 새로 적셔 보리에 생기 돋네 | 夜雨新添麥氣生 |
| 느릿느릿 걸어서 시 쓸 경지 왔으니 | 倦步遲遲來詩境 |
| 행차 재촉 소리는 자주 할 필요 없네 | 不須頻唱勸馬聲 |

**8일.** 기사. 맑음.

늦게 출발해서 대추원(待秋院)에서 잠시 쉬고, 충주목(忠州牧)까지 50리 가서 묵었다. 청풍(淸風)의 이수봉(李秀鳳) 상사(上舍 : 생원 혹은 진사), 권익(權瀷) 상사, 권숙(權潚) 석사(碩士 : 현덕한 선비)가 만나러 왔다. △ 충주는 큰 고을이기 때문에 모두 본읍에서 지공(支供)하였다.

### 달천을 지나 충주로 들어가다[過㺚川入忠州]

| | |
|---|---|
| 강풀은 파릇파릇 강물은 평평하여 | 江草菲菲江水平 |
| 탄금대 아래로 소리 없이 흘러가네 | 彈琴臺下去無聲 |
| 호남 영남 수습하여 기운을 모았으니 | 收拾兩南渟滀氣 |

강산으로 안배하여 대도회를 이루었네 安排流峙大都成

### 등불 켠 저녁 운자를 선택해 제금당에 모여 시를 짓다
[燈夕拈韻會賦于製錦堂]

방울방울 산 풍광 막막한 너른 들 滴滴山光漠漠田
중원 고을 시경에 끝없이 들어가네 中州詩境入無邊
사명 띤 기이한 여행의 이 밤에 于役奇遊當此夜
번뇌를 씻어내니 또 올해가 되었구나 如來新浴又今年
구천 리 밖으로 층층바다 머나먼 길 九千里外層溟路
이십사교[18] 머리에서 술자리 몇 번인가 廿四橋頭幾酒筵
맑은 바람 소매 가득 사람 처음 닿으니 淸風滿袖人初到
등 꺼지기 기다리다 새벽까지 앉아있네 直待燈沈坐曉天

**9일.** 경오. 볕이 따뜻함.

늦게 출발하여 유주(楡洲)에서 장항령(獐項嶺)을 걸어서 넘어 20리를 가 안보역(安保驛)에 도착했다. 30리를 가서 묵었는데 관사는 연풍(延豐) 본읍에 포진해 있었다.【현감은 이용원(李容元)이다.】 저녁식사는 괴산군(槐山郡)에서 지공하였다.【군수는 임철수(林徹洙)이다.】 아침식사는 청안현(淸安縣)에서 준비해 내왔다. 【현감은 조현하(趙玄夏)이다.】 세 사또가 모두 나와 역에서 기다리고 있었다. 이날 50리를 갔다.

---

18 이십사교 : 중국 강소성(江蘇省) 강도현(江都縣) 서문 밖에 있던 번화한 명승지. 송나라 때 축목(祝穆)의 『방여승람(方輿勝覽)』에는 24개의 다리로 수나라 때 설치되었다고 하고, 청나라 이두(李斗)의 『양주화방록(揚州畫舫錄)』에는 이십사가 곧 다리 이름이라고 하고, 일설에는 스물네 명의 미인이 이곳에서 통소를 불어 지어진 이름이라고 한다.

### 수두천을 지나다[過水頭遷]

기슭 뚫고 그대로 걸어 지나니 穿岸仍通步
바위 걸쳐 누군가 집을 지었네 架巖或作家
산 가득히 붉게 핀 철쭉 꽃들이 滿山紅躑躅
봄의 정화 여전히 지키고 있네 猶自殿春華

**10일.** 신미. 맑음.

늦게 출발해 냉천점(冷泉店)을 지나, 견여(肩輿)를 타고 소조령(小鳥嶺)을 넘어 진남문(鎭南門)에 이르러 잠시 쉬었다. 이어서 교구정(交龜亭)에서 내려 용추정(龍湫亭) 가에서 술잔을 나누며 시를 읊었다. 경상도 유곡역(幽谷驛)에서 말을 갈아타고 문경읍까지 40리를 가니 해질 무렵이 되어, 멈추고 숙박했다. 여기부터 모두 본읍에서 지공하였다.

### 견여를 타고 조령을 넘으며 감회를 읊다[乘肩輿逾鳥嶺感吟]

삐걱삐걱 가마타고 푸른 고개 넘어서 咿軋篌輿度翠臯
오르고 오르니 눈앞 점점 높아지네 登登漸覺眠前高
아, 내 몸의 고단함을 벗어나고 싶어서 嗟哉欲免吾身若
짧고 긴 헐떡거림 네 수고에 맡겼구나 短息長喘任汝勞

천시와 사람 이치 서로가 맞아들어 天時人理互相推
험지 딛고 강적 꺾기 이곳이 적당하네 據險摧强此地宜
지금까지 단월강[19] 물소리 오열하니 至今丹月江聲咽

---

19 단월강(丹月江) : 삼초대(三超臺)가 있는 강. 삼초대는 충주 달천(㺚川) 출신의 장군

애석하게 장군께서 사리판단 늦었어라 可惜將軍見事遲

### 창산 신사[20]를 따라 교귀정에 오르다[從倉山信使登交龜亭]

주흘산 앞으로 길이 나있어 主屹山前路
가다보니 경치 점점 그윽해지네 行行境轉幽
경상감사 인계하려 정자 세웠고 龜交曾起榭
용 떠나니 남은 것은 샘뿐이라네 龍去但餘湫
좁은 관문 하늘에서 베푼 것이고 關阨由天設
높은 고개 이 나라의 계책 모였네 峙儲是國謀
소란한 풍악소리 외려 싫으니 却嫌絲管鬧
물결소리 숲 감돌아 떠다닌다네 波聲繞林浮

**11일.** 임신. 아침 맑고 저녁에 비.

신원현(新院峴)을 넘어 20리 가서 회연천(回淵遷)을 지나【동쪽에 토창보(兎㭙步)가 있다.】 유곡역(幽谷驛)까지【찰방은 김현묵(金顯默)이다.】 20리 가서 점심을 먹은 후 곧 출발하여 장전교(長田郊)에서 감암천(甘巖川)을 건넜다. 상주 아전이 여기에서 지대하였다.【유곡역에서 십리 남짓 떨어져 있다.】 소평(小坪)까지 30리 가니, 비로소 용궁(龍宮)지역에 들어선 것이었다. 의장을 교체하고 읍까지 5리쯤 가서 숙박하였다. 이날 80리를 갔다. ○ 조(趙) 참봉 소아(小雅 : 존칭의 하나) 성희(性熹)가 마침 이곳을

---

임경업(林慶業, 1594~1646)이 젊을 때 무예 수련을 위하여 석축 세 단을 쌓아놓고 세 걸음에 뛰어올랐다는 전설이 있는 대이다. 이곳 달단월에는 임경업 장군의 사당인 충렬사(忠烈祠)가 있다.

20 창산 신사 : 수신사 김기수를 가리킨다. 창산(倉山)은 그의 호이다.

지나기에 만나러 와서 작별하였다. ○ 오늘 점심은 선산부(善山府)에서 출참하였다.【부사 이호용(李鎬庸)은 읍치에 있었다.】 저녁은 본현에서 공억하였다.【현령은 홍기주(洪岐周)이다.】

**12일.** 계유. 따뜻함.

진각(辰刻 : 오전 7시에서 9시 사이)에 출발하여 주덕현(朱德峴)을 넘어 10리 가서 우숙(牛塾)에 도착했다. 이곳이 두 읍의 경계이다. 십리 가서 의장을 교체하고 예천군(禮泉郡)에 이르니 앞에는 관가정(觀稼亭)이 있고 뒤에는 쾌빈루(快賓樓)가 있었다. 노리청(老吏廳)까지 20리 가서 관소를 정하고 군수 ~~홍용주~~(洪用周)와 이별의 슬픔을 나누었다. 이날 40리 갔다. △ 군수가【산포(散脯 : 조각조각 말린 쇠고기) 한 궤, 준시(蹲柹 : 납작하게 말린 감) 한 첩, 장육(醬肉 : 장조리) 한 동이】길 떠나는 선물을 주었다.

**관소의 밤에 쾌빈루에서 음악과 노래 소리가 갑자기 들려 써서 정사께 드리다**[館夜忽聞快賓樓樂歌聲寫呈上价]

일전매[21] 삼 첩에 이별 시름 풀어내고 剪梅三疊解離愁
관현 소리 우렁차게 밤을 이어 노니네 絲竹洋洋繼夜遊
쾌빈루 위에 뜬 달 부럽기도 하여라 可羨快賓樓上月
아름다운 봄풍경에 풍류를 알겠구나 皇華春色管風流

**13일.** 갑술. 따뜻함.

새벽에 출발하여 10리를 가서 고평천(高平川)을 건넜다. 예천군수가

---

21 일전매 : 一剪梅. 곡패(曲牌)의 이름이다.

나와서 이곳에서 전별하였다. 풍산역(豐山驛)까지 40리 가서 점심을 먹었다. 곧 다시 출발하여 성현(省峴) 지계(地界)에 도착하자 연봉(延逢 : 두 줄로 서서 사신을 맞이함)하여 안동부까지 40리를 들어갔다. 저녁에 능초루(凌超樓)에 모였다. 군수 홍종대(洪鍾大)가 술잔을 들고 환대하였다. 저녁에 돌아와 비로소 묵었다. △ 이날 80리를 갔다.

**14일.** 을해. 더움.

해가 뜨자 출발하였다. 정사, 군수와 함께 영호루(映湖樓)에 올라 춤을 구경하고, 끝나자 각기 현판의 시운에 차운하여 한 편씩 시를 지었다. 정오에 가까워서 출발하여 일직역(日直驛)까지 30리 가서 점심을 먹었다. 다시 출발해 20리를 가서 조야현(鳥夜峴)을 넘고, 20리 가서 의성현(義城縣)에 들어갔다.【현령은 박규동(朴奎東)이다.】 △ 개령(開寧) 군수 김낙진(金洛鎭)이 심부름꾼을 보내 편지를 전하고 버선 한 켤레를 주었다. △ 의성 현령이 백지(白紙) 8속, 간지(簡紙 : 두꺼운 편지지) 백 폭(幅), 주지(周紙 : 두루마리) 10축을 길 떠나는 선물로 주었다.

영호루에서 현판의 시운에 차운하다[映湖樓次板上韻]

자연을 유람한 세월 많이 지났으니　　周覽烟霞歲月多
다녀본 기이한 곳 더할 것이 거의 없네　　靈區歷數庶無加
흰 모래 빈 들판에 물결은 넘실대고　　練沙曠野悠揚水
둘러싼 높은 수풀 은은하게 집 가렸네　　護郭脩林隱映家
이 땅은 명사의 대나무가 걸맞은데　　此地常分名士竹
어느 누가 예전에 산 가득히 꽃 심었나　　何人昔種鎭山花

여기부터 가슴 점점 트이기 시작하니　　漸開胸次從玆始
앞길에는 만 리 먼 길 뗏목 타고 떠가겠지　　前路將浮萬里槎

**15일.** 병자. 갬.

늦게 출발하여 청로역점(靑路驛店)에 도착해 잠시 쉬고, 찰방과 이별한 후 의흥(義興)까지 50리 갔다.【현령은 민영학(閔泳學)이다.】 날이 이미 저녁나절이 되어 점심을 먹었다. 다시 출발하여 10여 리 가서는 횃불을 들고 신녕(新寧)까지 40리 갔다.【현감은 김우근(金友根)이다.】 밤이 이미 삼경이 되었다. 이날 90리 갔다.

**16일.** 정축. 해가 남.

새벽에 행장을 꾸려 영천군에 닿았다. 군수는 이학래(李學來)이다. 40리 가서 영산(靈山)에서 묵었다. 현감 김봉수(金鳳洙), 창령 현감 이민성(李敏性)이 출참 때문에 왔다. 함창(咸昌) 현감 조종순(趙鍾純)은 예단물종규검관(禮單物種糾檢官)의 직임으로 왔고, 장수(長水) 찰방 민치억(閔致億), 송라(松蘿) 찰방 김제정(金濟正)은 부마차사원의 직임으로 왔다. 하양(河陽) 현감 이문현(李文鉉)과 성현(省峴) 찰방 김명기(金命基)가 작별인사를 하러 왔다.

**17일.** 무인. 갬.

전례에 따라 쉬려고 머물렀다. 도백(道伯 : 관찰사) 박제인(朴齊寅)이 삼갈 일이 있어 전별하러 오지 못했다. 경주(慶州), 밀양(密陽), 울산(蔚山), 의성(義城)에서 각기 기생을 보내 조양각(朝陽閣)에서 잔치를 베풀었다. 나는 유생이라 잔치에 참여하지 않았다.

### 조양각 연회일에 관소에서 홀로 읊다[朝陽閣宴集日寄館孤吟]

사방으로 산 낮은 데 큰 들이 펼쳐지고 大野中開山四低
높은 누가 두 내 서쪽 날 듯이 나와 있네 高樓飛出兩川西
아침 해 처음 뜨자 오동꽃이 피어나니 朝暉初上桐華發
천 년 동안 봉서루에 기다리고 있었구나 留待千年瑞鳳樓

아름다운 곡조 속에 오후 해가 기울고 刻羽流商午影斜
향풍 부는 주렴 한 쪽 술에서 물결 이네 香風簾角酒生波
병사 대신 기생 모인 대갓집 잔치 자리 粉鉛代甲鴻門宴
비옥한 들 배 가는지 어부가를 부르네 陸海行船漁父歌

사람 소리 바다처럼 온 누각을 감싸니 人聲如海擁全樓
위의 구경하는 이들 끝이 없을 듯해라 爭觀威儀若未休
쓸쓸한 여관에서 한갓 상상뿐이나 旅館寥寥徒想像
사행 나선 유생에게 풍류는 충분하네 使乎儒雅足風流

**18일.** 기묘. 갬.

새벽에 출발하여 아화점(阿火店)까지 30리 가서 점심을 먹었다. 밀양부(密陽府)에서 출참하였다. 부사 원세철(元世徹)은 아직 부임하지 않은 상태였다. 황혼녘 경주부(慶州府)까지 50리 가서 묵었다. 부윤 이돈상(李敦相)은 아직 돌아오지 않았다. 이날 80리를 갔다. △ 영해(寧海) 부사 이정필(李正弼)이 멀리에서 와서【읍치까지 2백 리이다.】 동경(東京 : 경주)에서 전별하였다.

### 동경회고(東京懷古)

| | |
|---|---|
| 옛 자취는 어찌 그리 어렴풋한가 | 往蹟何微茫 |
| 에워싼 산 흐르는 물 절로 길구나 | 山圍水自長 |
| 구전으로 팔괴[22]가 전하여 오고 | 野談傳八怪 |
| 나라 기세 천 년을 겪어왔다네 | 國氣閱千霜 |
| 숲 빽빽해 알껍질이 걸려 있었고[23] | 林密懸鷄觳 |
| 대는 높아 봉황이 날아올랐네[24] | 臺高出鳳凰 |
| 봄꽃은 얼마나 남아있는가 | 春花多少在 |
| 말 세우고 봄빛을 애석해 하네 | 立馬惜年芳 |

**19일.** 경진. 해가 남.

늦게 출발하여 구어역(仇魚驛)까지 50리 가서【울산(蔚山) 땅이다.】 점심을 먹었다. 성주목(星州牧)에서 출참하였다.【읍치까지 3백 리이다.】 목사 이직현(李稷鉉)이 와서 많은 날을 기다리고 있었다. 소주 10선(鐥), 산포 5근, 삼층별선(三層別扇) 10병, 미선(尾扇) 10병, 장련지(壯聯紙) 10

---

22 팔괴 : 八怪. 신라에는 세 개의 기이한 것[三奇]와 여덟 가지의 괴이한 것[八怪]가 있었다고 하는데, 삼기는 금척(金尺), 만파식적(萬波息笛), 화주(火珠)이고 팔괴는 남산부석(南山浮石), 문천도사(蚊川倒沙), 계림황엽(鷄林黃葉), 백률송순(柏栗松筍), 금장낙안(金丈落雁), 압지부평(鴨池浮萍), 불국영지(佛國影池), 나원백탑(羅原白塔)이다.

23 빽빽한 … 있었고 : 경주 김씨의 시조 김알지(金閼智)의 설화를 가리킨다. 신라 탈해왕 때 시림에서 닭 우는 소리가 들려 가보니 나무에 금궤가 걸려 있고 그 아래 흰 닭이 있었는데, 금궤에서 나온 아이가 바로 김알지로 후에 왕위에 올랐다. 이후 사람들은 시림을 계림(鷄林)이라고 부르기 시작했다고 한다.

24 대는 … 올랐네 : 봉황대(鳳凰臺)에 관한 전설을 가리킨다. 경주의 지세가 봉황의 둥우리와 닮아 있어 영화를 누려왔는데, 왕건이 보낸 풍수의 계략으로 인해 결국 날아올라가 버려 신라가 망했다고 한다.

축, 간지 1백 폭을 길 떠나는 선물로 주었다. 밥을 먹은 후 다시 출발하여 울산부(蔚山府)까지 50리 갔다. 겨우 병영의 성 아래 도착해 횃불을 들고 가서 태화루(太和樓)에 들러 숙소에 들었다. 이날 1백 리를 갔다. △ 부사 장석룡(張錫龍)과 함께 옛날 얘기를 하였다. 학성(鶴城) 선비 조관식(趙觀植)이 장변정(壯邊亭) 아래 있으면서 차례로 방문할 작정이었으나 날이 저물어 하지 못하였다. 겨우 짐을 풀고 조금 있다가 자리를 같이하였다. △ 좌병사 정완묵(鄭完默)이 근래의 의식에 따라 정사와 대등한 예를 행하고 떠났다.

**20일.** 신사. 맑고 바람 붊.

늦게 출발하여 태화강(太和江)을 끼고 오른쪽을 돌아 용당(龍堂)을 지나 서창(西倉)까지 60리 가서 묵었다. 청도(淸道)에서 출참하였다.【군수는 조만하(趙晩夏)이다.】 읍치까지 2백 리인데 몸소 와서 공억하였다. △ 훈도 현석운(玄昔運)이 여기에서 사행을 맞이하여 알현하였다. 오후 부산으로부터 심부름꾼이 왔는데, 일본인 긴스케(金助)가 기선(汽船)을 이끌고 신시 무렵 도착해 정박하였다고 한다.

**21일.** 임오. 바람 불고 맑았다가 더워짐.

늦게 출발하여 대열을 정비해 동래(東萊)까지 60리 가서 묵었다. 부사는 홍우창(洪祐昌)이다. 본부에서 지공하였다.

**22일.** 계미. 아침에 흐렸다가 저녁에 해가 남.

체류하였다. 정오부터 내일 아침까지 양산군(梁山郡)에서 공억한다. 군수 어윤중(魚允中)이 미리 대기하고 있었다. △ 관사는 감운청(監運

廳)으로 정해졌다. △ 울산 부사가 약 4종, 간지 1백 폭을 길 떠나는 선물로 주었다.

## 일본국선상조약선도(日本國船上約條先到)

우리는 4월 10일, 귀국 동래부사 홍 공이 병자일 3월 15일에 쓴 단간(單簡) 및 현석운 훈도의 조진서(條陳書)를 받았습니다. 지금 귀국이 우리나라에 수신사를 파견하기 위해 우리 화륜선을 빌려 쓰고자 하였으므로, 본관에 있는 오마(尾間) 서기생으로 하여금 귀서를 가지고 도쿄(東京)에 가서 우리 조정에 전하도록 하니, 조정에서는 귀국에서 이번 거사를 빠르게 진행하는 것을 매우 기뻐하여, 즉시 화륜선 한 척에 접반 외무 관원 몇 명을 태워 출발시켰고 이 항구에 이미 도착하여 있습니다. 귀 신사(信使 : 수신사)께서 출발하는 일시는 편하신 대로 맡기겠습니다. 선상 및 도쿄 각지의 여관 등 필요한 일체 사항은 별간(別簡)에 자세히 기록해 두었으니, 염려하지 마시기 바랍니다. 삼가 아룁니다.

재부산일본공관장 대리. 메이지 9년 병자 5월 14일. 외무 사등서기생 야마노조 스케나가(山之城佑長).

제1조.

화륜선 고류호(黃龍號)[25]를 귀 신사의 항해 전체 여정에 제공하겠습니다. 석탄과 같은 제 비용은 모두 우리 정부에서 준비할 것이니 귀

25 고류호(黃龍號) : 고류마루(黃龍丸)를 가리킨다. 메이지시대의 기선(汽船). 1875년 이와시키 야타로(岩崎彌太郎)가 주주(株主)였던 해운회사(海運會社) 미쓰비시상회(三菱商會)가 관리한 811톤의 기선(汽船)이다.

신사께서 삯전을 낼 필요는 없습니다.

제2조.

본 성(省)에서 외무소록(外務少錄) 미즈노 세이이치(水野誠一), 칠등 서기생(七等書記生) 오마 게이지(尾間啓治)를 파견하여 귀 신사 일행의 항해 사무를 담당할 것입니다.

제3조.

외무 육등서기생(等書記生) 아라카와 도쿠시게(荒川德滋), 같은 육등 서기생 나카노 교타로(中野許多郞) 및 생도 11명이 통역 및 영접하는 사무를 담당할 것입니다.

제4조.

여관은 도쿄 제4 다이쿠(大區) 니시키마치(錦街) 제2가 1번지에 설치하였습니다. 지금 미리 여관 도면 1매를 첨부합니다.

제5조.

선내 음식물 일체는 우리가 공급하니, 선내 부엌 한 곳에서 한꺼번에 조리하기 때문입니다. 그 비용은 주객을 나누기 어려우니 염려하지 마십시오.

제6조.

군의원 1명이 선내에 있을 것입니다.

제7조.

배가 바칸(馬關 : 현 시모노세키), 효고(兵庫) 두 항구에 도착하면 몇 시간 정박하여 여객의 피곤을 풀 것입니다. 이때 상륙해서 거닐거나 여관에 투숙하거나 할 것인데, 목욕, 머리 빗기, 휴양은 모두 준비가 되어 있습니다.

제8조.

배가 요코하마(橫濱)를 통해 상륙하면 기차를 타고 달려서 도쿄로 갑니다. 해당 항구에 도착하면 따로 외무관원이 있어 귀 신사께서 도쿄에 들어가는 행차를 돌볼 것입니다.

함내규칙(艦內規則)

1. 함내의 각 방은 상, 중, 하 등급이 정해져 있으니, 반드시 함장의 지시를 따라 각기 선실로 들어가야 한다.
1. 함내에서는 화기를 엄격히 경계하고 있으니 조심하고 주의해야 한다. 흡연 역시 시간과 장소가 정해져 있으니, 정해진 장소가 아니면 정해진 시간이라도 흡연할 수 없고 정해진 시간이 아니라면 정해진 장소라도 흡연할 수 없다. 선실 안에서 은밀하게 부싯돌로 불을 켜고 담배를 피우는 것은 엄금한다.
1. 선실마다 반드시 등불이 있고 정해진 시간이 되면 소등한다. 그러므로 촛불을 들고 출입하는 것 역시 엄금한다.
1. 함내에 측간이 설치되어 있으니 측간이 아니면 함부로 소변을 보아서는 안 된다.
1. 세면장이 있으니 물 사용은 일체 그곳에서 하고 다른 곳에서 사용

하는 것을 금한다.

1. 수부(水夫)와 화부(火夫)의 함선 운행은 지극히 어렵고 고생스러우니, 옆에 가까이 가서 구경하여서 혹시라도 줄을 펼치고 키를 돌리는 일을 방해해서는 안 된다. 혹시라도 보일러의 천철(踐鐵)을 잘못 건드려 기계장(器械場)으로 들어가게 되면 해가 몸에까지 미칠 것이다.
1. 갑판 위에서 큰 소리로 떠드는 것을 금지한다. 함내에서 저녁이 되면 수직하는 병사도 그렇게 하여, 소음으로 함선을 운전하는 호령을 방해하지 말라.
1. 갑판 위에는 한가하게 산보하는 곳이 정해져 있으니 정해진 곳 밖은 마음대로 다니는 것을 금지한다.
1. 식사는 정해진 장소와 시간이 있으니 반드시 함께 식사하며 각자 마음대로 아무 곳에서나 식사할 수 없다. 만약 질병 때문에 선실을 나갈 수 없는 사람이 있으면 사정을 알리고 방에서 식사하는 것은 상관없다.
1. 함내에는 승객이 진입하는 것을 불허하는 곳이 있으니 억지로 함부로 지나다니는 것을 절대 경계한다.
1. 휴대한 짐과 물품은 감독원에게 맡겨 보관한다. 만약 폭발하기 쉬운 화약이나 깨지기 쉬운 약한 물건이 있으면 그 성질을 상세히 설명하여 특별히 포장하여 부친다. 단, 조석으로 필요한 물품이거나 일상에서 잠시라도 없어서는 안 되는 짐과 상자는 선실 내 두어도 무방하다.
1. 모여서 식사할 때 음주를 금한다. 술을 매우 좋아하는 자의 경우 선실 내에서 취침할 때 약간 마시는 것은 무방하다. 만약 술주정

을 하여 시끄럽게 하고 규정을 어기는 자는 규칙을 어긴 것으로서 논한다.

배에 탄 승객들의 금례에 관해, 사군자는 한번 보면 알고 감히 범하지 않을 것이나, 노복의 경우에는 게시하여 절대 경계하지 않을 수 없다. 이에 번역하여 알리느라 감히 제군을 번거롭게 하니, 간절히 경계를 고지하여 온 배의 환난을 미리 예방한다.

메이지 9년 4월.

괘위죄목(詿違罪目)

1. 좁을 길을 거마를 타고 달리는 자.
1. 밤중에 등불 없이 수레를 끌거나 또 말을 타는 자.
1. 짐작하지 않고 거마를 달려서 행인을 막는 자.
1. 인력거를 끄는 자가 억지로 승차를 권하거나 지나치게 말을 하는 자.
1. 왕래하는 곳에 거마 및 인력거, 짐수레를 두어 행인을 방해하거나 거리 입구에 우마를 가로 놓아 행인을 방해하는 자.
1. 짐승의 사체 혹은 오물을 왕래하면서 버리는 자.
1. 목욕업을 하는 자가 문을 열어 놓거나 혹은 누상(樓上)에 발을 드리우지 않는 자.
1. 가옥 앞에 청소를 태만하게 하거나 더러운 물을 치우지 않은 자.
1. 부인이 이유 없이 단발한 자.
1. 짐수레 및 인력거가 모여들 때 행인을 방해하는 자.
1. 대소변을 치우면서 분뇨 통에 뚜껑을 덮지 않고 운반하는 자.
1. 여관을 생업으로 하는 자가 숙박인의 이름을 기록하지 않거나 아뢰지 않는 자.

1. 거리의 호찰(號札) 및 인가의 번호, 문패, 간판을 훼손한 자.
1. 시끄럽게 논쟁하거나 남의 자유를 방해하고 경악스러운 소란에 응하는 자.
1. 장난삼아 거리의 가로등을 끈 자.
1. 소홀하게 사람에게 오물을 던지거나 돌팔매질을 한 자.
1. 길이 없는 농작물을 심은 논밭을 통행하거나 우마를 끌고 들어간 자.
1. 왕래하는 도로로 변소가 아닌 곳에 소변을 보는 자.
1. 문 앞에서 왕래하는 곳을 향해 어린 아이의 대소변을 보게 하는 자.
1. 짐수레 및 인력거를 나란히 끌어다가 통행을 방해하는 자.
1. 우마를 잘못 놓아 인가에 들어가게 한 자.
1. 투견으로 하여 장난삼아 사람을 물게 하는 자.
1. 거대한 종이 연을 날려서 방해하는 자.
1. 취하여 또는 장남 삼아 거마의 왕래를 방해하는 자.
1. 창문을 열거나 담을 넘어서 얼굴만 내놓고 행인을 감시하거나 조롱하는 자.
1. 삼 척 이상의 긴 줄을 이용하여 말을 끄는 자.
1. 유원지 및 노방의 화목을 꺾거나 식물에 해를 끼치는 자.
1. 도로 및 인가에서 강제로 돈을 구걸하거나 강매하는 자.

**23일.** 갑신. 맑음.

체류하였다. 공억은 기장현(機張縣)에서 마련하였다. 군수 이증우(李曾宇)가 지대하러 왔다. △ 예단의 물종이 모두 이곳에 도착하여, 동래부사가 몸소 점검하고, 옷을 나누어주고 짐을 실었다.

**24일.** 을유. 맑음.

체류하였다. 훈도(訓導)와 건량관(乾糧官)이 먼저 부산(釜山)에 내려가 정비하고 계획하였다.

**동래 운청(運廳) 관소에서 서울 소식을 듣고, 승선 조병직(趙秉稷)이 북청부사(北青府使)에 제수된 것을 알고서 축하하여 절구 1수를 부치고 겸하여 옛 사군 홍(洪) 미헌(眉軒) 순학(淳學)에게 보내 한 번 웃게 하다[東萊運廳館所得洛奇知趙承宣秉稷除北青府使賀寄一絶兼致舊使君洪眉軒淳學聊供博粲]**

조보를 훑어보다 눈이 홀연 커지니 邸狀覽過眠忽青
봉산의 지척에 계산이 푸르구나 蓬山咫尺桂山青
푸른 연기 날마다 청화 방에 일어나니 青烟日起青華室
신임의 북청부사 구임보다 낫구려 新北青勝舊北青

**취향 선재를 통해 배차산(裵此山)에게 부치다[因翠香善才寄裴此山]**

물푸레 앞길이 바로 봉래산인데 木犀前路是蓬萊
무슨 일로 외딴 관소 꿈속 홀로 헤매나 底事孤館夢徘徊
금릉이 천 리 먼 줄 믿지 못하였더니 未信金陵千里遠
소리와 광채가 취향과 함께 왔네 聲明寄與翠香來

**25일.** 병술. 비.

체류하였다. 식사 후 부사가 일행을 청하여 연회를 베풀어 노닐다가 저녁이 되어 관소로 돌아왔다.

**26일.** 정해. 맑음.

오시에 출발하여 일행이 부산으로 20리를 내려가서 묵었다. △ 첨사 임백현(林百鉉)과 밤에 회포를 풀었다.

**27일.** 무자. 맑음.

새벽【4경 1점】에 영가대(永嘉臺)에서 해신제(海神祭)를 행했다. 영가대 앞에 단을 쌓고 위판을 설치하여 제사를 행하였다.

△ 제관(祭官) △ 초헌관(初獻官) 상사(上使) 김○○, 아헌관(亞獻官) 별견당상 이○○, 종헌관(終獻官) 상판사 현○○, 전사 겸 전폐관(典祀兼奠幣官) 고○○, 진폐관 겸 서판관 겸 사준(進幣官兼書版官兼司尊) 화원 김○○, 대축(大祝) 반당 안○○, 집례(執禮) 서기 박○○, 축사 겸 진작관(祝史兼進酌官) 군관 김○○, 재랑 겸 준작(齋郎兼奠酌) 군관 오○○, 찬자(贊者)·알자(謁者) ○○○【본교 유생이 담당했다.】 △ 모두 문양이 있는 흑단령(黑團領)을 입고 일을 진행했다.

홀기(笏記)[26]

알자가 헌관을 이끌고 남쪽 계단으로부터 올라와 살핀다. △ 알자가 헌관을 이끌고 나가서 문밖 배위로 나아간다. △ 대축이 위판을 받들어 탁자 위에 놓는다. △ 서판관이 '대해신위(大海神位)'라고 위판에 쓴다. △ 알자가 초헌관을 이끌고 봉심(奉審 : 임금 명을 받들어 살피는 일)한다. △ 알자가 대축 및 집사들을 이끌고 들어와서 제단 남쪽 배위(拜位)에

26 홀기(笏記) : 의식의 진행 순서를 적은 글이다.

나아가게 하여, 북쪽을 향해 서쪽을 상석으로 하여 선다. △ 네 번 절한다. △ 국궁(鞠躬)한다. △ 절한다. △ 일어난다. △ 절한다. △ 일어난다. △ 절한다. △ 일어난다. △ 절한다. △ 일어난다. 평신(平身 : 몸을 굽혀 절한 후 몸을 바로 함)한다. △ 관세위(盥洗位 : 제향 때 손을 씻는 곳)에 나아간다. △ 사준이 세작위(洗爵位)에 나아가 잔을 씻고 닦는다. △ 광주리에 넣고 받들어서 준소(尊所)에 나아가 대 위에 둔다. △ 알자가 삼헌관을 이끌고 들어와 자리로 나아간다. △ 알자가 헌관의 왼편에 나아가서 "유사(有司 : 일을 맡은 자)가 삼가 갖추어졌으니 행사하기를 청합니다."라고 아뢴다. △ 물러나 자리로 돌아온다. △ 네 번 절한다.【위와 같다.】 △ 전폐례(奠幣禮)를 행한다. △ 알자가 초헌관을 이끌고 관세위에 나아가 북향하여 선다. △ 홀을 꽂는다. △ 손을 씻고 수건으로 닦는다. △ 홀을 잡는다. △ 알자가 헌관을 이끌고 남쪽 계단으로 올라가 신위 앞에 나아가서 북쪽에 선다. △ 찬자가 꿇으라고 외친다. △ 홀을 잡고 부복한 후 일어나 평신한다. △ 이어서 내려가 자리로 돌아간다. △ 초헌례를 행한다. △ 알자가 초헌관을 이끌고 남쪽 계단으로 올라간다. 준소에 나아가 서쪽을 향해 선다. △ 집사가 덮개를 들고 단술을 따르고 축사가 잔으로 술을 준다. △ 알자가 초헌관을 이끌고 신위 앞에 나아가 북쪽을 향해 선다. △ 찬자가 꿇으라고 외친다. △ 홀을 꽂는다. △ 진작관이 잔을 헌관에게 준다. 헌관이 잔을 잡고 술을 따라서 준다. 전작관이 신위 앞에 바친다. △ 홀을 잡는다. △ 부복하고, 일어나서, 잠시 후 물러나 북쪽을 향해 꿇어앉는다. △ 축(祝)이 신위의 오른쪽에 나아가 동쪽을 향해 꿇어앉아, 축문을 읽는다. △ 부복하고, 일어나, 평신한다. △ 이어서 내려가 자리로 돌아간다. △ 아헌례를 행한다.【위와 같다.】 △ 종헌례를 행한다.【위와 같다.】 △ 찬자가 "음복하고 조육(胙肉)

을 받으라."고 말한다. △ 알자가 초헌관을 이끌고 남쪽 계단으로 올라가 음복위(飮福位)에 나아가 북쪽을 향해 선다. △ 찬자가 꿇으라고 외친다. △ 전폐관이 헌관의 오른쪽에 나아가 서쪽을 향해서 선다. 술을 따라 헌관에게 주고, 헌관이 잔을 받아 다 마신다. △ 대축이 서쪽을 향해 서서 조육을 헌관에게 준다. 헌관은 조육을 받아 진폐관에게 준다. 진폐관은 조육을 받아 남쪽 계단으로 내려가 문을 나간다. △ 홀을 잡는다. 부복하고, 일어나, 평신한다. △ 이끌고 내려가 자리로 돌아간다. △ 헌관이 네 번 절한다. 자리에 있는 자들 모두 네 번 절한다.【위와 같다.】 △ 축이 나아가 변두(籩豆 : 제기)를 거둔다. △ 헌관이 네 번 절한다.【위와 같다.】 △ 망료(望燎 : 축문 태우는 것을 지켜 봄)를 한다. △ 알자가 초헌관을 이끌고 망료위(望燎位)로 나아가 북쪽을 향해 선다. △ 찬자가 망료위로 나아가 서쪽을 향해 선다. △ 축이 광주리에 축판 및 폐백, 요화(燎火)를 담는다. △ 전폐관이 양, 돼지, 서직반(黍稷飯)을 받들고 배를 타고 바다로 나가 물에 넣는다. △ 알자는 헌관의 왼쪽으로 나아가, "예가 끝났습니다."라고 아뢴다. △ 알자가 헌관을 이끌고 나간다. △ 알자가 축 및 집사들을 이끌고 모두 단 남쪽 배위로 돌아간다. △ 축 이하 모두 네 번 절한다.【위와 같다.】 △ 알자가 축 및 집사들을 이끌고 차례로 나간다. △ 집례, 찬자, 알자가 단의 배위로 나아가 네 번 절하고 나간다.

전례를 살펴보면 신주의 위판을 되가지고 와 봉안하거나 묻어서 안장한다고 하는 의거할 만한 문장이 없다. 그러므로 혹시라도 더럽혀질까 걱정하여 초헌관 이하가 사신(辭神 : 신주에 마지막 절하는 절차)한 후로부터 대축이 위판과 상보를 받들고 망료위에 나아가 차례로 서서 요화가 재가 된 후 깨끗한 그릇에 그 재를 담아서 바다로 나가 띄운다.

### 축문(祝文)

광서 2년(1876) 병자년 4월 임술삭(壬戌朔) 27일 무자(戊子)에 수신사 절충장군(折衝將軍) 용양위(龍驤衛) 부호군(副護軍) 김기수가 감히 대해의 신께 밝게 아뢰옵니다. 엎드려 생각하옵건대, 하늘에 온통 정기가 모이자 태평한 큰 바다에 광대하고 심연한 덕으로 기틀이 열려 풍부함이 넘치고, 나라의 기강이 용납되어 우리 동쪽 변방을 두르고 있으니, 아름다운 나루를 통해 사신을 나간 지 66년이 되었습니다. 파도는 진동하나 놀라게 하지 않고 이웃나라와 잘 지내는 데는 도가 있으니 이에 전개(專价 : 특사)에게 명하여 화국(和國 : 일본)의 섬에 보내며 말씀하기를, "너 기수는 가서 옛 우호를 닦으라. 특별히 마음에 두고 선발하였으니 일을 마치 빨리 돌아와야 하리라."라고 하였습니다. 표범의 둑기(纛旗)와 용의 부절(符節)을 들고 은혜에 절하며 행장을 꾸리니, 여름이 조금 지나 길일을 택해 국경을 넘으려 합니다. 저 증기선을 빌려 바람을 모는 데 방도가 있으니, 편한 것은 감히 바라지 않고 오직 빠르기만을 바랍니다. 대소 사행원이 멀리 따라가니 아침에 출발하면 저녁에 닿을 것입니다. 서신은 함에 넣고 양식은 전대에 넣고, 깃발과 일산은 높게 들고 북소리 징 소리 울릴 것입니다. 숙련된 뱃사공은 소매에 손을 넣고 옷 벗은 사공들은 우러러 보면, 기계 바퀴가 한 번 돌아 층층 파도 만 리 아득히 먼 부상이 배 앞에 지척의 될 것입니다. 남방의 장맛비 계속 내리고 무더운 바다 펼쳐졌으나, 채익선 순항하고 치목이 가르니 화살같이 곧게 달릴 것입니다. 상서로운 폭풍이 서서히 움직이고 거센 파도 일어나지 않을 것입니다. 무더움은 물러나 빠른 물결 퍼지고, 더운 습기 걷히고 구름은 쪄 오를 것입니다. 보이는 것은 멀어도 오히려 가까우니 우리를 모두 건네줄 것입니다. 후한 보살핌은 신이 내려주신 것이요, 왕령에 기댄 것입니다. 돌아올 때도 갈 때와 같아 언덕이나 낮은 땅이나 쉴 틈이 없으리니 미리 재계하고 근심하여 꺼리지 않고 두려워하지 않을 것입니다. 희생은 살지고 술은 향기로우며 제기는 깨끗이 갖추었습니다. 길일을 택해 술구기를 잡으니 술구기가 정숙합니다. 일마다 욕됨이 없도록 감히 밤낮으로 힘쓰지 않겠습니까. 기약하노니 조만간 믿음으로 교화하고 회유하여 훌륭함을 잇는 일을 시작하리니, 후회와 허물이 거의 없기를 바랍니다. 진실로 밝히노니 흠향하기를 바라며, 신령은 그 아름다움을 드리우소서. 흠향하옵소서.

**28일.** 기축. 늦게 흐리고 저녁에 비 옴.

△ 공식 연회를 객사 대청에서 행하였다. 좌수사 양주화(梁柱華)가 서남쪽에 주인석을 설치하였고 수신사는 서북쪽 손님 위치에 분배하였다. 한학당상·장무관·화원은 조금 남쪽에서 동쪽 좌우에, 군관·반당은 약간 북쪽에서 동쪽에, 서기는 정동에 전적으로 자리를 배치하였다. 각기 자리에는 사방 한 자짜리 탁자 세 개를 앞에 두었다. 술이 돌려고 하자 음악 한 결을 연주하였다. 나머지 향서기, 경노자, 주방 관속, 악공, 통사, 소동, 사령, 급창, 군뢰(軍牢) 부류는 모두 섬돌을 둘러앉았고 각기 상 하나씩 내렸다. 그러나 훈도와 건량관이 배 위에 일이 있어서 연회에 참석하지 못하였으므로 음식을 나누어 보냈다고 하다. 이것은 공적으로 베푸는 사연(賜宴 : 임금이 내리는 잔치)이기 때문에 열읍에서 지공하도록 하고 웅부(雄府 : 큰 고을)에서 기생을 뽑아서 성대한 전별 잔치를 벌이니, 전례가 그러하다. △ 다대포(多大浦) 첨사 이남집(李南輯)이 사사로이 인사를 하려고 올라왔다. 개운포(開雲浦) 만호 유정현

(劉鼎鉉)이 이웃의 정의로 자주 왔다. 두모포(豆毛浦) 만호 이중현(李重鉉)이 매우 정성스럽게 객회를 풀어주었다. 울산과 양산 두 곳의 태수 역시 전별하기 위해 멀리서 차례로 왔다. 양산군수는 송죽주(松竹酒) 1병, 약포(藥脯) 10근, 백련지 10속을 길 떠나는 선물로 주었다. △ 짐바리를 모두 배 위로 보내기로 미리 기약하고, 표패(標牌)로 증표를 삼기로 하였다.

**29일.** 경인. 아침에 비 오다가 늦게 갬.

말안장을 부산 첨사에게【이방은 박시련(朴時璉)이다.】 맡겨두고 교거(轎車 : 말이 끄는 가마)로 바꾸어 타고 일제히 출발하였다. 사신은 쌍교(雙轎)를 타고 위의를 갖추었다. 동래부사가 대군문(大軍門)을 점검하기 시작하여 본진(本鎭)을 차례로 제어하였다. 진장(鎭將) 역시 항오를 정비하여 후군이 되었다. 초량(草梁)을 지나 설문(設門 : 초량 왜관의 출입통제를 위해 설치한 문)으로 들어가 드디어 신초량(新草梁)으로 내려갔다. 수문(守門 : 초량왜관의 동쪽 출입문) 밖에 장막을 설치하여 잠시 쉬었다. 나룻가에는 방주(方舟)를 매어 놓고 휘장을 치고 자리를 깔아놓았다. 예선(曳船) 수백 척이 모두 밧줄에 매여 대기하고 있었다.

정오가 되자, 먼저 우리 배에 올랐다. 부절과 깃발, 고취(鼓吹)가 앞을 인도하였다. 6궁(弓 : 6자 혹은 8자)쯤 가서 중류의 기선 아래 닿았다. 층층다리를 통해 갑판 위로 올라갔다. 동서로 쌍 돛이 세워져 있고 가운데 연통이 서있었으며, 돛 사이에는 공기를 끌어들이는 포대가 걸려 있었는데 높이는 돛의 반 정도 되었다. 아래로 중층(中層)까지 뚫려 있고 경마(苘麻) 줄로 단단히 묶여있었다. 동쪽 머리에는 각기 운전하는 도구들이 설치되어 있었고 묘철(錨鐵 : 닻)이 치목 머리 양옆에 매달려 있었다. 조금 안쪽에는 깨끗한 집 하나를 세워놓았는데 배를 모는 관원이 머무는 곳이었다. 나침반을 걸고 물레 모양 같은 청동으로 된 통을 세워놓았는데, 운전하려고 할 때 방향을 측정하여 선도하는 것이었다. 서쪽 머리에는 공기를 빨아들이는 쇠로 된 대롱【머리와 꼬리가 각기 나뉘어져 있다.】 두 개가 바람에 따라 시든 꽃대처럼 방향을 옮겼다. 조금 벗어나면 큰 시계가 세워져 있었는데, 갑은 금동이고 면은 유리로 되어 있어, 항해할 때 기후를 측정해 대응하게 하는 것이었다. 배는 길이가 2백 자【우리나라 직물은 매 칸 넉 자로 정해져있다.】 너비는 25자이다. 모두 제련한 철로 밖을 꾸몄고, 사방 둘레는 난간을 둘렀으며, 난간 안 갑판 깊은 곳 모서리를 쇠줄로 엮어놓아 서로 끌어당기게 하였다. 동쪽 돛 밖에는 큰 쇠로 된 통을 심어놓고 놓아둔 쇠줄을 모아서 거두어 두니, 묘두(猫頭)를 앞뒤로 나아가게 하는 것이었다. 좌우로 나누어 널빤지를 가로 놓고 사다리가 높은데, 네 척의 작은 배를 남북으로 걸어놓아, 사용하려면 줄을 느슨하게 해서 서서히 내려서 수면 위에 띄운다. 동서로 물통을 10여 개 놓아두어 맑은 샘을 길 때 쓴다. 위에 큰 포장을 펼쳤는데, 너비가 배와 같았다. 배를 덮어 비가 오거나 햇빛을 가릴 때 쓰는 것이었다. 돛은 바람에 따라 높이를 조절하였고 깃발은 흰 색 바탕에 가운데가 붉었다. 이상이 그 겉모습이다.

영접관은 모두 선창에서 반갑게 맞이하여, 갑판 가운데 열린 곳으로 들어갔다. 사다리를 밟고 난간에 의지해 내려가서 서쪽을 향해 몸을 돌리니 각기 방이 있었다. 정사는 방 하나에 혼자 거처한다. 그 다음 반당, 서기가 함께 한 방에 거처하는데, 상하를 나눈 시렁의 길이가 신장과 비슷했고 높이는 고개를 숙여야 했다. 밖으로 둥근 구멍이 뚫려 있고 유리창으로 열고 닫았다. 앞에는 널판 문 한 짝이 있고 벽에는 네모난 거울을 붙여 놓았으며 밑에 작은 탁자가 걸려 있고 유리 항아리에 물을 담아서 놓아두었다. 남쪽 귀퉁이에는 작은 합을 하나 꾸며놓았는데 그 가운데 대야를 넣어두고, 항아리의 물을 받아서 씻는다. 합 안으로부터 물이 나오면 물이 곧바로 아래로 흘러간다. 방 안은 유분(油粉)이 발라져 있고, 방에는 요가 깔려져 있고 요 위에는 담요가 개어져 있었고, 아래에는 무늬 있는 담요가 깔려 있었으며, 벽에는 밀랍 대가 박혀 있었고, 오른쪽 벽에는 놋쇠 갈고리가 붙어있었다. 방마다 다 그러하였다. 그 다음은 군관 2원이 거처하고, 상방 너머 가장자리에는 별파당상과 장무관이 거처한다. 그 다음은 훈도와 건량관이 거처하고, 그 다음은 화원, 반당 1원이 거처한다. 그 끝으로 돌아 들어간 곳에 영접관 일행이 거처하였는데 진홍색 장막을 내려서 구별하였다. 중간에 넓게 빈 공간에는 긴 탁자를 설치하였고 이외에 양쪽 끝에 협탁을 놓아두었으니 모여서 밥을 먹고 대화를 하는 곳이었다. 서쪽 끝에는 커다란 재를 담는 판과 침 뱉는 항아리 몇 개를 놓아두었으니 모여서 흡연하는 곳이었다. 동쪽을 향하면 작은 문이 있고 문 밖에 반당과 향서기 부류의 중관이 거처한다. 또 그 바깥에는 방노(房奴), 군수(軍手) 무리 같은 아랫사람들이 거처한다. 연통 근처에 주방을 설치하였고 바닥 판의 아래층에 기계를 갈무리하였다. 의원 1원이 에도(江戶)로부터 파견되어 와서 상방의 곁에 머물렀는데 일행을 보호하고 치료하기 위한 것이었다.

△ 영접관 4원을 외무성에서 임명하여 보냈다. 소록(少錄) 미즈노 세이이치(水野誠一), 육등서기(六等書記) 아라카와 도쿠시게(荒川德滋)【긴스케(金助)가 개명하였다.】와 나카노 교타로(中野許多郎), 칠등서기(七等書記) 오마 게이지(尾間啓治)이다. 외무부속 하라 요시야(原吉也), 오타 후사야(太田芳也), 이마이 다카에이(今井孝衛), 노자 두 명, 해군중군의

(海軍中軍醫) 시마다 노부우미(嶋田修海), 간병부(看病夫) 두 명, 내무성 역체권대속(內務省驛遞權大屬) 고스기 마사미(小杉雅三)는 금찰(禁察)을 담당한 일행이다. 통역관 11인은 요시조에 기하치로(吉副喜八郎), 요시무라 헤이시로(吉村平四郎), 아사야마 겐조(淺山顯威), 다케다 진타로(武田甚太郎), 구로이와 기요미(黑巖淸美), 다케다 구니타로(武田邦太郎), 오이시 마타사부로(大石又三郎), 아비루 유사쿠(阿比留祐作), 쓰구치 나오스케(津口直助), 스미나가 슈조(住永琇三), 나카무라 쇼지로(中村庄次郎)이다. 선장 1인은 도리타니 다모쓰(鳥谷保)이고, 격군은 40명이다. 도합 65인다.

영접관 4인과 정사가 읍하고 답을 하였다. 먼 곳에서 부지런히 맞이하러 온 것에 감사하니 모두 "무슨 어려운 일이 있겠습니까?"라고 말하였다. 드디어 정돈하고 거처에 누우니 신시(申時 : 오후 3시에서 5시)였다. 마침 뿔피리를 불어 배가 출발한다고 알렸다. 검은 연기가 하늘로 올라가고 화륜이 연달아 회전하자 마치 우레가 치는 듯 소리가 났다. 순식간에 절영도(絶影島)를 지나【나침반이 축(丑 : 북동)을 가리켰다.】 오륙도(五六島)를 끼고 왼쪽으로 가니 남쪽으로 쓰시마(對馬島)의 여러 푸른 봉우리가 출몰하였다.【이로부터 나침반이 진손(辰巽 : 북동동)을 가리켰다.】 해각(亥刻 : 오후 9시에서 11시)에 배가 쓰시마 북부를 지났으니, 부산에서 4백6십 리 떨어져 있는 곳이다. 저녁에 풍파가 조금 일자, 배가 상하로 흔들려 어지럼증을 느끼는 사람들이 많았다. 게다가 석탄 연기를 마셔서 낯빛이 변하고 수족이 떨리고 위가 뒤집혀 구역질을 해서 밤새 누워 인사불성이었다. 그러나 오직 정사와 이국인(李菊人 : 이용숙), 박죽존(朴竹尊 : 박영선), 오 판관[오현기]과 나는 오히려 아무 탈이 없었다.

### 배에 올라 읊다[上船口占]

초량 왜관 밖으로 대어 있는 관선에 草梁館外檥官船
풍악소리 우렁차게 하늘까지 올라가네 歌吹喧闐近午天
화륜이 한 번 돌자 긴 바람 일어나고 火輪一轉長風起
만 리 먼 부상이 눈앞에 쏟아지네 萬里扶桑注眼前

**5월 1일.** 신묘. 맑음.

새벽에 잠깐 졸다가 해 뜰 무렵 일어났다. 동쪽으로 바라보니, 뾰족한 봉우리가 파도 위로 오르락내리락 했다. "어느 고을 산인가?"라고 물으니, "나가토주(長門州) 아카마가세키(赤馬關 : 현 시모노세키)의 산입니다."라고 하였다.【예전에 '아카마가세키(赤間關)'라고 썼는데 지금 이름으로 바뀌었다.】 겨우 해가 뜰 무렵 아카마가세키 앞 바다에 도착해 정박했다. 작은 배에 나누어 타고 곧바로 에이후쿠지(永福寺)[27]로 들어갔다. 외청(外廳)의 절 경내에 향을 피운 탁자를 설치하고 망하례(望賀禮)를 행하고 나서 다시 정방(正房)으로 들어갔다. 일행이 어지러운 나머지 정신을 수습하느라 모두 쉬면서 묵기를 원했다.

오찬을 내왔다. 소반에 음식을 갖추어 내왔는데, 동리의 학동을 뽑아서 들고 오게 하였다. 밥과 국은 붉은 접시【우리나라 중발(中鉢 : 조그만 주발)만큼 작다.】에 담았고 나물은 사기접시에 담았으며, 사발에 국을 담고 구운 고기를 종지에 겹쳐 올리고 평평한 접시에 순무, 장, 과일을

27 에이후쿠지(永福寺) : 현 야마구치현(山口縣) 시모노세키시(下關市)에 위치한 사원. 1327년 본당(本堂), 관음당(觀音堂) 등이 건축되었으며, 수행을 위한 도량으로 사용되었다. 1893년 내무성특별보호건조물(內務省特別保護建造物)로 지정되었으나 제2차 세계대전 당시 소실되었다.

담아서 가운데 놓고, 소주 한 잔을 권하였다. 밥 한 그릇을 먹고 그릇이 비면 소동이 평평한 소반에 그릇을 담아서 물러나고, 양을 헤아려서 차례로 내왔다. 국과 반찬 역시 그렇게 하였다. 아침저녁 지공은 모두 일본에서 마련했다.

신시 무렵 영접관이 전기신통(電氣信通)으로 에도에 보고하였다고 알렸는데, 술시(戌時 : 오후 7시에서 9시) 무렵 이미 회답을 받았다. 일행의 행방을 편리한 대로 하면서 전신으로 전하는 것이니 서교(西敎)가 유행할 때부터 이 법이 있었다. 연해 수만 리에 모두 구리 대롱을 잠기게 하고 틀을 설치하여 그 가운데에 줄을 묶어 둔다. 어떤 일의 조목을 써서 줄에 매어 잡아당기면 회전하여 순식간에 만 리에 소식을 전할 수 있는 기술이다. 이 때문에 세 시간 만에 에도까지 천여 리 밖의 소식을 통한 것이다.

방은 모두 나무판이고 흙과 돌을 쓰지 않았다. 앞면에는 만(卍) 자 창이 있고 매우 얇은 종이를 바르지만 바람이 통과하지 않았다. 방 사이에는 가리개를 세 개 설치하여 상중하로 나누고 행인이 나누어 묵었다. 서쪽으로 돌면 법당이 있다. 불상을 감실에 안치하고 감실 위에는 작은 금불상을 붙여놓았으며 앞에는 향을 놓은 탁자를 걸어놓았다. 승려 대여섯 명이 거처한다. 재실에는 관세음의 화첩을 걸어놓았고 옆에는 당나라 오도자(吳道子)의 글씨를 모사해 놓았다. 돌아서 동쪽에 정갈한 방이 있는데, 법사가 거처한다. 뒤에는 욕실이 있고 앞에는 종루가 있는데 팻말에 “금파루(金波樓)”라 하였다. 별견당상 두 사람과 여러 명이 문루에 올라가 악공을 불러 몇 곡 연주하였다. 거리의 남녀가 빼곡히 문루 아래를 둘러싸고 뒤섞여 구경하였는데 즐거워하지 않는 자가 없었다.

포시(晡時 : 오후 3시에서 5시) 후에 통사를 이끌고 여러 사람을 따라 후원에 올라갔다. 상수리나무가 하늘에 닿을 듯하고 복숭아나무와 대나무가 섞여 있었다. 철쭉, 영산홍, 소철【일명 번초】 화초들이 반듯하게 줄지어 심어져 있었다. 층층 나무계단을 올라 정상에 이르니 무덤의 비석 수천 개가 무성하게 줄지어 서 있었다. 귀화한 백성을 그 아래 매장하고 위에는 석부(石趺 : 돌 받침대)를 놓고 비석을 세워 "아무개 고을 아무 성 거사", "아무 성 아무개 누이"라고 새겨놓은 것이니, 표시하여 눌러놓은 것이었다. 절의 도량은 가는 곳마다 모두 그러하였으니, 국속이다. 서쪽으로 큰 사찰이 보였으니, 이름이 "용흥(龍興)"이었다. 여염집이 땅에 가득했고 토지는 비옥했다. 바칸(馬關 : 아카마가세키) 20리 경계 내에 가호가 3만, 절이 50개이고, 가호는 모두 상업을 하여 풍족하였으나 절은 모두 서양 종교 때문에 파괴했다고 한다. 집의 제도는 중국 촌락과 비슷하고 우리나라 창고와 비슷했다. △ 승려와 머무는 사람들이 시를 구걸하러 와서 화필(畵筆), 부채, 종이가 앞에 다투어 쌓였다. 화원이 그림을 그리는 데 색을 칠할 겨를이 없을 정도였다. 국인[이용숙]의 그림은 늙을수록 더욱 강건하였다. 글씨를 잘 쓰는 자는 글씨를 쓰고 시를 잘 짓는 자는 시를 지어서 참을성 있게 시험하여 보았더니 그들이 먼 나라에서 온 사람들의 묵적을 얼마나 귀하게 여기는지 경험할 만 하였다. 나는 절구 한 수를 지어 대관(大觀)이라는 법호를 지닌 절의 승려에게 주었다. 시는 다음과 같다.

영복산 앞 펼쳐진 아름다운 곳에는　　永福山前闢勝區
짙은 구름 밝은 달이 천 년 동안 맑았네　　曇雲彗月淨千秋
조계의 물 한 방울 헤아릴 수 없는 물이　　曺溪一滴無量水

흘러와 큰 바다의 만 리 물결 이루었네　　去作滄溟萬里流

둘러앉은 사람들 중에 어떤 한 사람이 눈빛은 맑게 빛나고 몸가짐은 안정되어 있었다. 나를 보는데 매우 친숙하게 여기는 듯하였다. 그의 성명과 관직을 물어보니 야마구치현(山口縣)의 관원 미나모토노 조스케(源張輔)[28]였다. 본래 성은 미나모토씨(源氏)이나 7년 전 대경장(大更張 : 메이지유신) 이후 모두 본성을 버리고 다시 복성(復姓)을 하사받아, 지금 다카시마씨(高島氏)가 되었다. 다른 성 역시 모두 이와 같다. 호는 규호(九峯)인데, 문필이 지극히 훌륭하였다. 이때 정사가 시 한 편을 써서 벽에 걸었다. 시는 다음과 같다.

비단 돛배 탈 없이 적간 나루 닿으니　　錦帆無恙赤間津
만 리 먼 내 행차는 세상 인연 아니었네　　萬里吾行不世因
이번 일 어찌 한 번 꿈이라도 꾸었으랴　　此事何曾來夢想
편안히 영복사에 앉아 있게 되었구나　　居然永福寺中人

잠시 후 규호가 절구 한 수를 써서 정사에게 바쳐달라고 내게 부탁하였다. 시는 다음과 같다.

비단 돛배 곧바로 부산진을 출발하니　　錦帆直發釜山津

---

28 미나모토노 조스케(源張輔) : 다카시마 조스케(高島張輔, ?~?)를 가리킨다. 메이지시대의 관리이자 화가. 호는 규호(九峰). 야마구치현(山口縣) 나가토주(長門州) 출신. 번의(藩醫) 다카시마 료타이(高島良臺)의 아들이다. 내무성(內務省), 추밀원(樞密院), 궁내성(宮內省)에서 근무하였다. 편저(編著)로 『화의 굴예(花の窟詣)』 등이 있다.

부상까지 사행은 옛 인연 맺어서네　　奉使扶桑結舊因
안개 파도 천 리 넓다 말하지 말아주오　　休道烟波千里闊
하늘 먼 끝이라도 이웃사람 될 수 있소　　天涯亦作比隣人

나도 한 수를 차운하여 주었다.

바다 건너 동쪽 오니 나루를 찾아와　　駕海東來問去津
문장으로 해후하니 어찌 인연 없었으랴　　文章邂逅豈無因
소식이 이제부터 천 리도 가까우니　　信息從今千里近
꿈속에서 오랫동안 그리운 이 되리라　　夢中長作意中人

규호가 시를 읽어보고 매우 기뻐하며, 한 편을 다시 지어 감사하였다.

사신이 탄 배가 적간 나루 쉬게 되어　　征帆且憩赤關津
우연히 문장으로 인연을 맺게 됐네　　萍水結成文章因
벼루 바다 물이 깊어 시 쓸 먹물 넉넉하니　　硯海一泓剩詩墨
내일부터 꿈속 사람 되어도 괜찮으리　　不妨明日夢中人

정사가 또 화답하였다.

미목은 아름답고 말솜씨 재미있어　　眉際盈盈口角津
오가는 문자로 좋은 인연 다하였네　　揭來文字儘奇因
뜬 인생에 마주치니 슬픔만 늘 뿐이라　　浮生逢別秖增悵
훗날에 밤마다 꿈속 사람 그리겠지　　他夜相思夢裏人

내가 다시 화운시를 이어서 주었다.

아득한 사방 바다 나루 없이 망망하나 悠悠四海茫無津
형제 되어 오늘부터 전생 인연 증명하네 兄弟從今證夙因
물 하나로 막혔을 뿐 멀지 않음 알겠으니 隔在一泓知不遠
해마다 이 길에 지나는 이 있으리라 年年此路有行人

규호가 매우 감사하였다. 그리고 말하였다.

"쓰신 뜻이 정성스럽습니다. 정사께서 편액 글씨를 써주셨으면 좋겠습니다."

그의 간곡한 마음을 정사께 알리자, "구봉(九峰)" 두 글자와, "일심여수(一心如水)" 네 글자를 써서 전달하였다. 규호가 더욱 감격스러워하였다. 내가 말하였다.

"반나절 문장으로 인연을 맺고 벽 너머로 소식을 전하였는데, 어찌 한 번도 우리 정사께 찾아와 인사를 드리지 않는 것입니까?"

그가 답하였다.

"나는 영접관이 아니고 게다가 외무성에 간사를 맡은 사람이 있으니, 어찌 마음대로 나아가 뵙겠습니까?"

나는 그가 예의가 있어서 억지로 하지 않는 사람이라는 것을 알았다. 저녁 무렵 관아로 돌아간다고 아뢰고 내일 아침 일찍 다시 만나자고 기약하고 떠났다.

△ 밤이 깊자 이불을 덮고 잤는데, 냉기가 온 몸을 덮쳤다. 아침에 일어나 송죽주(松竹酒) 한 잔을 마시니 풀린 듯하였다.

△ 이튿날 아침 배에 오르려 하는데, 규호가 와서 작별하였다.【부산

에서 바칸까지 8백 리이다.】

**2일.** 임진. 갬.

이부자리에서 밥을 먹은 후 작은 배에 나누어 타고 기선에 승선하였다. 짐 점검이 끝나고 나서 점심을 먹었다. 긴 탁자 위에 네모난 상이 놓여있었는데, 밥, 탕, 절임, 간장뿐이었다. 동래부에서 찬합 1부를 만들어 준비하였는데, 멀리 가는 것을 위한 대비였다. 미시(未時 : 오후 1시에서 3시) 즈음 발선해서【나침반이 묘방(卯方 : 동쪽)을 가리켰다.】 해질녘이 가까워 무코우라(向浦)[29]를 지났다. 바칸에서부터 좌우가 푸른 산이었다. 물을 끼고 숲이 있어 그 사이의 바다로 나아갔는데, 파도의 기세가 안온하였다. 밤이 깊어 편안히 잤다. 새벽녘 잠깐 비가 지나자 갑판 위에서 자갈 소리가 났다. 바람이 갑자기 강해지고 몸이 흔들려 꿈에서 깼다. 유리창으로 내다보니 혼돈이 처음 개벽하는 것처럼 막막하였다.

**3일.** 계사. 갬.

세수하고 머리를 빗은 후 상판에 나가보니, 비 기운이 처음으로 걷히고 아침 해가 비로소 떠올랐다. 나가토의 봉우리들이 북쪽에 늘어서 있고, 스오(周防)의 산들이 남쪽 해안을 띠처럼 두르고 있었다. 가로(鹿老)의 작은 섬[30]이 물결 위에 떠 있었는데, 어촌의 뾰족한 지붕이 어구에 빽빽하게 늘어서 있었다. 북쪽으로 아키노주(安藝州) 지역이 바라다

---

29 무코우라(向浦) : 현재의 야마구치현(山口縣) 호후시(防府市) 무코시마(向島)의 포구로 추정된다.

30 가로(鹿老)의 작은 섬 : 가로토(鹿老渡)로 추정된다. 현재 히로시마현(廣島縣)과 에히메현(愛媛縣)에 걸쳐 있는 게이요 제도(藝予諸島)에 속한 곳이다.

보였는데, 자연이 빼어나고 누런 보리가 밭에 가득하며 푸른 소나무가 벼랑에 걸려 있었는데, 하늘하늘하여 험악한 기운이 한 점도 없었다. 압구정(鴨鷗亭) 아래에서 배를 타고 멀리 수락산(水落山), 망월산(望月山)들을 바라보는 것과 매우 흡사하여 나도 모르게 미인을 그리는 생각[31]이 뭉게뭉게 솟아났다.

△ 오시에 배가 쇼도시마(小豆島)[32]의 남쪽을 지났다. 나침반은 인묘(寅卯)를 향했다. 남쪽으로 바라보니 삼나무와 소나무가 울창하여 성곽을 가리고 있었다. 물어보니 다카마쓰성(高松城)이라고 하였다.【신시에 나침반이 축인방(丑寅方 : 동북)을 가리켰다.】 배가 하리마주(播磨州)의 남쪽을 지났다. 난카이도(南海道)[33]의 북쪽으로, 물결이 시원하게 펼쳐져 있었다. 동쪽을 바라보니 푸른 봉우리가 낮게 둘러싸여 있었는데, 아와지주(淡路州) 지역이었다. 길이 시치도(七島)와 단조도(淡如島)의 사이로 나갔다. 나침반은 오정방(午丁方)을 가리켰다. 바람과 물결을 탄 선박들이 석양 밖으로 다투어 나갔다. 어떤 배는 땔감을 싣고 어떤 배는 생선과 소금을 싣고 어떤 배는 벤 보리를 쌓아서 포대로 싸서 묶어 놓았는데, 모두 생계를 꾸리는 일이었다. 몇 시간 가자【나침반이 진손방(辰巽方)을 가리켰다.】 이곳을 고베(神戶)라고 하였는데 백여 리 지났다

---

31 미인을 그리는 생각 : 소식(蘇軾)의 「전적벽부(前赤壁賦)」에 "아득한 나의 마음이여, 하늘 한 끝의 미인을 그리는구나.[渺渺兮余懷 望美人兮天一方]"라는 구절에서 인용한 말이다.

32 쇼도시마(小豆島) : 세토내해(瀨戶內海)의 하리마나다(播磨灘)에 있는 섬이다. 현 가가와현(香川縣) 쇼즈군(小豆郡) 소속.

33 난카이도(南海道) : 고대 일본 율령제에 있었던 지방행정 구획 가운데 하나로, 현재의 시코쿠(四國), 와카야마(和歌山), 아와지시마(淡路島) 범위이다. 옛날 수도였던 교토 지역보다 남쪽 해역으로 내려가는 길이라 붙여진 이름이다.

고 한다. 배 위에서 우연히 율시 한 수를 지었다.

| | |
|---|---|
| 밤낮으로 둥둥 떠서 하늘을 오르내려 | 日夜浮浮上下天 |
| 가슴은 허공 걷는 신선이 된 듯하네 | 胸襟許與步虛仙 |
| 하리마 북쪽으로 긴 모래섬 둘러 있고 | 播磨境繞長洲北 |
| 아와지산 아래로 저녁 안개 깔리네 | 淡路山低暮靄邊 |
| 누런 보리밭에 가득 가을 벌써 한창이고 | 黃麥滿田秋已熟 |
| 삼나무 푸른 사이 골목집이 이어졌네 | 翠杉分巷屋相連 |
| 골짜기 배 다 움직여 마음 먼저 정했으니 | 壑舟皆動心先定 |
| 이곳에서 내 삶이 원만함을 깨달았네 | 此地吾生大覺圓 |

△ 술시에 바람이 조금 심해졌다. 나침반이 묘진방(卯辰方)을 가리켰다. 자시 초에 고베 포구에 도착하여 정박했다. 난카이도의 오기(五畿)[34] 가운데 셋쓰(攝津)의 지역에 속한다. 효고현(兵庫縣)이라고도 칭한다. 바칸에서 여기까지 1천7백 리이다.

**4일.** 갑오. 갬.

새벽에 일어나 사방을 바라보니 서남쪽은 물빛이 하늘에 닿아있고 동북쪽은 인가가 가득했다. 아침식사 후 각기 작은 배를 타고 위의를 갖추고 고베의 북항으로 나가니 집들이 조밀하였다. 마을 문을 통해

34 오기(五畿) : 고대 일본 율령제에 있었던 지방행정 구획인 오기칠도(五畿七道)의 오기(五畿)로, 기나이(畿內)에 있는 다섯 고을인 야마토(大和), 야마시로(山城), 셋쓰(攝津), 가와치(河內), 이즈미(和泉)를 가리킨다.

들어갔다. 쇠창으로 주변을 막아 울타리를 치고 가운데는 철사 줄로 둥글게 솟아나게 하였는데 높이가 몇 길이나 되었다. 마을 문 안에는 유리등 하나를 걸어 두었다. 수십 보 나아가니 작은 홍예문이 있었다. 푸른 판으로 된 층계를 4, 50개 밟고 올라갔다. 위에는 누각이 하나 있었는데, 백릉화(白菱華) 종이가 발라져 있었고 전면 세 벽은 유리로 되어 있었다. 두 개의 판자문을 설치하여 똑같이 네 칸으로 나누었는데, 칸칸마다 모두 똑같았다. 담황색 초서 병풍 아래 여러 무늬가 섞인 담요가 깔려 있었다. 정사 방에는 다리가 긴 둥근 소반이 놓여 있고 채색 깃발로 덮여 있었으며, 한 길 남짓 되는 큰 병에 국화, 석죽 등이 꽂혀 있었다. 가운데에는 네모난 탁자가 하나 놓여 있고 복(福) 자가 그려진 떡, 붉고 희고 검은 설탕으로 만든 다식, 가는 무늬가 있는 붉고 흰 색의 둥글게 말아놓은 떡이 쌓여 있었다. 찻주전자와 잔을 내와 마시기를 기다렸다. 행중의 각방 역시 두 개의 탁자가 설치되어 있었고, 인원수에 따라 의자를 늘어놓았다. 동쪽 문을 통해 층계를 내려가니 역시 마찬가지였다. 조금 북쪽으로 가면 넓은 공간이 펼쳐졌는데, 화훼 등속이 뜰 언덕에 늘어져 있었다. 그 서쪽에는 또 정사(精舍)가 다소 있었다. 물어보니 상인들이 모이는 곳이라 하였다. 이 항구는 만여 호를 넘지 않았지만 모두 부유하고 누각이 서로 보일 정도로 조밀하였다. 점심을 내왔다. 【일본에서 지공하였다.】 밥과 국 각 1종, 생선 구이 및 국물, 능이송이탕, 썰어놓은 회 한 접시, 날 청채(靑菜)와 고평(苦苹) 한 줌과 수과(水瓜) 대여섯 조각을 초장에 담구고 절인 오이와 무 조각을 합쳐서 한 접시에 담은 것이 있고, 도미 한 마리를 삶아서 면과 곁들였다. 총명한 아이로 하여금 술을 돌리게 하였고, 술 다음에 모든 음식을 양에 따라 이어서 내왔다. 반과(飯菓)가 있었는데, 생강과 연순(軟筍)을 붉게 물들인 것 1본, 황금(黃檎) 2개, 생이(生茸) 한 줌뿐이었다.

△ 오시가 될 무렵, 효고(兵庫) 현령 간다 다카히라(神田孝平)[35]가 와서 사신께 알현을 청하였다. 사신이 당상관을 시켜 다음과 같이 말을 전하였다.

"우리가 여기서 이제 막 조금 쉬었으나 애초에 공사와 관계가 없으니 사적으로 만나는 것은 온당치 못한 듯합니다."

현령이 예예 하며 물러났다. 본현의 대속(大屬) 호조 마사미(彭城昌實)가 명함을 가지고 와서 문후를 드렸다. 대속은 허리를 굽히고 서있고 사신은 소매를 들어 읍하였다. 대속이 통사를 통해 다음과 같이 말을 전하였다.

"먼 길을 오시느라 수고가 많으셨기 때문에 현령이 명함을 보내 문안한 것입니다."

통역하여 대답하였다.

"이처럼 근실히 물어주시니 감사하는 마음을 이기지 못하겠습니다. 국사는 중하고 사행원들은 무사합니다."

---

35 간다 다카히라(神田孝平) : 1830~1898. 에도시대 말기~메이지시대의 학자이며 관료. 이름은 모카쿠(孟恪). 호는 단가이(淡崖)·도카요(唐華陽). 미노국(美濃國) 출신. 1847년부터 교토(京都), 에도에서 한학(漢學)과 유학(儒學)을 배웠고, 1853년 이후에는 스기타 세이케이(杉田成卿), 이토 겐보쿠(伊東玄朴), 데즈카 리쓰조(手塚律藏)에게 난학(蘭學)을 배웠다. 1862년 이후, 반쇼시라베쇼(蕃書調所), 가이세이조(開成所)에서 가르치게 되었다. 1868년 메이지정부에 출사하여 의사체제취조소(議事體裁取調所), 외무성(外務省) 등에서 근무하였고, 1871년 효고현령(兵庫縣令)이 되었다. 1876년 5월 제1차 수신사 수행원 김기수는 효고현령이었던 그와 만나 명함을 주고받았다. 1877년 이후는 문부소보(文部少輔), 고등법원배석판사(高等法院陪席判事)가 되었고, 1890년 귀족원의원(貴族院議員)이 되었다가 다음해 사임하였다. 학자로서는 도쿄수학회사(東京水學會社) 사장, 도쿄인류학회(東京人類學會)의 초대 회장을 역임하였으며, 서양수학(西洋數學)의 선구자로 알려져 있다.

대속이 마침내 격식에 맞지 않는 절을 하고 떠났다. 포시가 될 무렵, 장무관을 시켜 통사 및 일본 전어관을 이끌고 명함을 지니고서【장무관의 성명만 썼다.】 현아(縣衙)에 가서 감사하게 하였다. 현아의 관리가 사행선 검사하는 일 때문에 항구에 나갔기 때문에 본현의 14등출사 다나카 히로나오(田中敬直)가 명함에 써서 다음과 같이 답하였다.

"현관이 마침 일 때문에 출타하였으니 이 말을 대신 고하여 아뢰겠습니다."

현령이 마을 어귀 문 옆에 방을 걸어 놓았는데 "조선의 사행이 오늘 밤 항구 마을에 머문다. 등촉을 곱절로 밝혀서 즐길 거리가 되도록 별도로 신칙하노라."라고 쓰여 있었다.

큰 배로 돌아오니, 초저녁부터 새벽까지 마을의 등이 밝게 빛났다. 쇠줄을 엮어 등을 걸었는데, 죽엽의 형태로 만든 것으로 다섯 곳에 있었다. 선상에서도 고취를 연주하여 알고 있음을 표시하였다.

△ 회사루(會社樓) 위에 있으니, 관광하는 남녀가 그 아래 담처럼 둘러있었다. 서양인과 중국인이 왕왕 서로 섞여있었으며, 서양 아이를 안거나 업고 있기도 있었다. 모두 무역일 때문에 왕래하는 것이거나 머무는 것이라 한다. 효고항 앞에 화륜선이 14척이 있었다. 표시하는 깃발에는 삼색기가 있었는데, 위가 푸르고 중간이 희고 끝이 붉은 것은 영국 배였고, 위가 붉고 아래는 푸르고 가운데 상감을 한 것이 러시아의 배였다. 또 순백, 순청의 깃발도 있었는데 서양인의 별도 깃발이었다. 중국인은 서양 선박을 따라 함께 주선하였다. 흰 바탕에 붉은 점이 있는 것은【어떤 것은 가운데 둥근 점이 있었고 어떤 것은 가운데 세 개의 점이 연달아 있었다.】 모두 일본 배인데, 도합 7, 8척 되었다.

△ 회사루에서 『만국공보(萬國公報)』[36]를 보았다. 대청국(大淸國)의 일을

보니, 4월 13일 고려흠차(高麗欽差)가 데리고 간 수행원 및 부속 50여 인이 앞서 일본국 도쿄에 주차(駐箚)하였다고 하였다. 일본국의 일을 보니, "전의 대만(臺灣)과 지금의 고려, 두 가지 일이 모두 제후국이 시작하는 전례를 따른다. 그러나 의논한 새로운 예를 따르도록 인도하지 않는 것이 없다. 오직 바라건대 국가가 다시 바꾼다고 하지 말고, 새로운 예 가운데 오히려 옛 제도가 있으니 온전히 다 개정하지 못한 것을 어렵게 여겨서 고치고 바꾸는 데 힘을 다해야 할 것이다. 그러면 우리나라의 군주와 백성, 관원과 상인들 가운데 즐겨 따르지 않는 자가 없을 것이라 생각한다. 그리고 칼을 차던 자가 새로운 예를 받들어 칼을 차던 행태를 모두 버리면 태평 시대의 즐거움을 영원히 누릴 수 있을 것이다."라고 하였다. 또 한 조목에는 "일본 국가가 낡은 것을 버리고 새로운 것을 취하여 서양의 법제를 근본으로 삼지 않는 것이 없다. 이것은 진실로 깊이 좋아하면서도 돈독히 믿기 때문이다. 서양의 법제로 고친 것을 나열하자면 일일이 듣기에도 어렵다."라고 하였다. 여기에서 또 일본의 역서 역시 서양의 역서를 따른다는 것을 알 수 있다.

일본의 옛날 역서를 살펴보면 중국의 역서와 현격히 다르지는 않았다. 정공일(停工日 : 일을 마치는 날)을 매월 16일로 기한을 두고 있었다. 지금 일본을 살펴보면, 올해부터 시작해서 서양의 법으로 개조하여 예배일(禮拜日)을 정공일로 삼으니, 진실로 잘 변하는 자라고 할 만하다.

---

36 『만국공보(萬國公報)』 : 1868년 9월 5일 상해에서 미국 선교사 알렌(Young John Allen)이 창간한 잡지로, 중국어를 사용하였다. 본래 '교회신문(教會新聞, The Church News)'라는 명칭의 주간지였으나, 300호 이후로 '만국공보(萬國公報, The Chinese Globe Magazine)'라는 명칭의 월간지로 바뀌었다. 6년간 휴간하였다가 1898년부터 복간하여 1908년까지 228회 간행되었다.

일본에서 서양인이 두터운 신망을 받는 것은 잘 변하고 싶어서이다. 일본인이 서양에 나갔다가 돌아오면서 서양의 법제가 나라를 부강하게 하는 것을 직접 보았던 것이다. 그러므로 사모하고 본받는 것은 부강할 계책으로 삼고자 해서이다. 예배일로 정공일을 바꾼 것은 한 층 더 심하게 한 것이 아니겠는가? 다만, 서양인이 예배일에 정공하는 것은 종교 종사자가 성경을 강론하는 것과 관계있다. 일본은 예전에 불교를 숭상하였다가 최근 전부 허무하고 무망한 데 귀속되어 믿을 만하지 못하다는 것을 알고 깊은 계곡에서 빠져나와 광명한 세계로 들어가려 하는 것이니 지극히 갸륵하다. 그러므로 서양인이 종교를 전도하는 일을 전혀 금지하지 않을 뿐만이 아니라 믿고 따르리라는 것을 짐작할 수 있다.

△ 고베항의 배 위에서 운을 잡고 함께 짓다[神港船上占韻共賦]

신선 섬 지척이라 곧 오르게 되리니　　蓬瀛咫尺庶幾登
막막한 나그네 마음 절로 좋아지네　　渺渺羈懷也自勝
물가 둘러 우거진 풀 천 개 돛이 닿았고　　環渚薺森千挺帆
하늘 뚫고 별 뿌린 듯 수만 집 등 밝혔네　　徹宵星散萬家燈
은하수의 신선이 인간과 함께 하니　　銀漢喬松人共在
연잎 계수 아름다운 금릉 땅도 비기리라　　金陵荷桂地相能
한 해 겪고[37] 바다 맹세[38] 지금도 예 같으니　　望華誓海今如古

37 한 해 겪고 : "望華". 포은(圃隱) 정몽주(鄭夢周, 1337~1392)가 일본에 사신 가서 지은 시의 한 구절인 "타향살이 적막하게 한 해를 지나는데[僑居寂寞閱年華]"라는 구절을 점화한 것으로 보인다.

38 바다 맹세 : "誓海". 1596년 통신사 정사로 일본에 파견된 추포(秋浦) 황신(黃愼,

포은과 추포 노인 이곳을 지났었지　　圃老秋翁過此曾

△ 현령이 시장 사람을 시켜서 배, 밀감, 비파열매【색은 노랗고 복숭아만큼 작다.】 한 바구니를 바쳤다. 받아서 배 안 사람들에게 골고루 나누어주었다.

**5일.** 을미. 바람이 불고 흐림.

진시에 발선하여【나침반이 묘방(卯方)을 가리켰다.】 백여 리를 가니 큰 바다 사방으로 한 점 산조차 없어졌는데, 야마토주(大和州)의 남쪽인 듯하였다. 바람의 기세가 아주 거센 것 같지는 않았으나 함선의 요동이 전날 서해도(西海道) 보다 더하였다. 오시에【나침반이 인묘방(寅卯方)을 가리켰다.】 함선이 심하게 흔들려 많은 사람들이 현기증에 누웠다.

**전운에 다시 차운하여 정사께 드리다[疊前韻呈上价]**

갑자기 내려간 듯 홀연히 올라간 듯　　倏如其下忽如登
여기 있는 사람 모두 어지럼증 못 이기네　　住此人皆眩不勝
사해의 물정은 혼미한 거울로 돌아가고　　物情四海歸迷鏡
삼생 인연 돌고 도는 주마등임을 깨닫네　　緣業三生悟轉燈
흔들리는 꿈속 혼은 갈 만한 곳 없으니　　搖蕩夢魂無適可
부침하는 신세는 절로 그런 것이네　　浮沉身世自然能
조용히 선창 기대 서책을 읽노라니　　靜倚篙窓黃卷在

---

1560~1617)이 심한 풍랑을 만나자 바다 신에 맹세하는 글[誓海神文]을 지어 바다에 던지자 바람이 즉시 멎었다고 한다.

공자 계신 자리에 안연 증잠 뫼신 듯 先師座上侍顔曾

△ 신시에 나침반이 인묘방(寅卯方)을 가리켰다. 배가 오미주(近江州)의 남쪽을 지났다. 남극으로 떠가는 조수가 여기에서 미국까지 가는데 한 달 걸린다. 북쪽으로 둘러 싼 봉우리가 바로 하치만(八幡) 히코네(彦根)의 산이다. 이 앞에는 배들이 이어져 끊이지 않았으나 여기에 이르자 일엽편주 하나 없으니, 큰 바다가 있어 산에 의지하고 있음을 알 만하였다. 항구에는 대략 작은 배들이 있었다. 북쪽 언덕 위에는 4, 5길 되는 등대가 서있었는데, 요동성의 백탑처럼 하얗다. 왕래하는 배를 비추기 위한 것이었다.

**6일.** 병신. 갬.

한밤중에 기이주(紀伊州)의 남쪽 바다로 들어갔다. 해가 뜰 때 갑판에 올라가 바라보니, 사방이 광활한 가운데 동이 트고, 아스라한 푸른 산이 있는 듯 없는 듯한데 이것이 기이주의 경계가 시작되는 곳에 있는 산이라고 하였다. 풍랑이 크게 일어나 밤새 잠을 자지 못했다. 그 중에 가장 심한 사람은 훈도와 상판사인데 갑자기 정신을 잃어서, 어제 포시 이후로 물 한 그릇을 입에 넣지 못하고 힘이 빠져서 일어나지 못했다. 그 다음은 건량관, 예방군관인데 모두 멀미 때문에 일어나지 못했다. 아랫것들 가운데 다닐 수 없는 자들이 열 명 가운데 여덟아홉이었다. 조금 나은 사람은 정사와 나로, 매우 참아서 여기까지 왔을 따름이었다. 진시가 되어【나침반이 인묘방(寅卯方)을 가리켰다.】 도착하니 이곳은 도토미주(遠江州)의 남쪽 바다이다. 바람과 파도가 더욱 험해지고 사방을 바라보아도 주먹 크기 산 하나가 없었으며 천 리에 돛단 배 한 척이 없었으니, 가는 길이 얼마나 험한지 헤아릴 만했다. 주방에 속한 사람들이 모두 뱃멀미 때문에 밥을 감히 할 수가 없어서 마침내 일인의 주방에 부뚜막을 빌렸다. 상사와 나, 죽존[박영선], 병방, 별견당상은 식당에 참석했다. 아랫사람들은 통인 홍치조(洪致肇), 사령 한갑(漢甲)이 근근이 엎치락뒤치락하면서 일을 하였고, 나머지는 모두 혼절하여 일을 돌보지 못했다.

△ 신시에【나침반이 인묘방(寅卯方)을 가리켰다.】 점심이 아직 되지 않았으니 뱃멀미 때문이었다. 그러므로 일인의 주방에서 밥을 빌려 겨우 네 사람이 식탁을 마주했다. 밥을 먹은 후 갑판 위로 나가 걸었다. 북쪽을 바라보니 어강(御江)[39]의 오마에자키(御前崎)[40]가 가로로 4, 50리 걸쳐 있었다. 그 꼭대기에는 하얗게 등대가 서있었는데, 험한 여울의 물가마다 이것으로 표시하는 것이 나라의 규율이다. 잠시 후 스루가주(駿河州)의 처음 경계가 보이기 시작했다. 백여 리 밖에서 아득하게 출몰하는 산이 있었는데 후지산(富士山)이라고 한다. 유시(酉時 : 오후 5시에서 7시) 초에 동쪽을 바라보니 얕은 산이 있는 듯 없는 듯하였다. 이즈주(伊豆州)의 경계였다. 오늘 밤 여기를 지나면 에도까지 5백 리만 남는다고 한다. 유시 정각에 배가 이즈 등대의 남쪽을 지났다. 파도 면에 거대한 바위 4, 5곳이 있었는데 집채 같은 것도 있고 죽순, 인삼같이 생긴 것도 있어서 꺼멓게 서있었다. 또 남쪽의 큰 바위는 둘레가 십여

---

39 어강(御江) : 미상. 도토미(遠江)의 오기가 아닌가 한다. 이곳의 엔슈나다(遠州灘)는 태평양에 있는 해역으로, 시즈오카현(靜岡縣) 오마에자키에서 아이치현(愛知縣)이라고 미사키(伊良湖岬)까지 모래언덕이 뻗어 있다.

40 오마에자키(御前崎) : 현 일본 시즈오카현(靜岡縣) 오마에자키시에 속해있는 곳으로, 시즈오카현의 최남단에 해당한다. 1635년 이래로 이곳에 등대가 있었다.

리쯤 되었고 꼭대기에 등대를 세웠는데 인가 몇 채를 두어서 땔감과 식량을 계속 공급해 주고 등대 밝히는 임무를 영원히 맡도록 한다고 한다. 배가 두 바위 사이를 빠져나갔다. 술시(戌時 : 오후 7시에서 9시)에서 해시(亥時 : 오후 9시에서 11시) 무렵 풍랑이 크게 일어나고 요동치는 것이 심하게 변하였다. 술병과 찻잔이 배 안을 뒹굴었고 사람들은 모두 어지럼증이 더욱 심해졌다. 저녁에 정사와 하릴없이 잡담을 하여 근심을 누를 거리로 삼았다. 자시(子時 : 오후 11시에서 오전 1시) 초에 비로소 잠이 들려 하였다. 배가 사가미주(相模州)의 남쪽을 지났다. 물살이 험하기로 예로부터 유명했기 때문에 상선이나 고깃배가 모두 이곳으로 지나가지 않는다고 한다.

**7일.** 정유.

새벽에 우레 소리가 쾅쾅 울리고 번갯불이 번쩍거리면서 비가 화살처럼 쏟아지더니 조금 있다가 걷혔다. 이미 인시(寅時 : 오전 3시에서 5시) 초가 되었을 때 배가 무사시노주(武藏州) 의 남쪽 요코하마(橫濱)항에 정박하였다. 여기에서 에도 도쿄까지 육로로 1백 리이다. 고베항에서 요코하마항까지 도합 2천4백 리이다. △ 조반 후 작은 배를 타고 일제히 동남쪽 해안으로 향해 하륙하였다. 1리 남짓 가서 회의사루(會議社樓)로 들어갔다.【인력거가 이미 나룻가에서 대령하고 있었다.】 이 누각도 2층이었고 건물이 웅장하였다. 네 군데로 나누어 잠시 머물렀다. 차를 대접하고 나자 또 누런 떡 한 접시, 밀감과 날 배 한 그릇, 갈분음(葛粉飮) 한 사발을 내왔다. 잠시 있다가 곧 출발하여 3리쯤【또 각기 인력거를 타고 갔다.】 가서 철로에 도착했다. 관문은 삼중이었고 높이는 2층이었다. 위에 비각을 설치하고 모두 백색으로 칠해 놓았으며 상·중·하등이 대령하는 곳이 있었다. 외무성 삼등서기 오쿠 기세이(奧義制)와 전어관(傳語官) 우라세 히로시(浦瀨裕)가 이곳에서 맞이하였는데 말뜻이 정성스러웠다. 상사 이하 각기 순서대로 화륜차에 타고 철로를 따라 움직였다. 위는 방 모양으로 꾸며놓았고, 칸칸마다 유리창을 붙여놓았다. 석탄 연기가 한번 일어나자 11개의 객차가 일시에 함께 달렸다. 산천과 초목이 별과 번개처럼 달려서 눈 깜짝할 사이 시나가와(品川)에 도착했다. 인가가 조밀하고 시가가 웅려하였으며, 앞에 대해가 있고 바다는 하늘에 닿아 있었다. 수면에는 왕왕 돈대가 네댓 곳 설치되어 있었다. 전날 관백이 자주 서양인과 바다에서 전투를 했었는데 이때 쌓은 것이었다. 전진하여 신바시(新橋)에 도착했다.【요코하마에서 여기까지 95리이다.】 4각이 지나지 않은 때였다. 정사가 화륜차에서 내려 육인교에 타고 위의를 갖추어 천천히 움직였고 따르는 관원은 모두 인력거를 타고 십여 리를 갔다. 집들이 서로 이어져 있고 간판이 높이 걸려 있었으며, 십자로를 세 곳 지났는데 지나쳐간 이층집이 천 개가 넘어 셀 수 없을 정도였다. 남녀와 중국인과 서양인이 발뒤꿈치가 닿을 정도로 섞여서 길가를 꽉 채우고 있었다. 병사 8쌍이 말을 타고 앞에서 인도하였고 해군 수백 명이 흰 창을 들고 길에 옹립하여 있었다. 엔료칸(延遼館)에 도착하였다.【전날 대장경(大藏卿)이 거처하는 곳으로 일명 "도미노코지칸(富小路館)"이라고 한다.】 정사부터 수행원에 이르기까지 머무는 곳에 모두 무늬가 있는 포단이 깔려 있었다. 매 칸 2인이 거처하였다. 각기 벽장(壁帳)이 있었고 모두 서책 여러 질이 있었는데, 『장회당집(壯悔堂集)』, 『영환지(瀛環志)』, 『서의약론(西醫畧論)』 등의 책이었다. 잠시 후 밥을 내왔다. 지극히 정밀하고 풍성하였다.

△ 길가의 간판은 약종(藥種), 화한양해군회의소(和漢洋海軍會議所),

어차소(御茶所), 침문옥(針問屋), 인상(人相), 화본쌍지문옥(畵本雙紙問屋), 빙수(氷水), 교맥(蕎麥), 화한양명교소(和漢洋明敎所), 문명당(文明堂), 차(茶), 태(太), 주소(酒所), 소매차(小賣茶), 소매언(小買蔫), 만동유(萬桐油), 서양양재봉옥(西洋服裁縫屋), 서양어예복재제(西洋御禮服裁製), 천금미와문옥본가(千金美娃問屋本家), 각국회정소(各國會定所), 활자(活字), 만국신문(萬國新聞), 화포(貨布), 임금(賃金), 화한양의정신문(和漢洋議定新聞), 광문원서림(廣文院書林), 박물지(博物志), 농업잡지(農業雜志), 금단(金丹), 구사회생영응단(救死回生靈應丹), 농업삼사(農業三事), 사진화포(寫眞畵鋪), 사탕(砂糖), 우육어포(牛肉御鋪), 종표(鐘標), 과(果), 선(鮮), 양산(陽傘), 화자(靴子), 모자(帽子), 마차(馬車), 인력거(人力車), 화륜차(火輪車), 선(船), 함관(函館), 구재(柩材), 필(筆), 묵(墨), 당지(唐紙), 연(硯) 등 이런 등속의 글자들이었다. 모두 종이에 써서 걸어놓았는데 모두 다 기록할 수가 없다.

△ 요코하마에서 가나가와(神奈川), 시나가와(品川)까지 전원이 이어지고 보리가 뒤섞여 자라있었으며, 밭두렁이 반듯반듯하여 하나도 비뚤어진 것이 없었다. 가에 심은 배나무, 뽕나무는 모두 일자로 늘어서 있어 자로 잰 듯하였다. 논은 바야흐로 볏모가 푸르게 나와 있었고, 밭을 갈고 물을 대고 있었다. 논 경계에는 모두 대나무를 빽빽하게 꽂아서 구부러지게 하여 울타리를 만들었다. 인가는【대개 초가집이었다.】 모두 목단(木栅)을 어깨 높이로 두어서 주변을 가렸고 넘어갈 수 없었다. 백여 리에 전기 구리선 8가닥이 깔려 있었고, 10보마다 기둥이 하나 서있었으며, 4층의 쇠말뚝에 줄을 걸어 놓았다. 만약 급한 일이 생겨 종이에 무슨 일이라고 써서 선에 붙이면 잠깐 사이에 갈 곳으로 달려가 나타나니, 서로 통신하는 것이었다.

△ 관소에 들어가 잠시 있었다. 외무성 소승(少丞) 후루사와 가게히로(古澤經範)가 명함을 가지고 와서 뵙기를 청하였다. 정사가 염명관(濂明冠), 학창의(鶴氅衣)로 바꾸어 착용하고 접견소로【처소의 남쪽이다.】 나가서 앉았다. 소승이 좌배(坐拜 : 무릎을 꿇지 않고 하는 절)하였다. 정사는 읍을 하여 답하였다. 의자에 나누어 앉았다. 소승이 말하였다.

"만 리 먼 바다를 잘 건너 여기까지 오시니 정말로 지극히 다행입니다. 많이 피곤하지는 않으십니까?"

정사가 통역관 우라세 히로시를 시켜 답하였다.【우라세 히로시는 예전 모스케(最助)가 개명한 것이다.】

"사신의 일은 양국 우호를 중시하는 것이니 감히 피곤하다 말하지 못합니다. 그리고 누차 문안을 받았고 지금 또 몸소 와주시니 감사한 마음을 이길 수가 없습니다."

소승이 말하였다.

"3백 년 강화를 한 끝에 옛 우의를 계속해서 닦게 되었습니다. 이 사이 분명히 의논하여 확정할 공사가 있을 것입니다. 일일이 말해주시면 잘 되도록 주선하겠습니다. 그리고 서계 가운데 전달할 것은 반드시 택일하여 거행하는 것이 좋겠습니다."

정사께서 말씀하셨다.

"이번 사행은 강화도에 왔던 귀국의 사행에 답하여 옛 신의를 닦기 위해서이니, 달리 공무가 없습니다. 만약 말한 만한 일이 있다면 공무를 우선하고 사적인 일을 뒤로 하는 것이 마땅합니다. 내일 사시(巳時 : 오전 9시에서 11시) 즈음 외무성에 직접 가서 접견한 후 훈도를 시켜 서계를 전달하게 해야 할 것입니다."

소승이 말하였다.

"그렇습니다. 내일 외무경 및 대보(大輔), 대승(大丞), 권대승(權大丞)이 본성에 접대하러 와 있을 것입니다. 당상관 2원, 상판사 1원을 수행하게 하는 것이 좋겠습니다."

훈도가 말하였다.

"상판사는 2원이니 1원만 데리고 간다면 전례에 어긋날까 걱정입니다."

소승이 말하였다.

"그렇다면 정관 4원 외에는 더 데리고 가지 않는 것이 좋겠습니다."

그렇게 하기로 정하였다. 관소에 들어간 후의 약조가 있다.

대언(代言). 외무성에서 보내오다.

1. 부내 인가가 지극히 조밀하여 실화를 제일 두려워합니다. 그러므로 비록 감졸(監卒)이 밤낮으로 여관의 안팎을 순경하도록 하고 있으니 역시 귀객께서도 각자 경계하기를 청합니다.
1. 여관 근처에 만약 불이 나면 불길이 향하는 곳을 따라 접우관이 피하도록 유도할 것입니다. 아사쿠사(淺草) 혼간지(本願寺)와 시바(芝)의 곤치인(金地院)이 옮겨서 머물 장소입니다.
1. 귀객 가운데 만약 한 때 감기에 걸리거나 정신적으로 좋지 않은 일 등이 있으면 반드시 그 사정을 알려서 진찰을 청하여야 할 것입니다. 미리 의관을 대비시켜 놓았습니다.
1. 날씨가 점점 더워져서 방 안이 불결하면 혹시라도 귀객의 건강에 장해가 있을까 걱정됩니다. 그러므로 방지기[房直]를 시켜 때때로 들어가 청소를 시킬 것이니 당돌하다 여기지 마시기 바랍니다.

1. 귀객이 외출할 때 비록 통변할 자로 인도하게 하더라도 만약 필요하지 않으면 따라갈 필요가 없습니다. 마음대로 외출하는 것도 무방합니다. 거마 역시 그러합니다. 타고 싶으면 타십시오. 잠깐 사이에 준비하겠습니다. 그리고 야간에 거리를 산책하는 것 역시 기이한 일입니다. 인도하는 자의 수고를 염려해 감히 나가지 않는 것은 접우관의 본뜻이 아닙니다.
1. 귀객이 외출할 때 혹시라도 갈림길에서 길을 잃을까 걱정됩니다. 그러므로 미리 목패에 여관의 소재를 기록해 두었습니다. 만약 길을 잃어 궁색하면 이 패를 경찰관에게 보여주십시오. 해당 경찰관이 친절하게 가르쳐주어 지나치지 않도록 할 것입니다. 단, 부내 경찰관이 설치되어 있어 순시하지 않는 곳이 없습니다. 해당 경찰관은 감흑색 제복을 입었고 3척쯤 되는 몽둥이를 지니고 있습니다.
1. 시가에는 행인에게 편리하도록 변소가 설치되어 있지 않은 곳이 없습니다. 그리고 인민의 가옥에도 역시 각각 설치되어 있습니다. 그러므로 변소가 아닌 곳에서 대소변을 보지 못합니다. 다만 시가의 변소는 백분으로 칠하여져 있고 세로는 7, 8척, 가로는 3척에서 6, 7척에 이릅니다.

○월 ○일.

**8일.** 무술. 새벽에 비가 오다가 아침에 갬.

정사가 정관 4인을 인솔하여 외무성에 가서 당상관을 시켜 서계를 전하도록 하였다.

대조선국 예조판서 김상현(金尙鉉)[41]이 일본국 외무경 합하에게 서계를 드립니다. 지금 맑고 온화한 초여름에 삼가 생각하니, 귀국은 화락하고 우리나라는 평안하여, 똑같이 태평한 시대를 구가하고 있습니다. 우리나라와 귀국은 간곡한 우의를 맺은 지 3백여 년이란 오랜 세월을 보냈으니 입술과 이처럼 의지하고 심장과 쓸개처럼 서로를 이해하는 것이 본래 당연한 것입니다. 갑자기 일이 터져서 피차간에 의심이 생기고 사이가 틀어지게 되었으나 먼 땅에서 전해 듣는 말에 어찌 사실과 어긋남이 없다고 보장하겠습니까? 근래 귀국 대신이 바다를 건너 방문하였고, 우리나라에서도 대신을 파견하여 경기 연해의 진무하는 고을[강화도]에서 영접하였습니다. 며칠에 걸쳐 얘기를 나누고 이치 판단을 상세히 하여 여러 해 쌓여왔던 의심이 하루아침에 풀렸으니, 얼마나 상쾌하고 얼마나 다행인지요? 우리 성상께서 옛 우호가 계속 닦이길 깊이 생각하시어 특별히 예조참의 김○○을 파견하여 이로써 답례의 뜻을 대신하려 하십니다. 제가 다만 왕명을 받들어 삼가 서장에 대의를 진술하여 아뢰니, 살펴 받아들인다면 기쁘기 그지없겠습니다. 몸을 보중하셔서 멀리 있는 사람의 마음에 부응하시길 삼가 바랍니다. 이만 줄입니다.

병자년 4월 ○일.

예조판서 김상현(예조판서 도장)

광서(光緖) 2년 4월 2일.

---

41 김상현(金尙鉉) : 1811~1890. 본관은 광산(光山), 자는 위사(渭師), 호는 경대(經臺)·노헌(魯軒)이다. 1859년 군수로서 증광문과에 갑과로 급제하였고, 대사간·이조참의·승지·대사성·이조참판·예문제학·홍문제학·도총관·공조판서·예조판서·경기도관찰사·평안도관찰사·대사헌 등의 중요직을 역임하였다. 문장에 능하였다. 시호는 문헌(文獻)이고, 문집으로『경대집(經臺集)』이 있다.

아룀 [啓]

별폭(別幅)[42]

호피 2장.

표피 2장.

설한단(雪漢緞) 2필.

백면주(白綿紬) 10필.

백저포(白苧布) 10필.

각색필 50자루.

진묵 30개.

수행원을 통해 부쳐서 간략히 보잘 것 없는 예의를 차리나 웃으며 받아주시기 바랍니다.

병자년 4월 ○일.

예조판서 김상현.(예조판서 도장)

광서 2년 4월 2일.

아룀.

대조선국 예조참판 이인명(李寅命)[43]이 일본국 외무대승 합하께 서계

42 별폭(別幅) : 교린문서(交隣文書)의 일종으로서 예물의 종류와 수량을 적은 물품 목록으로, 국서(國書)나 서계(書契)에 딸려 있다.

43 이인명(李寅命) : 1819~?. 본관은 전주(全州), 자는 기영(祈永)이다. 1858년 생원으로 정시문과(庭試文科)에 병과로 급제했다. 1863년 진주사(陳奏使)의 서장관(書狀官)으로 청나라에 다녀왔다. 이후 이조참판·대사성·홍문관부제학·사헌부대사헌·한성부판윤·

를 드립니다. 더워지기 시작하는 이 여름에도 합하께서 홍복을 누리시기를 기원합니다. 큰 바다가 막혀있는지라 전해지는 말이 쉽게 와전되었고 서로 의심하여 사이가 틀어진 채 여러 해를 지냈습니다. 이웃나라와의 옛 우의를 생각할 때마다 개탄하지 않을 수 없었습니다. 귀국 대신이 와서 우리나라 대신과 철저히 분석하고 분명하게 판단하여 더 이상 장애를 남기지 않게 되었으니 얼마나 다행인지요? 난초 밭에 비바람이 치고 나도 향기는 여전히 남아있는 것과 마찬가지가 아니겠는지요? 이번에 조정의 명을 받들어 예조참의 김기수를 특별히 파견하여 감사하는 뜻을 부치니, 지금부터 오랜 우의를 돈독히 하고 영원한 우호를 나누도록 바로잡는다면 기쁨이 어찌 그치겠습니까? 삼가 이만 줄입니다. 우러러 밝게 살펴주기를 바랍니다.

병자년 4월 ○일.

예조참판 이인명.(예조참판 도장)

별폭.

표피 2장.

청서피(靑黍皮) 10장.

설한단 2필.

백면주 10필.

생저포(生苧布) 10필.

백목면(白木綿) 10필.

---

형조판서·공조판서 등을 역임하였다. 시호는 효헌(孝獻)이다.

각색필 15 자루.

진묵 30개.

수행원을 통해 부쳐서 간략히 보잘 것 없는 예의를 차리나 웃으며 받아주시기 바랍니다.

병자년 4월 ○일.

예조참의 이인명.(예조참의 도장)

정사가 외무성에서 도착하여 잠시 외청에 머물렀다. 별견당상 2원과 상판사 2원만이 들어가는 것을 허가되었고 다른 사람들이 섞여서 올라가는 것은 허락되지 않았다. 접견 장소에 도착하니 외무경 데라시마 무네노리(寺島宗則),[44] 대보 사메시마 나오노부(鮫島尙信),[45] 대승 미야모토 오카즈(宮本小一),[46] 권대승 모리야마 시게루(森山茂),[47] 권소승 후

44 데라시마 무네노리(寺島宗則) : 1832~1893. 사쓰마(薩摩) 이즈미군(出水郡) 출신. 난학자이자 외교관이었던 나가노 스케테루(長野祐照)의 차남이며, 마쓰키 고안(松木弘安)이라고도 하였다. 1861년 제1회 막부 유럽사절단에 참가했으며, 1865년 사쓰마번의 영국사절단으로 파견되었다. 메이지유신 이후 외무대보(外務大輔) 등을 거쳐 1873년 외무경이 되어 전신 및 조폐사업, 미국과의 불평등조약 개정에 힘썼고, 1879년 사직하였다.

45 사메시마 나오노부(鮫島尙信) : 1845~1880. 사쓰마 가고시마(鹿兒島) 출신. 17세 나가사키에 유학하였고 번에 돌아온 후 번교의 교사로 근무하였다. 1865년 영국 런던대학에 입학하였고, 2년 후 미국에 갔다가 1868년 귀국하였다. 외국관권판사(外國官權判事)·동경부대참사(東京府大參事)를 거쳐 소변무사(少辨務使)로서 프랑스에서 근무하였다. 1875년 귀국하여 외무대보(外務大輔)로 근무하였다. 다시 주불공사로 부임하였는데, 격무로 인해 죽었다.

46 미야모토 오카즈(宮本小一) : 1836~1916. 메이지 초기의 외교관으로 이름은 '고이치'라고도 읽는다. 주로 메이지유신 이후 일본을 방문한 외국 귀빈을 접대하는 일을 맡았다. 조선과의 관계에서는 강화도 문제 처리와 수호 교섭에 전력을 다해 조일수호조규(朝日修好條規) 체결에 종사했다. 이후에는 조일통상장정(朝日通商章程)을 조사하는 임무도 수

루사와 가게히로와 서로 인사하고 앉았다. 외무경이 우라세를 통해 정사에게 말을 전하였다.

"멀리 파도를 건너느라 편찮은 곳은 없으신지요?"

정사께서 대답하였다.

"임금의 명을 받들고 두 나라의 우호를 닦는 데 어찌 감히 바다 건너는 것을 어렵게 여기겠습니까?"

대보와 대승, 소승 역시 각자 차례로 인사를 하고 위로하였다. 두 당상관 역시 그렇게 하였다. 미야모토와 모리야마가 말하였다.

"귀국 신 대관[48]은 근래 평안하신가요?"

정사가 대답하였다.

"평안합니다."

미야모토가 말하였다.

"제가 강화(江華)에 간 적이 있어서 귀국 일을 잘 압니다. 이번 사행에 만약 어려운 일이 있으면 반드시 제게 통지해 주십시오. 그러면 힘을 다해 별도로 해결하도록 하겠습니다."

---

행한다.

47 모리야마 시게루(森山茂) : 1842~1919. 나라(奈良) 출신. 메이지유신 이후 효고재판소(兵庫裁判所)에 출사하여, 1869년 외국관서기(外國官書記)가 되었다. 외무성이 창립된 후 외무소록(外務少錄)에 임명되었다. 1870년 외무권소승(外務權少丞)이 되었다. 주로 조선과의 강화조약을 위해 활약하였으며, 그 공을 인정받아, 외무대록(外務大錄), 외무소기(外務少記) 등으로 승진하였다. 관직에서 물러난 뒤에는 귀족원의원 등으로 활약하였다.

48 신 대관 : 신헌(申櫶, 1810~1884)을 가리킨다. 본관은 평산(平山), 초명은 관호(觀浩), 자는 국빈(國賓), 호는 위당(威堂)·금당(琴堂)·우석(于石)이다. 1827년 별군직(別軍職)에 차출되었고 이듬해 무과에 급제하였다. 훈련원주부(訓練院主簿)에 임명된 이래 중요 무반직을 두루 역임하였다. 운요호(雲揚號) 사건 이듬해인 1876년, 전권대관(全權大官)에 임명되어 강화도에서 일본의 전권변리대신(全權辨理大臣) 구로다(黑田淸隆)와 협상을 벌여 강화도 조약을 체결, 조선의 개항에 중요한 임무를 수행하였다.

정사가 말하였다.

“이번은 단지 앞서 사신을 보낸 데 대해 답을 하여 옛 우호를 닦을 뿐이니, 별반 어려운 일이 없을 듯합니다. 서로 확정지어야 할 일이 있다면 즉시 의논하도록 하겠습니다. 그리고 사신의 일이 많은 날 체류하지 않아도 될 듯하니 그 사이 여러 가지 말씀을 들을 길이 있겠습니까?”

외무경이 말하였다.

“만 리 먼 해로 여정에 많이 피곤하셨으리라 생각됩니다. 며칠 휴식을 취하고 조용히 유람하시면서 일정을 비워두셨으면 하는데 어떠실지 모르겠습니다.”

정사가 말하였다.

“정성스럽고 새로운 접대와 여유 있는 유람을 마련해주시니, 진실로 감사합니다. 그러나 우리 성상께서 이웃나라와 우의를 돈독히 다시 잇느라 오랜 끝에 경황없이 사신을 보내셨습니다. 그러므로 기다리는 마음이 날마다 깊어지고 있습니다. 사신된 자는 다만 사신 일을 마칠 수 있는 것을 여정의 기한으로 삼습니다. 유람 등의 일은 제 사적인 마음을 푸는 것이니, 열흘 동안 종용할 수 있다면 종용할 것이고【종용은 늦춘다는 뜻이다.】 한 달 정도로 늦게까지는 종용하지 못할 것입니다.”

외무경과 대승, 소승이 모두 말하였다.

“사신의 일이 오랫동안 하릴 없이 지체될 염려는 없을 듯합니다. 그리고 노닐면서 마음을 푸는 것을 공의 뜻대로 한다면 임금을 위하는 마음에 편안할 것입니다.”

정사가 말하였다.

“다만 경계하신 대로 하겠습니다.”

훈도가 서계를 전달하자, 모리야마가 봉함을 찢고 열어서 대승에게 바쳤다. 대승은 봉함을 열어서 외무경에게 보이고, 외무경이 살펴보았다. 이때 가리개 밖에는 대승 7, 8인이 줄지어 앉아 있었고, 소승 역시 그렇게 하고 있었으나 감히 참관하지는 못했다. 예가 끝나자 사신이 외청으로 나갔다. 대승 역시 따라 나와 현제순(玄濟舜)과 심도(沁都 : 강화)에서 만났던 일을 얘기하였다. 마중하고 배웅하는 일이 매우 친절하고 정성스러웠다. 외무성은 도성 안에 있다. 4년 전 궁궐에 불이 났으나 아직 고치지 않았으므로 왕은 십 리 밖에 있는 아카사카(赤坂) 이궁에【성 서쪽 기슈(紀州) 지역이다.】 머물고 있다고 한다. 관소에서 외무성까지 십 리쯤 된다. 사행이 처음에는 곧은길을 통해 갔으나, 돌아올 때는 우회하는 길로 인도하였으니, 훌륭한 거리를 자랑하고 싶어서인 듯하였다.

△ 당일 오후 미야모토 오카즈와 모리야마 시게루가 답례를 하러 차례로 관사에 왔다. 정사와 훈도가 의관을 바로하고 접견소로 나갔다. 서로 예를 베풀고 나누어 앉자, 훈도와 우라세가 그 사이에 앉았다. 미야모토가 말하였다.

"금번 행차에 비록 우리 황상을 배견하는 일이 없었으나 특별히 접견하고자 하시니 의향이 어떠하십니까?"

정사가 말하였다.

"저희가 올 때 애당초 국서가 없었으니 실로 귀 황상을 배견하는 예가 없는 것입니다. 우리 주상의 명을 받지 못했기 때문이니, 저희 마음대로 예를 행하는 것은 불가합니다."

미야모토가 말하였다.

"그렇지 않습니다. 우리 황상께서 신사가 온다는 말을 들은 이래 날짜를 세면서 기다렸습니다. 그러므로 사행이 동쪽에 왔다고 갑자기 주달하더라도 우리 황상께서 날짜를 기다리지 않고 접견할 것입니다. 어떻습니까?"

정사가 말하였다.

"귀 황상께서 저희가 먼 곳에서 온 것을 염려하여 특별히 이런 전에 없는 예로 대하려 하시니 삼가 감격을 이기지 못하겠습니다. 저희 역시 어찌 하나의 전례로 굳이 사양하겠습니까? 삼가 가르침에 따라 배견하는 예를 행하겠습니다."

미야모토가 말하였다.

"4년 전 황성에 불이 나서 근래 황거를 아카사카로 옮겼습니다. 거리가 여기에서 십 리 정도 됩니다. 배견하는 예는 날짜를 미리 정하여 주달하지 않을 수 없으니 모레가 어떻겠습니까?"

훈도가 답하였다.

"모레는 5월 10일이니 우리나라의 국기일입니다. 모레 예를 행하는 것은 불가할 것 같습니다."

우라세가 말하였다.

"그러면 내일은 어떻습니까?"

훈도가 말하였다.

"우리나라 국법에 재일에 걸리는 것을 더욱 중시합니다. 내일 역시 불가합니다."

우라세가 말하였다.

"귀국 국법을 저도 압니다. 오후에 재계를 파하면 무슨 불가할 것이 있겠습니까?"

미야모토가 말하였다.

“우리 황상께서 북쪽으로 순시를 할 것입니다. 신사의 사행 기일이 정해진 날짜가 있다고 들으시고 접견 후 거둥하기로 하신 것입니다. 애초에 지난달 25일이 승선 날짜라서 그 날로 날짜를 따져서 입경 후 즉시 접견하고 접견한 후 거둥하시도록 날짜를 택하여 알리셨습니다. 사행 기일이 조금 늦어진다는 말을 들으시고 특별히 이미 알리신 영을 거두고 우리나라 책력 6월 3일로 다시 택하셨으니 바로 이틀 후로 다시 미룬 것입니다. 지금 옮기시는 것은 불가합니다. 어떠십니까?”

정사가 말하였다.

“귀 황상이 특별히 명령을 이와 같이 하셨으니 감격스럽기 그지없습니다. 모레는 이미 우리나라가 국기일의 재계를 끝내는 날이니 아침저녁을 어찌 가리겠습니까? 삼가 말씀에 따라 예를 행하겠습니다.”

대승이 말하였다.

“예를 행하는 데에 부득불 절차와 복색이 있어야 합니다. 귀국의 법은 어떠합니까?”

정사가 말하였다.

“우리나라의 법에는 대제배(大際拜)가 있으니 흑단령을 입고 궐내의 합문 밖에서 숙배하는 것입니다. 만약 입시하라는 명이 있으면 홍단령을 입고 편전에서 입시합니다. 편전의 좌향이 남향이면 편전 상청 끝에 이르러 동쪽을 향해 곡배(曲拜)로 단배례(單拜禮)를 행합니다. 편전의 협문을 통해 들어가서 혹은 어탑 앞에 엎드리기도 하고 혹은 어탑에서 조금 먼 곳에 엎드립니다. 묻는 말이 있으면 반드시 일어났다가 엎드려 대답합니다. 물러나게 하면 물러나고, 물러날 때 곡배를 했던 곳에 이르러 또 곡배를 행하고 나갑니다. 만약 명을 받거나 다른 일로 들고나게 된다면 들어올 때 다만 홍단령을 입고 합문 밖에서 숙배합니다. 입시한다면 앞서 입시할 때의 예와 같습니다. 귀국의 절차는 어떠합니까?"

미야모토가 말하였다.

"복잡한 것은 의논해서 확정하고 주달하여 정한 후 절차를 보고 드리도록 하겠습니다."

정사가 말하였다.

"숙배할 곳의 거리와 입시 여부를 알려주시는 대로 따르겠습니다. 그러나 예를 행하는 절차는 마땅히 우리 주상을 뵙는 예로써 귀 황상을 뵙겠습니다. 이 뜻을 이해해 주십시오."

미야모토가 말하였다.

"네네."

모리야마가 말하였다.

"우리나라 국법은 각국의 사행이 오면 반드시 8성의 경을 차례로 방문하고 경이 만나지 않으면 명함을 바치기만 하고 돌아가는 것이 전례입니다. 내일 모레 예를 행한 후 다른 날 곧 이 예를 행하는 것이 좋습니다."

정사가 말하였다.

"이것은 행한 적이 없는 예입니다."

모리야마가 말하였다.

"이것은 각국에 통용되는 규정이니 어찌 불가할 것이 있겠습니까? 그리고 이전 통신사행 때 역시 각로(閣老)를 만났으니 역시 이런 전례가 있습니다."

정사가 말하였다.

"통신사의 전례를 나 역시 압니다. 그러나 관백(關白 : 쇼군)에게 국서를 바치고 며칠간 관소에 있다가 회답서를 받아 돌아올 뿐이었습니다. 만약 각로를 혹시라도 만난다면 이것은 벗이 방문하는 것에 불과하니 지금 관례로 삼아서는 안 됩니다. 그리고 우리나라가 신라와 고려 이래로 사대교린에는 모두 등록(謄錄)이 있는데 본래 맡은 일을 했을 뿐이지 다른 사적인 교유가 없었습니다. 근래 해마다 중국에 사신이 갈 때에 다만 예부 한 곳에서 일을 할 뿐이고 예가 끝나면 돌아와서 다른 관부를 차례로 알현한 적이 없으니 증거가 분명합니다. 이번 사행은 우리 주상의 명을 받들어 봄에 있었던 귀국 사행에 대한 감사를 귀국 외무성에 직접 말하는 것뿐입니다. 다른 성을 차례로 알현해야 한다는 명을 들은 적이 없으니, 이번에 마음대로 다른 예를 행하는 것은 저희가 감히 할 수 있는 것이 아닙니다."

모리야마가 말하였다.

"각국의 사절이 전례대로 차례로 알현하는 것은 이미 규례입니다. 이번 신사의 행차에 각 성의 경이 규례에 따라 대기하고 있으니 외무성 역시 말로 해명할 수가 없습니다. 각 성의 경이 만약 모두 만난다면 만나시겠습니까?"

정사가 말하였다.

"이것은 그렇지 않습니다. 우리나라 국법은 삼가 지키는 것으로 규례를 삼았으니, 감히 마음대로 편리하게 하는 일이 없습니다. 지금 이런 예는 마음대로 행할 수 없습니다. 지금 귀국이 우리나라에 대해 옛 우호를 수복하고 길이 잘 지내려 하니 두 나라이지만 한 나라나 다름없습니다. 우리나라가 삼가 규례를 지키는 것은 귀국이 아는 바입니다. 강요할 수 없는 것을 강요하지 않기 바랍니다. 그리고 이번에 오면서 전적으로 귀성의 주선과 보호에 기댔으니 각 성이 비록 말이 혹시 있더라도 귀성이 잘 설명하여 시비의 단서가 없게 해주시기를 깊은 바랍니다. 원컨대 두 공께서는 깊이 용서하시기 바랍니다."

모리야마가 말하였다.

"우선 살펴서 편리한 바를 도모하도록 하겠습니다."

미야모토가 말하였다.

"공께서 우리 국경에 들어왔을 때 보고 들은 것 가운데 기괴하거나 가소로운 일이 없었습니까?"

정사가 말하였다.

"평소에 집에서 지내다가 어느 날 만 리 먼 바다를 건너니, 출렁대는 걱정과 요동치는 두려움을 처음 겪게 되었는데 더욱이 기괴하거나 가소로운 견문을 돌아보겠습니까? 다만 때로 갑판에 오르면 몸이 비록 흔들려도 긴 바람과 파랑 역시 제 흉금을 털어내기에 충분하였으니 이것이 즐거운 일이었습니다. 하륙해서는 훌륭한 궁실과 번성한 저자를 보고 귀국의 풍성함을 인정할 만하였으니 이것이 또 축하할 만하였습니다. 아울러 기괴하거나 가소로운 일이 있는 것은 보지 못했습니다."

미야모토가 웃으면서 말하였다.

"의복의 제도와 배와 수레의 용도에 기괴하고도 가소로운 것이 없을 수 없을 듯한데, 이것이 과연 즐거워하고 축하할 만한 일이었습니까?"

정사가 말하였다.

"통신사행이 기록한 것을 본 적이 있기 때문에 귀국 제도를 터득한 것이 대략 있습니다. 윗도리와 치마는 널찍하고 꾸밈이 없고, 판자벽과 띠 울타리는 성기고 아담하면서도 정밀하였으니, 한 번 보고 귀국이 의복과 궁실의 옛 제도를 알 만하였습니다. 이것을 보고 마음으로 사랑하였으니, 다른 것은 모르겠습니다."

미야모토가 말하였다.

"이것을 말한 것이 아닙니다. 근래 만든 의복과 궁실은 모두 서양의 제도입니다. 일본의 인심은 본래 경박해서 새로운 남의 기물을 보면 반드시 좋아하고 갖고 싶어 합니다. 그러므로 좋아하는 대로 우선 익혀서 하게 두었을 뿐입니다. 그리고 전장에 나가거나 배를 탈 때 이 옷이 아니면 할 수 없기 때문에 우선 그 제도를 따르는 것이니, 이것도 어쩔 수 없이 하는 것입니다."

정사가 말하였다.

"편리한 기구는 본래 그런 일이지만 공께서는 의복, 궁실을 우선 백성들이 좋아하는 대로 하도록 허락하였다고 말씀하셨으니, 제가 우러러 비웃을 수 있겠습니까? 공들의 복식이 이미 서양의 제도이니 공들 역시 좋아하는 바가 있어 한 것이겠지요!"

이어서 크게 웃었다. 미야모토도 웃으며 말하였다.

"이것은 모두 부득이해서 한 것이니 조나라 무령왕(武靈王) 고사[49]가 아니겠습니까? 귀국의 복식 역시 시대에 따라 변하는 것이 없겠습니까?"

정사가 말하였다

"우리나라의 복식은 변한 적이 없습니다. 우리나라 시조인 강헌왕(康獻王 : 태조 이성계의 시호)은 명나라 고황제(高皇帝 : 명 태조 주원장(朱元章)의 시호)와 나란히 즉위하여 의복과 제도를 한결같이 명나라 제도를

49 조나라 무령왕(武靈王) 고사 : 중국 전국시대 조(趙)나라의 군주이다. 흉노와 오래 대치하면서, 북방민족의 민첩함을 따라잡을 수 없음을 깨닫고, 의복을 말 타기에 용이한 오랑캐 복식으로 바꾸고 말을 타면서 활을 쏘는 것을 연습시켜서 전력을 키웠고, 결국 조나라를 전국칠웅 중 하나로 강성하게 만들었다.

따라 하여 지금까지 5백 년이 지났습니다. 상하와 귀천의 등급을 나누고 규정을 정하여 변한 적이 없습니다."

미야모토가 말하였다.

"우리나라는 사면으로 적이 쳐들어올 수 있으니 또 귀국에 비할 것이 아닙니다. 그래서 고심하여 이렇게 하는 것은 안팎의 산하를 간신히 잃지 않고자 하려는 것이지, 우리나라 역시 이렇게 하는 것을 즐겨서겠습니까?"

이어서 오랫동안 혀를 끌끌 찼다. 정사가 말하였다.

"해될 것이 없습니다. 앞서 한 말은 농담입니다. 귀국이 고심하여 이렇게 하는 것을 제가 이미 우러러 헤아리고 있었으니 너무 정색하지 마십시오. 앞선 말은 본래 농담을 한 것입니다."

모리야마가 말하였다.

"때때로 외출하셔서, 편리한 기계나 편리한 제도가 있으면 익히시도록 하십시오. 지금처럼 두 나라가 서로 애호해야 하는데, 공께서 보시고 본받아 익히고 싶으시다면, 우리들은 마땅히 힘을 다해 먼저 터득한 것을 그대로 알려드리겠습니다."

정사가 말하였다.

"매우 성대하고 성대합니다. 옛말에 '편리한 기계를 남에게 보여주어서는 안 된다.'라고 하였는데, 지금 귀국은 보여줄 뿐만 아니라 본받도록 하고자 하니 우리나라를 특별히 애호하고 있음을 알만 합니다. 그리고 역시 대국의 풍모가 흘러넘치는 것을 알겠습니다. 매우 성대하고도 성대합니다. 유람하는 일은 다만 여가를 따라 꾀하도록 하여 열심히 신경 써 주신 뜻을 저버리지 않도록 하겠습니다."

드디어 서로 엄숙히 읍을 하고 헤어졌다.【외무경이 관소 밖에 와서 머물

다가 갔는데, 예이다.】

**7일.** 기해. 갬.

신시 무렵, 외무성으로부터 공문 1도(度)와 서간 1도를 보내왔으니, 아카사카 행궁에 주달하여 배견 일자를 먼저 정하였기 때문이었다.

바깥 면에는【봉투 바깥 봉한 곳에 일본국 외무성 도장이 상하로 각기 하나씩 찍혀있었다.】 "조선 신사 김 귀하", "외무경 데라지마 무네노리"라고 쓰여 있었다.

한문 번역[譯漢文]

【안에 서간 한 장이 있고, 도장이 찍혀 있었으며 해서로 되어 있었다.】

이에 알립니다. 귀하께서 수신사로서 우리 도쿄에 오시어, 즉시 우리 황제 폐하께 오신 일을 공손히 아뢰었습니다. 폐하께서 매우 가상히 여겨서 특별히 귀하의 알현을 허락하였습니다. 우리나라의 6월 11일 오전 11시, 반드시 아카사카 행궁에 오십시오. 이 때문에 고지합니다. 삼가 아룁니다.

메이지 9년 5월 31일. 외무경 데라시마 무네노리 인.

朝鮮修信使金綺秀貴下。

以書簡致啓上候然ハ貴下今般修信使トシテ御來着ノ趣我皇帝陛下ヘ及奏聞候處滿足ニ被思召候依テ特別ノ叡思ヲ以テ貴下ヲ御引見可被成旨被仰出候條來ル我六月一日午前十一時赤坂皇居ヘ御參內可被成候此段得御意候。敬具。明治九年五月三十一日。外務卿寺島宗則印。

조선국 수신사 김 귀하.

수신사가 화간(華簡)으로 답서를 하고 바깥 봉투에 "외무경 합하"라고 썼다.

삼가 광림해 주신 데다 편지를 보내고 공문 1도를 전달하여 주셨습니다. 삼가 이에 따라 가도록 하겠습니다. 특별히 지시를 받으니 더욱 감격스럽습니다. 이만 줄입니다.

5월 9일 수신사 김기수. 인.

장무관을 보내 송별하고 물종을 외무성에 바쳤으니, 아카사카 궁에 전달하도록 한 것이다.

설한자 5필.

호피 5장.

표피 5장.

청서피 20장.

백저포 20필

백면주 20필

백목면 20필, 채화석(彩花席) 20장.

경광지(鏡光紙) 20권.

황밀 30근.

외무성으로부터 신표를 받아왔다.

△ 관소에 든 이후로 오늘까지 상하의 지공은 일본에서 담당하였다.

**10일.** 경자. 갬.

진시(辰時 : 오전 7시에서 9시)에 정사가 무늬 있는 흑단령과 오사모를 착용하고 육인교를 타고 위의를 정비해 행차하였다. 나팔을 불어 앞에서 인도하였으니, 군령이다. 악공은 설치하였으나 연주하지 않았으니, 국기일이기 때문이다. 당상관 2원은 공적인 연고 때문에 갔고, 군관 2인은 사적으로 따라갔다. 십여 리 가서 아카사카성에 이르러 두 문을 지나 들어갔다. 통역관의 인도를 받아 들어가서 비어있는 외청에 도착했다. 오직 정사가 북향하여 사배례를 행했다. 마치자 또 인도받아 들어가니 넓은 방 하나가 있었는데, 합문 밖의 쉬는 장소였다. 먼저 작은 중문으로 들어가게 해서 입시할 곳을 살펴보게 하고 다시 쉬는 방으로 나왔다. 잠시 쉬자 편전의 자리에 인도한다고 전하였다. 위의를 갖추고 달려와서는 마침내 정사를 인도하여 정당으로 들어갔다. 홍단령으로 갈아입고 우회하여 합문 안으로 나아가서 동쪽을 향해 곡배례를 행하였다. 또 앞으로 곧장 가서 단배례를 행하고 국궁(鞠躬)을 하고 섰다. 공경 이하 십여 인이 무늬 있는 윗도리를 입고 손에는 털로 된 도자(兜子 : 주머니 모양의 물건)를 받들고 동서로 나뉘어 차례로 서 있었다. 궁궐문 안에 있는 방 하나에 북벽에 탁자를 설치하고 그 아래에 한 사람이 검은 비단에 금 자수를 놓은 옷을 입고 머리에는 모자를 쓰지 않은 채 있었다. 짧은 머리가 풍성하였고, 얼굴은 살이 쪘으나 하관은 넓지 않았으며, 눈은 반짝였고 여기저기 훑어보지는 않았다. 용모는 침착하고 곧았으며, 몸은 헌칠하고 양양하였다. 나이가 지금 25세가량 되었는데, 영명한 군주였다. 이어서 뒷걸음질 쳐서 합문 기둥 밖으로 나와 또 곡배를 행하고 쉬는 곳으로 돌아왔다. 조금 있다가 외무경 및 대승, 권대승, 식부두(式部頭)[50]【우리나라의 예조판서와 같다.】, 대보 제인이 따라와 인사를 하였다. 예가 끝난 후 음식을 한 소반씩 내렸는데, 천년병(千年餠), 죽엽고(竹葉糕), 연면당(硯面餳), 홍백발(紅白餑) 및 빙즙(氷汁) 한 종지가 있었다. 빙즙은 설탕과 달걀을 얼음에 스며들게 한 것으로 지극히 달고 매우 차가워서 입에 들어가자 오장과 정신이 서늘해지니 제호탕(醍醐湯)과 같은 부류였다. 당상관 이하 모두 싸서 지니고 가게 했으니 하사해준 것을 소중히 하기 위해서이다. 나가려고 할 즈음 권대승이 말했다.

"사신께서 돌아가는 길에 도쿄의 궁원을 둘러보라고 하셨습니다. 위에서 우리들에게 먼저 가서 기다리라고 명하시니, 곧바로 먼저 달려가겠습니다."

정사가 대승에게 말하였다.

"이처럼 돌보아 주시어, 멀리에서 온 사람으로 하여금 궁원의 경치를 자세하고 넉넉하게 구경시켜주시니 진실로 감사합니다. 그러나 오늘은 마침 재계를 맞았으니, 유람하며 노니는 일은 자연히 마음이 편치 않습니다. 권대승이 기다리는 곳에 가서 얼굴을 보고 이유를 알리고 돌아가겠습니다."

60리쯤 가서 도성에 이르렀다. 서문을 통해 들어가니 관문 밖이었고 해자가 있었다. 해자 안에는 궁궐 담이 둘러져 있었는데, 이러한 것이 모두 다섯 겹이었다. 정전은 비록 더위를 지났으나 오랜 나무가 하늘에

---

50 식부두(式部頭) : 시키부노카미. 일본 궁내성(宮內省) 시키부쇼쿠(式部職)의 장관으로, 아악(雅樂)을 담당하였다.

닿아 있었고 후원에 위치한 여러 누대는 분편(枌片)이나【일본인은 지붕을 덮는 나뭇조각을 분(枌)이라 한다.】 이엉으로 덮어놓았다. 백여 보 가니 홍교가 구리줄에 매여 가로로 걸려 있었다. 물결 위에는 천만 칸의 연밥 송이가 있었고 금벽이 하늘가에 휘황하게 어려 있었으니, 시를 읊으며 술잔을 들 만한 곳이 굽이굽이 있었다. 주먹밥 한 합【흰 밥을 둥근 다식판에 올려놓았다.】, 음식 한 궤를 나누어 요기하게 하였다. 이어서 감사하고 일어나 조금 높은 곳으로부터 남쪽으로 내려오니, 시나가와의 큰 바다가 눈 아래 질펀하게 펼쳐져 있고, 가나가와의 여염이 조밀하게 지면을 덮고 있는데 역시 볼만하였다. 미시(未時 : 오후 1시부터 3시)에 관소로 돌아왔다.

△ 신시에 권소승이 엔료칸에 왔다. 정사가 피로했기 때문에 알현하러 오지는 않고 통역관을 시켜 말을 전하였다.

"내일 모레, 엔료칸에서【여기에서 십여 리 거리이다.】 연회를 행하니 당상관만 참여하십시오. 마차로 맞이하러 올 것이니, 멀리에서 온 손님을 소중히 여기기 때문입니다."

△【매일 저녁 홍로(紅櫨) 열매를 담가서 초로 만들고 돈대 위에서 태웠다. 또 석탄 등유를 등잔 위에 태우고 등심에 심지를 꽂았다. 옆에 있는 방이나 깊숙이 있는 대청 역시 그러하였다.】

수신사께서 진술하여 말씀하신 것이 다음과 같다.

진시에 아카사카에 나아가 일본 황제를 만났다. 처음에는 흑단령을 입고 숙배례를 행하였다. 조금 쉬고 나서 황제가 불러 만날 때, 들어가서 문 밖에 이르러 곡배례를 행하였고, 황제 의자 앞까지 달려가 의자 앞에서 공수하고 서 있었다. 황제의 키는 중간보다 컸고 얼굴은 희고 조금 누랬으며, 가늘고 길었다. 눈은 밝게 빛나 정채가 있었고 신기(神

氣)는 단정하고 온화했다. 미처 다 살피지 못했는데, 전어관이 물러나기를 알렸다. 물러날 때 몸을 돌리지 않고 뒷걸음질 쳐서 물러났다. 곡배례를 행하던 곳에 이르러 또 곡배를 하고 나왔다. 외무경, 대승, 권대승, 소승 및 대보, 예부대보 즉 식부두이다. 궁내경(宮內卿)이 읍을 하고 어떤 방에 이르러, 둥근 탁자의 의자에 앉았다. 차와 각종 설탕과자 등속을 내왔다. 유리그릇에 계란을 섞어 만든 빙즙(氷汁)을 내왔는데, 맛이 달고 상쾌하여 입에 맞았다. 예가 끝나자 모리야마 시게루가 떠났다. 그러나 다시 와서 말하였다.

"황상께서 명을 내리시기를, 수신사께서 돌아가는 길에 어화원에 들어가 유람하도록 하시고 저로 하여금 동반하여 가서 주인 역할을 하라고 하셨습니다."

내가 말하였다.

"제가 병은 많고 유람벽(游覽癖)은 적습니다. 그러나 이미 귀 황상이 특별히 명하시니 가는 길에 잠시 완상하고 가겠습니다."

모리야마 시게루가 먼저 가서 준비하겠다고 알렸다. 나는 따라서 나가 이른바 어화원에 도착했다. 바로 황성 안에 있는 황궁 안의 동산이었다. 땅에는 향기로운 풀이 가득했고 수목은 하늘에 닿을 듯했다. 때때로 시냇물이 돌아가는 곳에는 긴 다리를 걸쳐 놓았는데, 평평하고 그윽해 역시 사랑할 만하였다. 굽이굽이 돌아 가장 깊숙한 곳에 이르니 모리야마 시게루가 있었다. 내가 말하였다.

"오늘은 우리나라 국기일입니다. 그래서 그저께 오늘 예를 행하는 것을 주저했던 것입니다. 예는 비록 강행해서 행하였더라도 유람하며 완상하는 일은 불가합니다. 그러나 이미 귀 황상이 특지를 내렸기 때문에 삼가 이곳에 왔습니다. 이미 여기에 왔고 공을 만났으니, 그만 물러나기를 고하는 것이 공사에 합당하다 할 것입니다. 그대의 생각은 어떻습니까?"

모리야마 시게루가 말하였다.

"공의 말씀이 옳습니다! 잠시 쉬면서 이 술 한 잔으로 회포를 논하는 것은 괜찮을 듯합니다."

드디어 의자를 마주하고 앉았다. 모리야마 시게루가 말하였다.

"여관이 고적한데 어찌 나가서 유람하며 울적한 마음을 조금이라도 풀지 않으십니까?"

내가 말했다.

"제 성격이 본래 고요한 것에 익숙하여 그다지 울적할 것이 없습니다. 그래서 유람하며 놀고 싶은 마음이 없습니다."

모리야마 시게루가 말하였다.

"답답하게도 끝내 제 괴로운 심정을 모르시는군요. 누가 공에게 눈과 귀를 즐겁게 하라고 하는 것입니까? 지금 두 나라는 한 집안과 같습니다. 우리나라는 사방이 바다이기 때문에 외환이 닥치면 막기가 어려워 오늘의 거사가 있는 것입니다. 그리고 한결같이 남에게 제어당할 수 없기 때문에 부국강병의 기술에 힘을 다하여서, 군대를 많이 두고 편리한 기계를 급선무로 하였습니다. 지금 군대는 정련되었고 양식은 풍족하며 기계는 일신되었으니 힘에 의지해 모욕을 거의 막을 만합니다. 귀국을 생각하면 험준한 산천이 우리나라보다 낫다고 말할 수 있습니다만 둘러싼 바다가 많은 것은 마찬가지이니 외환이 닥치면 어떻게 힘을 써서 방어를 준비할 것입니까? 우리들이 누누이 유람을 하라고 말한 까닭은, 군제를 두루 살펴서 훌륭한 것을 가져다 변화시키는 것이 하나요, 기계를 깊이 살펴서 편리한 것을 옮겨가는 것이 둘이요, 시속을 탐색하여 채용할 만한 것을 채용하는 것이 셋입니다. 귀국으로 돌아가 정확하게 논의를 세워서 부국강병할 것을 도모하여 입술과 이처럼 두 나라가 의지하여 외환을 방비하는 것이 구구한 소망입니다."

내가 말하였다.

"감사합니다. 귀국의 성의를 모르는 것이 아닙니다. 이번 사행에 재주 있는 자 몇 명을 데리고 와서 제도는 입으로 익히고, 병기는 손으로 본뜨고, 시속은 귀와 눈으로 본뜨려 하지 않은 것은 아닙니다. 그러나 두 나라가 허다한 세월 소원하던 끝에 다행히 봄의 일이 있었으니 오늘날 급한 일은 빨리 감사하러 오지 않으면 안 되는 것이었습니다. 6개월 후에 귀국의 사신이 반드시 올 것이기 때문에 우리 조정에서는 이에 앞서 수신사를 보내고자 하여 총총히 행장을 꾸리느라 실로 여기에 생각이 미칠 틈이 없었습니다. 더구나 우리나라의 규율은 신의를 앞세우고 일의 공효는 뒤로 합니다. 그래서 이번 사행은 전적으로 옛 신의를 닦는 것을 급선무로 하였습니다. 그리고 저 역시 산 속의 가난한 선비로서 견문이 넓지 못하고 재주와 식견이 없으니, 비록 손으로 기물을 잡고 하루 종일 만지더라도 어떤 것이 편리하고 어떤 것이 편리한지 않은지 실제로는 모릅니다. 일행의 수행원들도 모두 스스로 근졸(謹拙)을 지키는 자들로 죄를 짓지 않는 것을 준칙으로 삼으니 저와 비슷한 부류일 뿐입니다. 비록 날마다 유람하고 날마다 완상한다 한들 한갓 겉으로 드러나는 것을 보는 것일 뿐 보탬이 될 것이 없습니다. 지금 우선 오늘의 임무를 마치고 돌아간 후 충분히 의논하고, 역시 귀국 사신이 왔을 때 더욱 확정된 논의를 더하여, 총명하고 재주와 지혜가 있는 선비를 엄선해서 보내 도움을 청하면 매우 좋을 것이고, 사명을 준칙으로 삼을 필요 없이 바다 건너는 것이 이미 전례가 되면 역시 저절로 무방하게 될 것입니다. 만약 혹시 배우다가 묘한 점을 터득하지 못하면 귀국의 공장(工匠)을 빌려 달라 청하여 가서 몇 개 유용한 기계를 만들게 하면 역시 절로 넉넉하게 될 것입니다. 하필 구차하게 유람하고 완상하라는 말씀을 따라서 졸속으로 책임만 채워서 자기에게 얻는 것은 없으면서 성대한 뜻을 저버리겠습니까? 유람하고 완상하는 일은 지금 우선 놓아두고 훗날을 기다리는 편이 좋겠습니다."

모리야마 시게루가 말하였다.

"공의 말씀 역시 옳습니다."

이어서 자기 나라의 군대가 정예이고 양식이 풍족하여 외환을 두려하는 마음이 다시는 없을 것이라고 대단하게 말하였다. 내가 말하였다.

"귀국이 이미 이처럼 부강하다면 외환이 닥쳐도 당연히 우리에게 손을 빌릴 것이 없으면서도 오히려 정성스럽게 생각해 주셔서 우리 조정에 성대한 뜻을 보이시니 어찌 이 지극한 마음을 믿지 않겠습니까? 다만, 제가 재주가 없으니 갑작스레 유람과 완상을 하는 사이에 터득하는 것이 실제로 없을 것입니다. 바라옵건대 조금도 의심치 마시고 일마다 가르침을 주시면 제가 마땅히 마음에 새기고 폐부에 새겨서 돌아가 우리 조정에 보고하겠습니다."

모리야마 시게루가 또 말하였다.

"귀국과 상의할 때마다 지루하게 늘어져서 한 가지도 즉시 결정되는 일이 없습니다. 우리나라는 그렇지 않습니다. 나라에 이익이 되면 상하가 한 마음으로 결단코 행하여 어렵게 만드는 것이 없습니다. 6개월 후 세세한 절차를 정하는 것 역시 아주 어려운 일은 없습니다만 만약 혹시라도 전과 같이 지연된다면 답답하게 될 것이니 어찌 어렵지 않겠습니까?"

내가 웃으면 대답했다.

"우리나라 규모가 원래 이렇습니다. 귀국에 전권대신(全權大臣)이 있는 것과 달리 우리나라는 대신이 단행하지 못하는데 더욱이 낮은 관원이겠습니까? 낮은 사람은 높은 사람에게 아뢰고, 아랫사람은 윗사람에게 말씀드리기 때문에 부득불 지연되는 일이 허다합니다. 그리고 조심하고 근신하여 함부로 하거나 마음대로 하지 않는 것, 이것이 우리나라의 평소 규율입니다. 공들이 훗날 임무를 맡게 되면 일마다 따라 줄 것이라고 보장하기 어려우니, 이것은 미리 양해하시는 편이 좋을 것입니다. 천하의 허다한 일을 대략 말하자면 어찌 다 내 뜻대로 할 수 있겠습니까? 귀국의 말을 내가 반드시 다 따르지는 못할 것이고, 우리나라의 말을 귀국 역시 반드시 시행하지는 못할 것이니, 대체로 그런 법입니다."

오래 앉아 있어 피곤이 심해지자, 드디어 일어나 엄숙히 읍을 하고 돌아왔다.

△ 쓰시마주(對馬州)의 옛 도주인 소 시게마사(宗重正)[51]가 통역관을 통해 정사에게 말을 전하였는데, 옛 우의가 그리우니 한번 만나러 오고 싶다고 하였다. 그러므로 먼저 훈도를 보내 정성스러운 마음에 감사하

---

51 소 시게마사(宗重正) : 1847~1902. 소 요시노리(宗義和)의 셋째 아들. 제16대 쓰시마 후추번(對馬府中藩) 번주. 1869년 메이지정부의 명에 따라 조선에게 왕정복고를 알렸다. 1871년 폐번치현으로 번(藩)이 폐지된 후 외무대승(外務大丞)에 취임하였으며, 1872년 모리야마 시게루(森山茂)와 함께 부산에 내항하여 국교교섭을 시도하였으나 실패로 끝났다. 1876년 제1차 수신사 김기수가 일본에 파견되었을 때, 에도성(江戶城) 근처에 있는 집에서 접견하였다. 1882년 일본 정부와 임오군란 사후 수습을 협의하기 위해 박영효(朴泳孝)를 특명 전권대신 및 수신사로 파견하였을 때, 11월 3일 수신사 일행과 접견하였다. 당시의 직책은 해군 소장이었다.

고 명함을 남겨두고 왔다.

△【외무성 권소승 후루사와 가게히로, 십이등출사(十二等出仕) 이와타 나오유키(巖田直行), 삼등서기생(三等書記生) 오쿠 기세이가 접반사로 밤새 관소에 와서 머물렀다. 전어관 2원은 날을 나누어서 돌아가며 번을 섰다.】

**11일.** 신축. 아침에 흐리고 저녁에 갬.

통역관이 정사에게 와서 말하였다.

"외무성에서 별도로 대신약(大神藥)[52] 한 무리를 보내 적적함을 풀어드리려 합니다."

나가서 나무 가리개 안에 앉게 하고 바깥에서 놀이를 벌였는데, 대체로 우리나라의 꼭두각시놀음의 지류와 같았다. 여섯 사람이 두 개의 상자를 지고 나와서 땅 위 세 칸쯤에 자리를 깔고, 상자를 열어 상 위에 올려놓았다. 한 사람이 북을 꺼내 두드렸다. 북은 허리가 길고 둥글었으며 한 아름이 되지 않았다. 북채는 길이가 6촌 정도 되었고 끝 부분의 돌기는 밤톨 크기만 하여 붉은 모전으로 싸져 있었다. 한 사람은 징을 들고 쳤다. 구리로 넓적한 접시를 만들고 안에는 층층이 톱니가 있었으며 죽발로 두들기면 쟁쟁 소리가 났다. 한 사람은 짧은 피리를 불었다. 길이는 6, 7촌 되고 둘레는 큰 엄지손가락만 하였는데, 소리를 내려면 손가락으로 누른다. 고동(鼓動)시켜 신을 나오게 하기 위한 것이다.

첫째는 사자희(師子戲 : 사자놀음)라 하였다. 한 사람은 사자 가면을 꺼

52 대신약(大神藥) : 다이카구라(大神樂)의 오기로 보인다. 사자놀음 등이 포함된 곡예의 일종이다.

내 쓰고 서있고 한 사람이 뒤에서 무늬 옷을 뒤집어쓴다. 앞사람의 두 발이 앞발 모양이 되고 뒷사람의 두 발이 뒷발 모양이 된다. 일어나기도 하고 달리기도 하고, 머리를 돌리기도 하고 맴을 돌기도 하고, 입을 열어 물건을 씹기도 하고, 붉은 혀를 말았다 폈다 하고 귀를 흔들어 듣는 모양을 하기도 하고, 금색 눈동자를 굴리고 엎드려서 발을 세우기도 하고, 혹은 웅크리고 앉아 털을 쓸기도 하는데 살아있는 동물처럼 자연스러웠다. 잠시 후 가면을 벗고 나오니 두 사람이 서있는 것이었다.

두 번째는 농포희(弄梍戲 : 윷 던지기)라 하였다. 한 사람이 앞으로 튀어나와 절을 하고 쌍윷을 허공에 던져 손으로 받았다. 잠시 있다가 윷 세 개를 허공에 던지니 겨우 손에 닿았다가 손에 있는 것이 위로 날아올랐다. 비가 내리는 것처럼 현란하나 한 개도 땅에 떨어지지 않았다. 간간이 한 사람이 북을 들고 옆에 서 있으면 윷을 놀던 사람이 별안간 두들겨서 우레처럼 북소리를 냈으니, 이것은 권법이 익숙한 것이었다. 마치자 절을 하고 물러났다.

또 한 사람이 절을 하고 앞으로 나왔다. 세 번째는 농구희(弄毬戲 : 공 던지기)라 하였다. 가볍지도 무겁지도 않은 물건인데 거위 알처럼 둥글고 붉은 천으로 싼 것이다. 먼저 두 개를 던져 받고, 이어서 세 개를 허공에 던졌다. 아득하게 허공 가운데로 들어가기도 하고 한 길쯤 돌기도 하는데 동으로 달리고 서로 뛰면서 하나도 놓치지 않았다. 혹은 일부러 땅에 떨어뜨렸다가 몇 척 정도 위로 튕겨 올려서 다시 손에 넣고, 혹은 정수리 위에 떨어뜨렸다가 얼굴 위에 떨어뜨렸다가 결국 손으로 받고서 그쳤다. 이것은 시력이 민첩하기 때문이다. 끝나자 절을 하고 물러났다. 또 한 사람이 절을 하고 들어와 잠시 윷을 던지고 잠시 공을 던지고 하였다.

또 한 가지 곡예를 보였는데, 네 번째가 전산희(轉傘戲 : 우산 돌리기)라 하였다. 작은 우산을 펴고 서서 붉은 공을 허공에 던져 내려오면 우산으로 받는다. 우산 중간에 둥글게 회전하는데, 공의 속도는 우산 돌리는 속도에 달려 있었다. 혹은 우산 끝을 구르며 공의 반이 걸려 있기도 하는데 끝내 땅에 떨어지지 않았다. 혹은 허공에 튕겨 올라갔다가 우산에 떨어져서 어지럽게 구르다가 그쳤다. 또 사발을 허공에 던져 우산으로 받았는데 굴러가는 모양이 공과 다름없었다. 또 1촌쯤 되는 채색 나무를 허공에 던져 우산으로 받아 아래위로 흐르게 하여, 튕기고 굴리고 하면서 그치지 않았는데, 마치 살아있는 벌레가 빨리 기어가는 듯했다. 끝날 때 쯤 마침내 우산 자루를 정수리 위에 곧추 세우고 걸어가다가 또 우산단의 끝을 콧마루에 가로 세우고 춤을 추며 가로 걷다가 우산을 접고 절을 하였고, 절을 하고 던지니, 앞서 공을 던지던 사람이 다시 나와 절하였다.

다섯 번째는 누기희(累器戲 : 사발 쌓기)였다. 한 척 남짓 되는 긴 장대를 쓰는데 장대 허리에 얇은 판이 이층으로 가로 꽂혀 있었고, 판의 가장자리 가까운 곳에 홈을 파 둥근 구멍을 내고 장대 끝은 쇠로 등대 모양을 만들어서 통하게 한다. 드디어 장대를 입술 위에 세우고 옆에 있는 사람이 사발 두 개를 주면 받아서 아래층 양 끝 홈 위에 나누어 올리고, 또 사발 두 개를 위층의 홈 가운데 나누어 올리고, 또 사발 한 개를 위 끝에 놓고, 몸을 뒤집고 돌다가 다시 얇은 판을 장대 끝 사발 위에 더하여 기울어지지 않게 하고, 또 사발 하나를 가져다가 그 위에 더하고, 다시 얇은 판을 가져다가 사발 위에 가로 놓아 십자 모양으로 만든다. 또 사발 두 개를 가지고 판의 양 끝에 나누어 놓아 삼층으로 쌓아올린 것처럼 한다. 피리를 불며 자리 주위를 돌았다. 또 윷을 거꾸로 장대로 받고 대나무 쪽의 뾰족한 끝으로 윷 끝에 버티고 서게 하고는 입으로 대나무 쪽 끝을 물고서 머리를 젖히고 몸을 곧추세우고 손바닥을 쳤으나 물고 있는 물건들은 조금도 기울지 않은 채로 하늘하늘 흔들리며 높은 곳에서 위태로웠다. 드디어 차례로 거두어 내리고 상 위에 놓고 북을 한 번 치자 머리를 숙였다. 앞서 물러났던 우산 돌리던 사람이 또 절을 하고 앞으로 나와 북을 쳤다. 잠시 있다가 다시 곡예 하나를 보여주었다.

여섯 번째는 채등희(彩籐戱 : 기구 놀이)였다. 3척쯤 되는 장대로 2단의 채붕(彩棚)을 만들고 양쪽에 자잘한 깃발을 매달아서 혹은 방석과 칼집 모양을 만들어놓기도 하고 혹은 주렴과 가슴걸이 모양을 만들어 놓기도 하였다. 아랫단은 노란 등나무로 기구를 만들었는데, 둥근 둘레는 두 주먹쯤 되고 길이는 몇 척 정도 되고 양끝이 통한다. 조금 안쪽에는 위로 구멍이 뚫려 있고, 최상층에는 두 개의 쇠로된 기둥을 세우고 위에 작은 등잔대 모양을 올려놓았는데, 우뚝하게 솟아 있었다. 북을 울리고 징을 치고 피리를 연주하여 흥이 나게 도우니, 손과 발로 춤을 추다가 갑자기 어깨를 솟구치고 장대를 휘두르며 다녔다. 왼손으로 두 개의 붉은 공을 던져 등잔대로 두 개를 받았다. 조금 있다가 공이 공중을 날자 아래층의 등나무 구멍으로 받으니, 공이 양쪽 구멍을 통해 튀어나왔다. 등잔대로 받고 또 연이어 구멍으로 받아서, 빙빙 돌며 그치지 않았고 구르면서 떨어지지 않았다. 손을 들어 튕기자, 장대에 묶여있던 물건이 저절로 활짝 펼쳐지니, 바로 두 개의 그림 부채였는데, 나비와 화초가 부채에 찬연하였다. 다시 십자 장대 자루 하나를 위 장대의 꼬리 부분에 꽂고 아래 장대 허리에는 불감(佛龕) 형태를 하나 설치하였다. 위층에는 아름다운 사발들을 첩첩이 쌓아 사방으로 나누어

균형을 잡았다. 또 긴 장대에 중간 길이의 장대 아래를 이어서 높이 늘어나게 올려서 다녔는데, 높이가 3장이 넘었다. 또 죽첨(竹籤) 3, 4촌 되는 것을 아래 장대 밑 부분을 받쳐서 가로로 입에 물거나 손으로 받치고 달렸는데, 장대에 위태로운 물건이 가득한 것이 처음과 같았다. 조금 있다가 차례로 매달았던 물건을 꺼내서 상 위에 버렸다. 다시 북을 얼마간 치더니 허리를 굽히고 나갔다. 잠시 후 윷을 놀던 사람이 의기양양하게 들어왔다. 몇 개의 장대를 세우고 손에 물이 가득한 사발을 들어 작은 판 위에 놓고 작은 판을 장대 끝에 두고 장대를 이마 위에 세우고서 너울너울 춤을 추었으나 물이 한 방울도 흐르지 않고 가볍게 머물러 있었다. 얼마 후 물을 조금 넓은 그릇으로 옮겨 부었다. 장대 끝 목판 위에 올려놓고 펄쩍펄쩍 뛰었으나 흘러내리지 않았다. 이윽고 몸을 크게 뒤집어 돌자, 그릇 속의 물이 배꽃 날리듯 어지럽게 날렸다. 이것이 바로 살수(撒水 : 물 뿌리기)라는 것인데 제일가는 곡예였다.

파락호 같은 모습의 어떤 사람이 번번이 옆에 있는데, 어리석은 듯도 하고 지혜로운 듯도 하여, 수모를 당하기도 하고 용서를 받기도 하면서 때로 놀리기도 하고 때로 조롱하기도 하는 것이 마치 우리나라에서 광대를 돕는 이 같았다. 광대를 돕는 이가 홀연 또 사자머리를 쓰고 나왔는데, 나왔다 물러났다 돌아보고 비껴보고 하는 것이 처음 공연 시작할 때와 같았다. 공을 자리에 두면 굽어보고 우러러보고 훔쳐보고 하면서 뺏어 가지려고 하였는데 가지지 못한 것이 여러 차례였다. 마지막에는 붉은 공을 삼키고는 넘어질 듯 일어나 빙그레 웃으며 탈을 벗었다. 이것이 탄구(呑毬 : 공 삼키기)라는 것인데 여덟 번째 놀이이다.

일제히 앞에 나와 허리를 굽혀 인사하고, 물건을 거두어 상자에 넣고서 나갔다. 과연 한 시대의 놀이 마당이었다. 만약 소요부(邵堯夫 :

송나라 문인 소옹(邵雍))에게 구경시켰으면, 한 편의 호장도(護藏圖) 시를 지었을 것이다. 우습고도 우스워라. 각기 둥근 부채 2개와 접부채 2개를 내려 한 번 웃었다.

**12일.** 임인. 아침에 흐리고 저녁에 비.

엔료칸에서 공연(公宴)을 행하였다.【여기에서부터 십 리 거리로, 서남쪽 지역에 있다.】 정사는 마차를 타고 대략 수행원을 거느리고 갔다. 공경 이하 손님들이 이미 여기에 먼저 와서 기다리고 있다.

△ 태정대신(太政大臣) 산조 사네토미(三條實美)[53]

△ 참의 겸 외무경(參議兼外務卿) 데라시마 무네노리

△ 참의 겸 사법경(參議兼司法卿) 오키 다카토(大木喬任)[54]

△ 참의 겸 육군경(參議兼陸軍卿) 야마가타 아리토모(山縣有朋)[55]

---

53 산조 사네토미(三條實美) : 1837~1891. 산조 사네쓰무(三條實萬)의 넷째 아들. 존왕양이(尊王攘夷)의 입장을 취한 구게(公家)였고, 메이지유신 이후 메이지정부의 관료로 의정(議定), 부총재(副總裁), 우대신(右大臣)을 거쳐 1871년에는 메이지정부의 최고행정기관인 태정관(太政官)에서 최고급 직위인 태정대신(太政大臣)이 되었다.

54 오키 다카토(大木喬任) : 1832~1899. 사가(佐賀) 출신이며, 사가번(佐賀藩) 번사 오키 도모타카(大木知喬)의 아들이다. 사가번 개혁에 힘썼으며, 메이지유신 이후 산요(參與), 도쿄부지사(東京府知事) 등을 거쳐 1871년 문부경(文部卿)이 되어서 일본 최초의 근대적 학교제도 학제(學制)를 제정하였다.

55 야마가타 아리토모(山縣有朋) : 1838~1922. 조슈번(長州藩) 주간(中間) 야마가타 아리토시(山縣有稔)의 장남. 막말기(幕末期) 서양병학 등을 가르친 요시다 쇼인(吉田松蔭)의 쇼카손주쿠(松下村塾) 출신이었으며, 존왕양이운동(尊王攘夷運動)에 관여하였다. 메이지유신 이후 유럽 각국의 군사제도를 시찰하여 징병제 도입에 기여하였다. 이후 육군대보(陸軍大輔)를 거쳐 1873년 초대 육군경(陸軍卿)이 되었다. 1877년 서남전쟁(西南戰爭) 당시 참모본부장(參謀本部長)을 지냈으며, 1883년에는 내무경(內務卿)을 거쳐 제1차 이토 히로부미(伊藤博文) 내각에서 내무대신(內務大臣)에 취임하였다. 1889년 제1차 내각을 발족하였으며, 제2차 이토 히로부미 내각에서는 사법대신(司法大臣)·육군대신(陸軍大臣)·추밀원의장(樞密院議長)을 역임하였다. 1898년에는 제2차 내각을 발족하였다.

△ 참의 겸 공부경(參議兼工部卿) 이토 히로부미(伊藤博文)[56]

△ 의환(議宦) 이노우에 가오루(井上馨)[57]

△ 외무대보(外務大輔) 사메시마 나오노부, 해군대보(海軍大輔) 가와무라 요시즈미(河村義純)[58]

---

1904년 러일전쟁 때는 참모총장(參謀總長)으로 작전을 지휘하였다.

**56** 이토 히로부미(伊藤博文) : 1841~1909. 호는 슌포(春畝). 스오국(周防國) 구마게군(熊毛郡) 출신. 하야시 주조(林十藏)의 아들. 이토가(伊藤家)의 양자. 조슈번(長州藩)의 쇼카손주쿠(松下村塾)에서 배웠으며, 존왕양이운동(尊王攘夷運動)에 참여하였다. 메이지유신 이후 1871년 이와쿠라 사절단(岩倉使節團)에 부사로 참가하여 구미 가국을 견문하여 귀국 후 오쿠보 도시미치(大久保利通) 등과 함께 메이지정부 국정의 중심인물이 되었다. 1873년 초대 공부경(工部卿)이 되었다. 이후 헌법조사를 위해 유럽에 다녀와, 대일본제국헌법(大日本帝國憲法, 1989) 기초하는 데 중심적인 역할을 담당하였으며, 1885년 내각제도로 이행 후 초대 내각총리대신이 되었고, 제5대, 7대, 10대 내각총리대신을 역임하였다. 또한 1905년 한국통감부(韓國統監府)가 설치되면서 초대 한국통감이 되었다. 1907년 하얼빈에서 안중근(安重根)에 의해 살해되었다.

**57** 이노우에 가오루(井上馨) : 1835~1915. 호는 세가이(世外). 하기번사(萩藩士) 이노우에 고쿄(井上光享)의 둘째 아들. 유신 정권 성립 시기에 참여직(參與職), 외국사무괘(外國事務掛), 구주살마총독참모(九州薩摩總督參謀), 장기재판소참모(長崎裁判所參謀), 외국사무국판사(外國事務局判事), 장기부판사 겸 외국관판사(長崎府判事兼外國官判事), 장기부무기수리어용괘(長崎府武器修理御用掛) 등으로 활동하였고 1869년 대장성(大藏省)으로 옮겨 조폐두(造幣頭), 민부대승 겸 대장대승(民部大丞兼大藏大丞), 대판부대참사심득(大阪府大參事心得)을 겸하여 조폐사업의 진전에 힘썼다. 그 후 민부소보(民部少輔), 민부대보(民部大輔)를 거쳐 1871년 대장대보(大藏大輔)가 되어 폐번치현 후의 중앙 재정의 확립, 은행과 회사의 창설 등에 활약하였다. 1876년 특명전권 부변리대신(副辨理大臣)이 되어 변리대신 구로다 기요타카(黑田淸隆)와 함께 내한, 조선 정부에 운요호(雲揚號) 사건에 대한 책임을 추궁하여 강화도조약(한일수호조약)을 체결하였다. 1884년 전권대사로 다시 내한, 갑신정변 당시 일본 측 피해보상을 약정한 한성조약(漢城條約)을 체결하였다. 1885년 제1차 이토(伊藤) 내각의 외무대신, 구로다(黑田) 내각의 농상무대신, 1892년 제2차 이토 내각의 내무대신, 청일전쟁(淸日戰爭) 때인 1894~1895년 주한공사, 1898년 제3차 이토 내각의 대장대신 등을 역임하였다.

**58** 가와무라 요시즈미(河村義純) : 가와무라 쓰미요시(川村純義, 1836~1904)의 오기로 보인다. 사쓰마번(薩摩藩) 번사 가와무라 요주로(川村與十郎)의 장남으로 사이고 다카모리(西鄕隆盛)와 고종사촌 지간이다. 사이고와 함께 보신전쟁(戊辰戰爭)에 참전하여 공을

△ 궁내대보(宮內大輔) 마데노코지 히로후사(萬里小路博房)[59]

△ 교부대보(教部大輔) 시시도 다마키(宍戶璣)[60]

△ 특명전권공협(特命專權公俠) 모리 아리노리(森有禮)[61]

△ 식부두(式部頭) 보조 도시타다(坊城俊政)[62]

△ 내무소보(內務小輔) 하야시 도모유키(林友幸)[63]

---

세웠다. 1869년 도쿄로 올라가서 오쿠보 도시미치(大久保利通)에 의해 메이지정부에 기용되었으며, 병부대승(兵部大丞)이 되었다. 1872년 해군성이 설립되었을 때 해군소보(海軍少輔)가 되었으며, 1878년에는 해군경(海軍卿)이 되었다.

59 마데노코지 히로후사(萬里小路博房) : 1824~1884. 마데노코지 나오후사(萬里小路正房)의 장남이다. 1861년 국사어용괘(國事御用掛), 1862년 국사참정(國事參政), 1867년 참의(參議)가 되었다. 메이지유신 이후는 궁내경(宮內卿)을 역임하였다.

60 시시도 다마키(宍戶璣) : 1829~1901. 하기번 사무라이 집안인 야스다가(安田家)에서 태어났다. 번교인 메이린칸(明倫館)에서 수학하였고, 학두(學頭)였던 야마가타 다이카(山縣太華)의 양자가 되었다. 1869년 야마구치번(山口藩) 권대참사(權大參事)가 되었고 1871년 사법대보(司法大輔)가 되었다. 이후 문부대보(文部大輔)·원로의관(元老議官)을 거쳐, 1869년 청국주차특명전권공사(清國駐箚特命全權公使)로서 유구 귀속문제를 대처하였다. 이후 참사원의관(參事院議官)과 귀족원의원(貴族院議員)을 역임하였다.

61 모리 아리노리(森有禮) : 1847~1889. 아버지는 가고시마번(鹿兒島藩) 번사이다. 1865년 번의 유학생으로서 영국에 유학하였고, 미국을 거쳐 1868년 귀국하였다. 메이지유신 이후, 외국관권판사(外國官權判事)·공의소의장심득(公議所議長心得)·제도료부총재심득(制度寮副總裁心得) 등을 역임했다. 미국에 있을 때 메이로쿠샤(明六社)를 창단하여 계몽운동에 진력하였다. 이후 주청공사(駐淸公使)·외무대보(外務大輔)·주영공사(駐英公使) 등을 역임하였다. 헌법 발포 후 국수주의자들에 습격당해 죽었다.

62 보조 도시타다(坊城俊政) : 1826~1881. 교토 출신이다. 1857년 시종(侍從)이 되었고, 이후 공가의 직임에 있었다. 1871년 시키부노카미(式部頭)에 취임하였고, 이후 궁중의 제사와 전례를 담당하였다.

63 하야시 도모유키 : 1823~1907. 호는 슈호(秋畝). 나가토(長門) 출신. 존황양이운동(尊皇攘夷運動)에 힘썼고, 보신전쟁(戊辰戰爭)에 참여하였다. 메이지유신 이후 회계관권판사(會計官權判事), 모리오카현대참사(盛岡縣大參事), 구노헤현권지사(九戶縣權知事)를 역임하였다. 1870년 민부대승(民部大丞) 겸 대장대승(大藏大丞)이 되었으며, 1874년 내부대승(內務大丞)을 거쳐 1875년에는 내무소보(內務小輔)에 취임하였다. 이후 1880년 원로원의관(元老院議官)이 되었으며, 귀족원의원을 거쳐 1990년에는 추밀고문관(樞密顧問

△ 서로 인사가 끝나자 탁자에 줄지어 앉았다. 음식단자를 사행 앞에 내왔는데, 한 장의 두꺼운 종이를 식탁에 꺼내놓았다. 가는 해서로 종이에 다음과 같이 가로로 쓰여 있었다.

기원 2536년 6월 3일 접대 메뉴

△1. 스프. 닭으로 만듦.

△1. 생선. 도미찜.

△1. 메추라기 삶아서 식힘.

△1. 쇠고기. 등심 구이.

△1. 양고기. 안심 튀김.

△1. 채소. 야채 5종 합함.

△1. 같음. 생 나무열매 찜.

△1. 술. 얼음으로 만듦.

△1. 칠면조 구이.

△1. 과자. 얼음으로 만듦.

△1. 같음. 석화채(石花菜) 요세모노(寄物 : 젤리 형태로 굳힌 음식)

△1. 같음. 오색 요세모노.

△1. 같음. 대형 2종.

△1. 같음. 소형 여러 종.

△1. 얼음과자 여러 가지.

△1. 식사 꾸밈 여러 가지.

---

官)에 취임하였다.

아랫사람을 시켜 이어서 내왔다. 물기가 없고 깨끗한 음식 15그릇을 골라 관소에 보냈다. 잠시 후 또 밥과 국, 반찬 10여 종을 내왔다. 돌아가는 길에, 미야모토와 우라세는 정사의 마차를 동승하였고, 모리야마는 훈도 마차에 동승하였으며, 후루사와는 별견당상의 마차에 동승하였는데, 박물원(博物院)을 함께 구경하고 싶어 했다. 평야 수만 칸에 박물원을 설치하였는데, 천하의 각국을 구분해서 의상과 모자, 신발에서부터 여러 가지 생산물에 이르기까지, 초목과 금수에서부터 미세한 물고기, 새우에 이르기까지, 나란히 종류대로 모아놓아 없는 것이 없었다. 견문을 넓히고 앉아서 풍속을 이해하기 위한 것이었다. 차례로 대략 구경하고 관소로 돌아왔다.

△ 저녁은 정원(正院)에서【이전의 태정부(太政府)이다.】 알려 와서 관에 남아있는 여러 사람을 대접하였다. 음식이 15그릇이 되었는데, 공연(公宴)의 남은 음식으로, 멀리에서 온 사람을 접대하고자 하였기 때문이다.

△ 밤이 깊은 후 외무성에서 편지 한 통과 한문 번역문 한 통을 정사에게 보내왔다. 제주인【의주인으로 잘못 알고 있었다.】 이원춘(李元春)이 배를 타고 물고기를 잡다가 표류하여 빈사지경에 이르렀는데 영국 배에 구조되어서 영사관이 외무성에 보내왔으므로 그를 데리고 고향으로 돌아가길 바란다는 내용이다. 정사가 매우 감사하다는 답서를 써서 보냈다.

조선국 수신사 김기수 귀하
외무경 데라시마 무네노리【상하 합봉한 곳에 도장이 찍혀있음.】

以書簡致啓上候陳ハ昨年十月貴國平安道義州人李元春ト申者洋中ニ漂流スルコト數日至難至危ノ際ニ方リ不圖英國船オスカワイル號ニ救助セラレ以テ再ヒ天日ヲ拜スルヲ得タリ我北海道函館在留同國領事官ヨリ轉メ本年一月我東京英國領事館ニ送達ス蓋シ前後六ケ月間救護至ル所啻ニ衣食ノ恩ノミニ非サル也貴弊兩國尋交成熟ニ至リ候ニ付同年四月同公使ヨリ右漂民元春儀拙者ノ手ヲ經テ貴國へ轉還致シ呈候樣照會ヲ得卽別紙通及往復候抑航海者ノ漂到及ヒ危難ノ境ニ臨ム有ルヲ見ハ之カ愛護ヲ加へ之カ救恤ヲ施スハ天下ノ通法萬國ノ通義ニテ固ヨリ其國ト通好ノ有無ヲ不問然則英船ノ救護英官ノ顧恤モ亦其愛性ノ通義ニ出ルト雖モ數月ノ久キ恩義並ヒ至ルハ豈感激セサルヲ得ンヤ此漂民ヲ貴下ニ付セントス貴下宜シク此意ヲ諒シ以テ還領セラルヘシ而シ英國政府厚誼ノ致所貴國ニ在テ同國へ相當ノ謝辭可有之儀ニ候ヘハ歸國ノ上ハ貴政府ニ於テモ必ス安ク本業ニ就カシメ候儀ト信シ疑ハサル所ナリ此段併テ得御意候敬具.

明治九丙子年六月三日, 外務卿寺島宗則圖書.

朝鮮修信使金綺秀貴下.

한문번역문[譯漢文]

이에 알립니다. 귀국 평안도 의주인 이원춘이라는 자가 작년 10월 해양에 표류하여 며칠 곤액을 당하던 중, 우연히 지나가던 영국 배 오스카와일호를 만나 구조되었습니다. 우리 홋카이도(北海道) 하코다테항(函館港)의 영국 영사관을 통해 올해 1월 도쿄 영국 공사관으로 전송되었습니다. 근래 귀국이 우리와의 조약이 이루어졌습니다. 이에 올해 4월 영국 공사가 우리에게 “해당 백성을 외무성을 통해 고국으로 돌려

보내주시오."라고 알려왔습니다. 그 편지는 별도의 서간에 실려 있습니다. 전후 6개월간 애호를 받아 목숨을 보전하였으니 의식을 얻은 은혜뿐만이 아닙니다. 항해하는 자가 길을 잃어 해안에 표류하거나 태풍을 만나 위험에 빠진 자를 보고, 누군들 보호하여 구휼하지 않겠습니까? 천하에 통하는 법이자 만국에 통하는 도의일 것입니다. 그 나라는 통호(通好)의 유무를 묻지 않는다고 들었으니, 영국 배가 구조하고 영국 관리가 불쌍히 여겨준 것은 인간 세상에서 항상 힘쓰는 것입니다. 단, 수개월의 오랜 시간 동안 감히 소홀히 대하지 않았으니 그 은의에 어찌 감동하지 않겠습니까? 지금 해당 표류민을 귀하에게 송부하오니 귀하께서 이 뜻을 헤아려 데리고 돌아가시기 바랍니다. 그리고 영국 정부의 후의에 귀하 역시 영국 관헌에 감사하는 말이 있을 것이라 생각됩니다. 듣건대, 귀국이 표류민을 처리하는 데 법이 있다고 하니, 해당 백성이 곤액을 당한 것은 실로 의심할 바 없으므로 고향으로 돌려보내면 귀국이 그를 본업에 편히 나아가게 할 것이라고 저는 믿어 의심치 않습니다. 아울러 이렇게 진술합니다. 삼가 아룁니다.

메이지 9년 6월 3일. 외무경 데라시마 무네노리 인.

조선 수신사 김기수 귀하께.

일본 외무경 데라시마 무네노리 합하께. 수신사 김기수 드림.

회답 드립니다. 귀국에서 보내온 표류민인 평안도 의주인 이원춘을 이에 수령하였습니다. 그가 떠돌아다닐 때 수개월 보호해준 은혜는 한 사람이 받은 것이 아니라 바로 우리나라 온 국민이 함께 받은 것입니다. 매우 감격스럽습니다. 영국인들은 특별히 구휼하여주어 죽은 자를 살리고 헐벗고 굶주린 자를 입히고 먹여주었습니다. 어린아이가 우물로 들어가는 것을 보고 측은지심이 생기는 것이 사람이면 다 그런 것이라지만 받은 사람이 어찌 감격하지 않겠습니까? 가르침대로 감사의 말을 보내는 것은 당연한 것입니다만, 측은지심은 인의 단서이니 영국인이 당초 구휼한 것은 특히 어진 사람의 일일 뿐 어찌 그들이 구구하게 오늘 감사하다는 말을 바라겠습니까? 다만 마땅히 이 감사하는 마음을 새겨서 길이길이 보답하는 것이 좋을 것입니다. 훗날 영국인에게 어려움이 있어 우리나라 사람이 구휼해주지 않을 것이라 어찌 알겠습니까? 감사의 말을 한번 전해 주셔서 영국인에게 우리나라가 무한히 감사하고 있다는 것을 알게 해주시는 것이 좋을 듯합니다. 나머지, 이원춘을 고향에 데리고 가서 생업에 편히 나아갈 수 있게 하는 것은 우리에게 달린 것인데, 어찌 지나치게 걱정을 하시게 하겠습니까? 이것이나 저것이나 감격스럽기 그지없습니다. 다 헤아려 주시기 바랍니다. 삼가 아룁니다.

병자년 5월 12일. 조선 수신사 김기수 인.

이날 정사의 사예단(私禮單)을 각처에 나누어 보냈다. 장무관과 건량관 두 군관에게 통역관과 통사 1원을 거느리고 수령해 가게 해서, 명함을 남기고 왔다.

외무대보에게 보낸 사예단 물종. △ 겉봉에 "봉정외무대보합하(奉呈外務大輔閤下)"라고 씀.

백면주 5필. 백저포 5필. 각색 시전지(詩箋紙) 5축. 색깔 있는 둥근 부채 10자루. 각색필 50자루. 진묵 30개. 표피 2장.

외무대승에게 줌.

백면주 5필. 백세저포(白細苧布) 5필. 각색 시전지 5축. 색깔 있는 둥근 부채 10자루. 각색필 10자루. 진묵 30개. 표피 1장.

외무권대승에게 줌.

백면주 3필. 백세저포 5필. 각색 시전지 3축. 색깔 있는 둥근 부채 10자루. 각색필 10자루. 진묵 30홀. 표피 1장.【외무권대승 귀하라고 씀.】

외무권소승에게 줌.

백세목(白細木) 5필. 백세저포 5필. 각색 시전지 3축. 색깔 있는 둥근 부채 10자루. 각색필 30자루. 진묵 10개.

오쿠 외무삼등서기생에게 줌.

백면주 1필. 백목면(白木棉) 3필. 백세저포 3필. 색깔 있는 둥근 부채 5자루. 백면지(白綿紙) 3권. 각색필 30자루. 진묵 10개.【명함을 붙이고 도장 찍음.】

우라세 외무삼등서기생에게 줌.

백면주 1필. 백목면 3필. 백세저포 2필. 색깔 있는 둥근 부채 5자루. 백면지 3권. 각색필 30자루. 진묵 10개.

이와타 외무십등출사에게 줌.

백면주 1필. 백목면 3필. 백세저포 2필. 색깔 있는 둥근 부채 5자루. 백면지 3권. 각색필 30자루. 진묵 10개.

나카노 외무육등서기생에게 줌.

백저포 2필. 백목면 3필. 색깔 있는 둥근 부채 5자루. 백면지 3권. 각색필 30자루. 진묵 10개. 참빗 1동(同 : 묶음)

아라카와 육등서기생에게 줌.

백저포 2필. 백목면 3필. 색깔 있는 둥근 부채 5자루. 백면지 3권.

각색필 30자루. 진묵 10개. 참빗 1동.

생도 11인에게 각각 줌.【이들은 임시 전어관이다.】

백저포 1필. 백목면 2필. 백면지 3권. 색깔 있는 접는 부채 5자루. 참빗 5개. 색필(色筆) 10자루. 진묵 5개.

미즈노 외무소록에게 줌.【공이라 칭함.】

호피 1장. 백면주 1필. 백저포 2필. 색깔 있는 둥근 부채 2자루. 백면지 2권. 참빗 1동.

시마다 의관에게 줌.

호피 1장. 백면주 1필. 백저포 2필. 색깔 있는 둥근 부채 2자루. 백면지 2권. 참빗 1동.【'봉사(奉使)' 도장을 찍음.】

오마 영접관에게 줌.

호피 1장. 백면주 1필. 백저포 2필. 색깔 있는 둥근 부채 2자루. 백면지 2권. 참빗 1동.

도리타니 선장에게 줌.

백면주 1필. 백저포 2필. 백목면 2필. 색깔 있는 접는 부채 3자루. 색필 10자루. 진묵 5개.

고스기(小杉) 역체대속(驛遞大屬)에게 줌.

백면주 1필. 백저포 2필. 참빗 1동. 색깔 있는 접는 부채 2자루. 색필 10자루. 진묵 5개.

선원 40명에게 각각 줌.

백목면 10필. 색깔 있는 접는 부채 3자루. 참빗 3동.【겉봉에 '선격(船格)'이라 쓰고 '봉사(奉使)' 도장을 찍음.】

옛 도주에게 줌.【소 시게마사이다.】

호피 1장. 백면주 5필. 백세저포 5필. 백목면 10필. 시전지 5축. 색깔 있는 둥근 부채 10자루. 색깔 있는 접는 부채 20자루. 참빗 3동. 색필 1백 자루. 진묵 3동.

우라세, 나카노, 아라카와에게 따로 지급함.

백면주 6필.

배에서 영접한 3명, 여관에서 영접한 3명 등에게 각각 줌.

백저포 1필. 백면지 1권. 접는 부채 5자루. 겉봉에 '이시카와(石川)', '하라(原)', '혼지(本次)', '오타(太田)', '고노(小野)', '이마이(今井)'이라고 씀.

엔료칸 사환 18명에게 각기 줌.

백목면 1필. 참빗 3개. 접는 부채 3자루.【명함을 붙임.】

각기 관원을 보내 명함을 남기고 돌아왔다. 몇 시각 안 되어서 반드시 직접 와서 명함을 바쳤다. 만약 공사가 있으면 가신을 보내 관소에 명함을 남기고 아울러 가신의 명함을 바쳤으니, 이 나라의 풍속이 그러하다.

**13일.** 계묘. 갬.

쓰시마 도주 소 시게마사가 진시에 관소에 와서 정사와 한참 회포를 얘기하고 떠났다. 오시에 이노우에 가오루가 명함을 가지고 와서 포시가 지나도록 얘기를 나누고 돌아갔다. 대체로 강화도에 있었을 때를 얘기하다가 간절히 다음과 같이 말을 하였다.

"귀국 영흥포구는 우리 홋카이도와 거리가 불과 이틀 밤낮 걸립니다. 그러나 러시아가 누차 엿보았으므로, 두 나라가 무사하고자 공관을 열도록 청하였습니다. 그러나 귀국은 왕릉이 있는 곳이라고 끝내 허락하지 않았습니다. 비록 감히 청하지는 못합니다만, 근래 들으니 고혈도(庫頁島 : 현 사할린)에 양식과 기계를 많이 쌓아놓는다고 합니다. 그 뜻이 어디에 있는지 몰라서 걱정이 진실로 적지 않습니다. 그러므로 중국을 통해 알려드렸던 것은 귀국을 위해서 절실하여 그랬던 것입니다. 그리고 우리나라가 영흥에 세관을 설치하려는 것은 우리나라로 하여금 먼저 손을 써서 남을 제어하는 것을 알게 하려는 것이지 무슨 다른 뜻이 있겠습니까?"

대강의 뜻을 헤아릴 만하다.

△ 외무성 권소승[후루사와 가게히로]이 관소에 와서 한참 얘기하다가 갔다. 객지라 반찬 구하기가 어렵기 때문에 돌아간 후 단자 한 통을 보냈다.

쇠고기 2백 근. 닭 1백 마리. 오리 1백 마리. 날생선 1백 마리. 파 1백 본. 무 1백 본. 채소 1백 단.

△ 부득이하게 날마다 받아서 주방에서 쓰도록 하였다.

△ 우연히 조야신문(朝野新聞)【중국의 당보(塘報)처럼 매일 발간한다.】을 보니 다음과 같았다.

마침 홀로 자택에서 몽당 붓으로 쓰려는 때에 행인이 달리며 조선인의 통행을 알렸다. 붓을 던지고 일어나 급히 거리로 난 유리창을 열고 한번 바라보았다. 긴자(銀座) 거리의 행인들이 갑자기 베를 짜는 것처럼 촘촘하게 왕래하였다. 몇 무리의 경찰이 몽둥이를 휘두르며 큰 소리를 질러 조용히 왕래하고 환기시켰다. 좌우의 사람들이 조용히 정연하게 줄을 섰다. 마침 보니 한 무리의 기병이 먼지를 차고 달리며 그 앞에서 인도하였다. 이것은 우리 태정부가 멀리에서 온 사람을 회유를 두터이 하여, 용사의 날랜 기병을 은혜로이 하사하여 그들을 송영하도록 한 것이다. 이때 들으니 맑은 바람이 홀연 음악 연주 소리를 보내와서, 양양하게 길에 실렸다. 갈고(羯鼓)와 동라(銅鑼)가 교차하고 호궁(胡弓)과 나팔(喇叭)이 화합한다. 이에 더해 생(笙)과 적(笛)이 팔음을 협주하여 급하지도 않고 느리지도 않게 울려 퍼졌다. 점점 가까워져 그들을 보니, 그들은 느슨한 띠와 긴 소매, 큰 모자를 착용하고 비스듬히 기대어 있었다. 천천히 걷는 걸음은 느려서 여유가 있다. 기녀가 팔자걸음을 걷는 것과 비슷하고 지렁이가 마른 진흙을 기어가는 것과 일반이다. 이어서 가마를 어깨에 멘 가마꾼 십여 명 가운데에, 고귀한 관원 한 사람이 있는데 단정히 앉아 숙연하였다. 그들의 정사 김기수 씨이다. 이어서 높은 관원 10여 명은 몇 대의 인력거를 타고 달려서 이어졌다. 그 풍속의 고아(高雅)함과 질박(質樸)함은 흡사 지나인(支那人 : 중국인)의 옛날 화상(畵像)을 보는 듯하여 순연하게 동양의 완만한 기풍을 보존하였다. 이날 날씨는 폭염이 가셔 더위가 사람에게 그럭저럭 괜찮았다. 그래서 구경꾼이 떼로 모여서 도로를 가득 메웠다. 아아! 우리의 진구 황후(神功皇后)[64]가 삼한을 위협하였고 이보다 대략 수천 년 후에 또 도요토미 씨가 계림의 팔도를 유린하여, 그들이 사신을 보내온 이래 3백여 년이다. 그러나 지금 우리의 메이지 황상의 성덕의 빛이 입혀진 바가 더욱이 전 시대보다 열 배로 빛난다. 문훈(文勳)의 공을 이에 거두고 그들 역시 깊이 성화에 감동하여 멀리 옛 우의를 다져 예를 조두(俎

---

64 진구 황후(神功皇后) : 『일본서기(日本書紀)』에 이름이 오키나가타라시노히메노미코토(息長足姬尊)로 되어 있다. 고대 일본을 섭정할 시기 삼한을 정벌하였다고 기록되어 있는데, 진위에 상관없이 메이지시대 조선을 식민지 지배하는 정당성의 근거와 상징으로 이용되었다.

됴)의 사이에서 행한다. 일시에 살벌한 기운을 청소하고 온화하고 화목한 교의를 두터이 한다. 그 사이의 수신사가 '유유녹명(呦呦鹿鳴)'[65]을 읊으며 와서 긴자 거리 위를 배회하는 것은 아마도 성세의 융성한 상황을 보철(補綴)하는 한 바탕의 훌륭한 광경일 것이다. 우리들이 지금 현재 온 사신의 의장을 목격하고 깊이 기쁨을 느끼는 정을 참지 못하고 어찌 이 한 편의 축사를 쓰지 않는 것이 가능하겠는가? 이때 마침 이 행장을 구경하기를 끝내고 여름 오후의 한 때를 보고한다.

메이지 9년 5월 29일 기록하다. 긴자가. 야마나시 엔(山梨圓).

**14일.** 갑진. 개고 바람 붊.

모리야마 시게루가 와서 유람을 청하였다. 훈도, 화원 및 죽존, 아라카와가 가서 먼저 지폐료(紙幣寮)를 관찰하였다. 기계를 돌아가도록 설치해 놓았는데, 한쪽에서는 금색 실 주렴을 짜고 한쪽에서는 닥나무를 담가 종이를 데치고, 한쪽에서는 햇빛에 건조시키고, 한쪽에서는 동전 모양을 섬세하게 새기고, 한쪽에는 칼로 모양대로 잘랐다. 일을 담당한 사람이 앉아서 움직이고 오른쪽으로 나아가며 가는 곳마다 모두 응하였는데, 이보다 모여서 조화를 잘 이루는 것이 없었다. 옮겨서 중락원(衆樂園)을 향했다. 이곳은 한가로운 공자가 화려하게 치장하고 다니는 장소이다. 산뜻한 판잣집, 환하고 단정하게 꾸민 아름다운 아가씨, 향기로운 술과 찻상이 꽃나무 아래 늘어져 있었는데, 그 아리따운 자태가 손에 잡힐 듯하였다. 자미(子美 : 두보의 자)의 이른바 "그림으로 살진

---

65 유유녹명(呦呦鹿鳴) : 『시경(詩經)』의 「녹명(鹿鳴)」을 가리킨다. 임금이 어진 신하들에게 잔치를 베풀면서 군신의 정을 노래한 것이다.

모습 대략 알고 있었네"[66]가 아마도 이것을 이른 것이리라.

또 혼간지(本願寺)에 갔으니, 바로 예전 조선의 수신사가 머물던 관소이다. 불사는 황량하고 승려는 쇠잔하여 거의 황폐하였다. 다시 센소지(淺草寺)에 도착하니 3리쯤 되었다. 누각이 넓고 화려하였고 도량 안에는 온갖 물건이 모여 있었으며, 놀러온 손들이 바다와 같았다. 일본인 히로세(廣瀨)라는 사람이 서림정사(西林精舍)에 머물면서 30년 간 깊이 생각하여, 전선(電線), 물 끌어올리는 기계, 불 붙이는 기계, 천둥 치는 기계 같은 종류의 제반 기기를 만들었으니, 신이 내린 기술자라 말할 만하다. 나이는 50여 세 정도 되었는데, 후세에게 녹을 주어 영원히 가업을 잇도록 하였다고 한다. 꽃을 파는 집이 하나 있었는데, 아름다운 화훼와 진기한 나무를 기기괴괴하게 만들어서 땅에 심어놓기도 하고 화분에 심어놓기도 하였다. 화분은 큰 것은 항아리만 하였고 작은 것은 술 종지만 하였는데, 무려 수만 그루가 은빛 바다처럼 현란하게 흔들렸다.

**15일.** 기사. 갬.

이른 아침에 망하례(望賀禮)를 바깥뜰에서 행하였다. 이날 군병을 교장(敎場)에서 열병하였다. 외무경 이하가 며칠 동안 함께 관광하자고 요청하여 굳이 사양할 수가 없었다. 아침 식사 후 정사 및 수행원이 일제히 차례로 행차였다. 인력거가 외무성에서 와서 기다리고 있었다.

---

66 "그림으로 … 있었네" : "畫圖省識周肪肥". 두보의 「영회고적(詠懷古蹟」 제3수는 왕소군(王昭君)의 고사를 읊은 것으로, "그림으로 봄바람 같은 얼굴 대략 알았네(畫圖省識春風面)"라는 구절이 나오는데, 이를 인용하면서 잘못 기억한 것으로 보인다.

10리 가까이 긴 해자를 끼고 남쪽으로 내려가 큰 나무 다리를 건넜다. 다리 끝에는 목패가 세워져 있었는데, "마장선장(馬場先場 : 마장 앞에 말을 멈추는 장소)"이라고 쓰여 있었다. 큰 판자문을 들어갔다. 몇 마디 너비와 몇 길의 길이로 된 철사를 머리가 넓은 못에 밀착해 두었다. 해자 주변에는 돌을 깎아 성을 쌓았고, 성 위에는 흙을 평평하게 쌓았고 한 아름 정도 되는 나무를 고르게 심어놓았다. 문을 들어가 1리쯤 가서 긴 울짱을 끼고 남으로 내려가 창살문 밖에 도착했다. 가마와 인력거에서 내려 풀밭을 수백 걸음 걸어가니 십여 개의 의자가 있었는데 모두 폭양 아래 노출되어 있었다. 외무대보, 권대승 및 육군경 제원이 역시 와서 모였다. 보병은 흰 옷과 흰 모자를 착용하였고, 각기 총을 하나 쥐고 칼을 하나 차고 있었다. 16명이 1대(隊)가 되고 40대가 1총(總)이 된다. 50총이 남과 서와 북으로 나누어 섰다. 대에는 각기 대장(隊長)이 있고, 총도 역시 기병 하나가 통솔하였다. 작은 피리를 한 번 불자 북쪽에 있던 군인이 일제히 내려와 가운데 순서대로 섰다. 대장이 한 번 호령하자 병사들이 모두 왼손을 거두어들였다. 또 한 번 호령하자 모두 칼을 뽑았다. 또 한 번 호령하자 모두 칼을 칼집에 넣었다. 또 한 번 호령하자 모두 웅크리고 앉았다. 또 한 번 호령하자 모두 포를 쏘았다. 연달아 10여 차례 포를 쏘았는데 소리가 한결같이 났다. 또 한 번 호령하자 모두 일어섰다. 또 한 번 호령하자 남쪽으로 향하였다가 서쪽으로 돌았다. 구름이 흐르듯 움직이고 파도가 불어나듯 일렁거리면서 잠시 후 정해진 자리에 도착해 기러기 날 듯 차례로 섰다. 남쪽 군인들 앞에 기병 하나가 달려 나왔다. 보병들이 모두 따라서 북상하였다. 대와 총의 숫자가 역시 북군과 같았다. 나와서 가운데에 도착하자, 앉고 일어나고 칼을 뽑고 포를 쏘는 것이 앞에서 한 것과 모두 같았다. 일제히 동쪽으로 돌아서 북상하여 차례로 선 뒤 마쳤다. 가운데 소대가 혹은 웅크리고 포를 쏘기도 하고 누워서 포를 쏘기도 하였는데 얼마간 이렇게 하였다. 또 작은 고동을 불자, 남쪽에 있던 기병이 일제히 총을 끼고 칼을 찼다. 총의 우두머리가 북쪽으로 몰았는데 구름무늬 비단처럼 찬연하였다. 주위를 돌아 북쪽 담장 아래 나누어 섰다. 남쪽 담장 아래 있던 나머지 군인은 서로를 향해 포를 쏘았는데, 연기가 안개처럼 자욱하였다. 또 한 번 호령하자 남쪽에 있던 깃발【위는 붉고 아래는 흰 색이다.】 든 기병이 함께 북쪽으로 달리다가 우회해서 서쪽으로 달려서 동쪽을 향해 섰다. 잠시 후 남군과 북군이 모두 서로를 향해 달려 들어와 날 듯이 칼춤을 추었다. 어느덧 서쪽으로 달려가 남쪽을 따라 가서, '한 일' 자로 대형을 벌려 언월도 모양을 만들었다. 일제히 포를 쏘다가 잠시 후 끝났다. 세 대의 포차(礮車) 아래에는 네 개의 바퀴가 달려 있고 앞에는 두 마리의 말을 매었다. 수레 안에 병사 2인이 앉았고 뒷바퀴 위의 천수(俴收 : 수레 바닥의 가로목) 가운데 대완포(大碗砲)를 앉혀 놓았는데, 포구 위에 병사 2인이 앉아 있고 뒤턱에는 화약상자를 실었다. 마당 가운데 이르자 갑자기 한 바퀴 달리고 나더니 세 곳으로 나뉘어 연달아 십여 차례 포를 쏘았는데 우레처럼 땅이 진동하였다. 조금 남쪽 땅에 또 어떤 사람이 바퀴가 두 개인 작은 포차를 끌고 와서 응하여 5, 6포를 쏘았다. 이것은 산이나 언덕을 오르내리고 계곡 사이를 드나들기 위한 용도의 포차였다. 풀밭은 사방으로 2마장쯤 되었다. 매달 초하루 양창(洋槍 : 서양총) 대진법을 이곳에서 두 차례 훈련하는데, 오늘 점검받는 사람은 6천 명이 된다고 한다.

진을 파하자 함께 외무성에 가서 잠시 쉬기를 청하였다. 차를 내오고 나자 점심식사를 했다. 식사 후 죽존, 병방, 예방, 화원과 함께 박물관에 갔다. 통역관 나카노가 안내하였다. 문 앞에 도착해 인력거에서 내렸다. 통역관이 숫자를 헤아려 수문관(守門官)에게 기록하여 주었다. 어떤 문을 들어가니 꽃나무가 뜰에 가득하였고, 따로 물 대는 이랑으로 구획하여 김매는 자가 주관하였다. 각기 울타리로 막아서 목패를 세웠는데 수십 명이 나뉘어 있었다. 규문(圭門 : 위는 뾰족하고 아래는 네모난 문)에 "집물관(什物館)"이라고 팻말이 붙어 있었다. 돌아서 통로를 꺾어 들어가니, 각기 여러 나라로 나뉘어 있었다. 작은 것은 큰 궤짝에 담겨 있었고, 사이사이 떨어져 있었으며 유리로 덮여있고, 네 벽은 모두 파리(玻璃)였다. 군물(軍物), 제조품, 관복(冠服), 수레와 의장이 없는 것이 없었으며, 심지어 사람의 해골, 소와 말의 뼈까지 모두 거두어 보존되어 있었다. 죽 돌아서 수백 보 걸어가니 문이 있었는데 중간에 끊겨 있어서 작은 나무다리를 통해 들어갔다. 편액에 "동물관(動物館)"이라고 쓰여 있었다. 큰 것으로는 용과 범에서 작은 것으로는 벼룩과 파리에 이르기까지 모두 살아있는 듯 정교하게 건조되어 있었으며, 유리를 통해 보았는데 완연히 살아 움직이는 듯했다. 또 문 하나를 나서니 수 칸쯤 되었는데, 마주하여 문이 하나 서 있고 편액에 "식물관(植物館)"이라고 쓰여 있었다. 수만 가지 곡식의 종자와 수백 가지 약재가 사이사이 채워져 쌓여 있었다. 간혹 희귀한 것은 나무의 줄기, 풀의 이파리, 곡식의 이삭, 꽃잎이 종류마다 구비되어 있었다. 또 문 하나를 나서서 동남쪽으로 바라보니 편액에 "광물관(鑛物館)"이라고 쓰여 있었다. 금은과 보석, 산호와 광물 종류가 있었다. 나와서 북쪽으로 올라가니 편액에 "농업지관(農業之館)"이라고 쓰여 있었다. 쟁기, 곰방메, 호미, 써레와 용거(龍車), 오겸(鰲鎌) 등속이 쌓여 있었다. 조금 서쪽으로 가니 '공기관(工技館)'이 있었다. 거대한 도끼에서부터 작은 바늘에 이르기까지 쌓여 있었다. 북쪽으로 돌아가니 '직물관(織物館)'이 있었다. 비단 등속과 베틀, 북 등의 도구가 쌓여 있었다. 점점 북쪽으로 가니 '생물관(生物館)'이 있었다. 울부짖으며 춤추는 원숭이들과 날아다니는 공작새, 으르렁거리며 물어뜯는 세 발 달린 개, 어슬렁거리며 돌아다니는 쌍 뿔 달린 노루, 포효하는 코끼리와 범, 깃을 치는 황새와 학, 횃대에서 우는 백조, 우리 안에 잠자는 붉은 토끼, 부엉이, 새매, 오리, 기러기 등이 사람에게 잘 길들여진 듯하였다. 모든 물건에는 각기 종이 명찰에 어느 나라 어느 물건이라고 표기해 놓았다. 오늘날 사람들이 다만 17개국과 통하기 때문에 물건을 널리 모으지 못했으나 앞으로 차차 서양의 36개국, 남양의 37개국과 통한 후 기이한 물건을 대대적으로 갖출 것이라고 하였다. 드디어 북문으로 나가니 인력거가 이미 여기에서 기다리고 있었으므로 달려서 관소로 돌아갔다.

△ 정사가 외무성에서 돌아올 때 통역관의 안내를 따라 움직였는데, 시간이 지나도록 끊임없이 우회하니 대략 3, 40리 정도 되었다. 중도에 가마를 세우고 통사를 불러 크게 질책하였다. 통사 역시 초행길이라 믿고 따른 것이었다. 통역관이 외무성의 지시를 듣고 여러 차례 관광할 것을 요청하였으나, 끝내 허락하지 않았다. 그래서 지나가는 곳을 속여 여염의 동네 사이를 에둘러 인도하여서 부강한 모습을 자랑하고자 한 동시에, 일본인 남녀에게 위의를 관광시키고자 한 것이었다. 비록 후대를 받은 듯하였더라도 모욕을 받은 것이 많았던 것이다. 겨우 관소로 돌아오자 통사 2인을 재촉해 들여 곤장 5대를 때렸다. 통역관 얼굴이 흙빛이 되어 누차 간청하고자 하였으나 정사께 문후를 여쭈러 며칠 동안 감히 들어오지 않을 수 없었다.

**16일.** 병오. 새벽부터 비가 내리다가 정오쯤 비로소 갬.

통역관이 와서 부산에 가는 선편이 있다고 알렸으므로, 정사가 서간 1통을 써서 주었다. 내용을 대략 말하면, 관소에 머문 날짜를 기대한 시간 전후 벗어날 수 없으니, 이번 달 23, 24일 사이에 여기에서 배로 귀국하려 한다는 것이다. 외무성에 출부(出付 : 넘겨 줌)하였다. 공무국(公務局)에서 온 번역문에 "동래부에 전달할 서한 1통을 수령하였으니, 내일 선편으로 부칠 것이다."라고 하였다.

미야모토 오카즈가 누차 정사에게 한번 왕림해달라고 간청하여, 부득이 마차를 타고 종관(從官) 4인과 함께 갔다. 집이 50리 밖에 있는데, 자택이 비록 사치스럽거나 큰 것은 아니었으나 지극히 정밀하고 깨끗하였다. 문을 들어가니 보리밭 몇 십 이랑이 있었고, 뽕나무가 그늘을 만들고 있었으며, 차를 한 구역 심었는데, 향기가 매우 산뜻하였다. 외당에 오르니, 주인이 계단을 내려와 맞이하였다. 예를 마치자, 아들을 나오라고 불러 절을 하고 뵙게 하였다. 나이가 막 11세가 되었는데, 문필을 모두 잘 하였다. 잠시 후 한 노옹이 나와서 정사에게 절을 하였다. 정사가 누구인지 몰랐으나 읍을 하여 답하였다. 미야모토가 그대로 앉아서 움직이지 않고 정사에게 말하였다.

"제 부친입니다."

정사가 말하였다.

"올해 몇이십니까?"

"올해 예순넷입니다."

정사가 말하였다.

"제가 먼 나라에 사는지라 뉘신지 모르고 앉아서 맞이했으니, 진실로 매우 송구스럽습니다."

미야모토가 말하였다.

"우리나라는 귀국과 달라서 앉아서 고개를 끄덕입니다."

그리고 또 말하였다.

"공경히 예를 표하였으니, 염려하지 않으시기 바랍니다."

잠시 후 한 노파가 안쪽 문으로부터 나왔다. 등 뒤에는 마흔이 되지 않는 부인이 있었는데, 역시 따라서 곧장 앞으로 와 공손히 절을 하였다. 정사가 역시 읍을 하여 답하였다.

미야모토가 말하였다.

"노부인은 제 모친이고, 뒤에 있는 사람은 제 안사람입니다. 존귀한 손님이 오셨으니 음식 접대를 하지 않을 수 없으므로, 이처럼 인사를 드리니 괴이하게 여기지 않으시기를 바랄 뿐입니다."

술과 안주가 나왔는데, 노부인이 반드시 몸소 점검하였고, 두 여자 하인에게 받들고 앞으로 내가게 하였는데, 매우 정갈하고 푸짐하였다.

잠시 후 한방의(漢方醫)로 호는 리쓰엔(栗園)이고 자는 시키시(識此)인 아사다 소하쿠(淺田宗伯),[67] 문사 구리모토 조운(栗本鋤雲),[68] 외무 대

---

67 아사다 소하쿠(淺田宗伯) : 1815~1894. 에도 후기의 한방의(漢方醫)이자 메이지 초기의 관료. 도쿠가와(德川) 장군가의 전의(典醫)였다가 1875년 궁내성(宮內省)의 시의(侍醫)가 되었다. 의사로서 주일프랑스공사 레옹 롯슈(Leon Roches)와 요시히토 친왕(嘉仁親王)의 생명을 위험으로부터 구해낸 일이 알려져 있다. 메이지 정부의 관료로서 제1차 수신정사 김기수 및 제2차 수신정사 김홍집과 나눈 창수시가 남아있다.

68 구리모토 조운(栗本鋤雲) : 1822~1897. 막부 말기의 막신(幕臣)이자 메이지 초기의 신문기자. 이름은 곤(鯤). 별호는 호안(匏庵). 1858년부터 1863년까지 에조치(蝦夷地)의 하코다테(箱館)에 부임하였다가, 1863년 막부의 명으로 에도에 돌아오게 된다. 1866년 아키노카미(安藝守) 직을 맡게 되었다. 주일프랑스공사 레옹 롯슈(Leon Roches)의 통역으로 근무하며 막부에 의해 가이코쿠부교(外國奉行)직을 맡게 된다. 그러나 메이지 신정부에 가담하지 않고 1873년 『호치신문(報知新聞)』의 주필이 되어 이후 저널리스트의 삶을 살았다.

승 시오다 사부로(鹽田三郎)[69] 및 다나베 다이치(田邊太一)[70]가 모두 와서 자리를 잡았다. 금사(琴師) 야마세 운(山勢云)[71]이라는 자가 금(琴)을 지니고 와서 몇 곡을 연주하였다. 네 사람이 술잔을 들고 번갈아 시를 읊고, 모두 초서로 써서 주었다. 정사가 화답하여 응수하였다.

술이 반쯤 취할 무렵, 호가 가케이(花溪)이고 50여 세 된 여사 아토미(跡見) 씨[72]가 사행이 여기에 모였다는 얘기를 듣고 여자 제자 6인을 인솔하여 왔다. 화계는 어릴 때부터 문묵(文墨)을 잘 하여 생업에 종사하

---

69 시오다 사부로(鹽田三郎) : 1843~1889. 에도(江戶) 출신. 에도 말기의 의사 시오다 준안(鹽田順庵)의 아들이며, 하코다테(函館)에서 한학과 서양학문을 배웠다. 막부의 쓰벤고요(通弁御用: 통역사)로서 영국과 프랑스에 파견된 사절단을 수행하였으며, 메이지유신 이후 외무성(外務省)에서 근무하여 외무소보(外務少輔)가 되어 각국과의 조약개정 교섭 등 외교문제 교섭에 힘썼다. 1882년 일본 정부와 임오군란의 사후 수습을 협의하기 위한 특명 전권대신 겸 수신사로 박영효(朴泳孝)가 파견되었으며, 9월 5일 시오다 사부로는 외무소보로서 임오군란 사후 수습 교섭 자리에 참석하였다. 또한 1882년 9월 7일 요시다 기요나리(吉田淸成)와 함께 박영효와 만나 대화를 나누었다. 1885년 특명전권공사(特命全權公使)로 청나라에 파견되었다.

70 다나베 다이치(田邊太一) : 1831~1915. 메이지시대의 외교관. 호는 렌슈(蓮舟). 막부의 신하 다나베 세키안(田邊石庵)의 둘째 아들이다. 에도시대 후반 고후키텐칸(甲府徽典館)에서 가르쳤고, 외국부교(外國奉行)로서 유럽을 방문했으며 메이지유신 이후 1871년 이와쿠라 사찰단(岩倉使察團)을 수행하였다. 1874년 일본이 타이완에 출병하였을 때 오쿠보 도시미치(大久保利通)를 보좌하였고, 1879년 청나라에서 근무한 다음에, 원로원의원(元老院議員), 귀족원의원(貴族院議員)을 역임하였다. 1876년에 외무대승(外務大丞)을 역임하였다. 저작에는 1898년에 간행된 『막말외교담(幕末外交談)』이 있다.

71 야마세 운(山勢云) : 야마세 쇼인(山勢松韻, 1845~1908)을 가리키는 것으로 추정된다. 야마세파(山勢派)의 3대 계승자. 다현쟁(多弦箏)을 개발하였다. 1891년 동경음악학교 교수가 되었다.

72 아토미(跡見) 씨 : 아토미 가케이(跡見花溪, 1840~1926). 오사카 출신. 본명은 다키노(瀧野). 데라코야를 경영하는 집안에서 태어나, 어릴 때부터 서화를 공부하였다. 17세 교토로 유학하여 시문과 한적을 공부하였다. 1856년 오사카로 돌아와 아버지의 시주쿠(私塾)인 아토미주쿠(跡見塾)를 이었다. 메이지유신 이후 여학교를 여는 등 교육자로서 활약하였고, 서예가, 일본화가로도 활약하였다.

지 않고 쓸쓸한 곳에서 마음을 오롯이 하고 후진을 가르쳤다. 즉석에서 절구 1수를 써서 바쳤다.

| | |
|---|---|
| 부상의 깊은 푸름 계림에 비추니 | 扶桑深綠映鷄林 |
| 고귀한 분 바다 건너 오신 것이 기쁘네 | 喜見高人航海臨 |
| 붉은 대롱 붓에 비록 시어가 부족하나 | 彤管縱令乏詞藻 |
| 이 마음 표현할 새 시구가 없을쏜가 | 可無新句表微忱 |

필법 역시 숙련되었다. 이윽고 옷깃을 여미고 꿇어앉아 말하였다. "원컨대 존귀한 손님의 시를 얻어 영원히 산문의 보배로 삼고 싶습니다."

정사가 즉시 차운하여 화답해서 써서 주니 매우 기뻐하며 소중하게 갈무리하였다. 마침내 여자 제자들에게 명하여 각기 큰 글자를 써서 드렸는데, "귀룡(龜龍)", "봉린(鳳麟)", "비운(飛雲)", "화향(花香)"이라고 썼다. 네 아가씨가 합동으로 모란을 수묵화로 그리니, 붓놀림이 귀신 같아서 사람으로 하여금 신기하다고 외치게 만들었다. 모두 귀족 아가씨였다. 첫 번째는 종일위(從一位) 다다야스(忠能) 경[73]의 손녀로, 호는 고카(光花)이고 나이가 9세였다. 두 번째는 정삼위(正三位) 히로후사(博房)[74]의 손녀로, 호는 가코(花香)이고 8세였다. 세 번째는 정오위(正五位) 긴요시(公義)[75]의 누이로, 호는 가슈(花州)이고, 8세이다. 네 번째는

73 다다야키(忠能) 경 : 나카야마 다다야스(中山忠能, 1809~1888). 에도시대부터 메이지 전기까지 활동했던 공족(公族). 1868년 종1위에 서임되었다. 메이지천황의 외조부이다.

74 히로후사(博房) : 마데노코지 히로후사(萬里小路博房, 1824~1884). 에도시대 후기에서 메이지시대까지 활동한 공경(公卿). 1869년 정삼위에 서임되었다.

종오위(從五位) 가쓰사토(勝達)[76]의 딸로, 이름은 스미코(棲子)이고 7세였다. 다섯 번째는 정사위(正四位) 쇼지로(象治郎)의 딸로, 9세이고 호는 가케이(花桂)라 하였다. 여섯 번째는 아토미 가잔(跡見花山)이니 바로 화계의 양녀로 8세였다. 언동이 온화하고 아리따웠으며, 머리를 빗고 비단 옷을 입은 모습이 청초하고 어여뻐서 모두 절세의 여자 선비들이었다. 화계가 다시 큰 매화 그림을 하나 그렸는데, 고기(古奇)하고 경수(勁瘦)하였으니 원래 모습의 9할은 얻은 듯하였다. 감향(甘薌) 떡, 골훈(汨薰) 밥, 청고(菁苽) 나물, 비감(枇柑) 과자를 섞어서 앞에 늘어놓았다. 석양 무렵 흩어져 돌아왔다.

**17일.** 정미. 저녁에 비.

외무성 관원이 통역관을 통하여 함께 해군성의 제도를 관찰하자고 청하였다. 오시 무렵, 정사 이하 제원이 함께 해군성에 갔다. 10여 리 동남 포구 가에 있는데, 병영과 진루가 지극히 웅장하고 위엄이 있었다. 해군성 장관 및 외무성 대보, 대승, 권소승 역시 와서 모였다. 누각 위에서 잠시 쉬었다가, 어떤 건물로 인도되어 갔다. 생도 수십 인이 각기 기계를 가지고 큰 누각을 그리기도 하고 누선을 그리기도 하였다. 선생 한 명이 규정을 주면 젊은 사람들이 응수하여 털끝만큼도 착오가 없었다. 또 어떤 곳으로 이끌고 갔다. 생도 수십 인이 있었는데 나이는

75 긴요시(公義) : 아네가고지 긴요시(姉小路公義, 1859~1905). 에도 말기 공족인 아네가코지 긴토모(姉小路公知)의 후계자로, 생부는 마데노코지 히로후사(萬里小路博房)이고 생모는 아토미 가케이(跡見花溪)의 여동생이다.

76 가쓰사토(勝達) : 이타쿠라 가쓰사토(板倉勝達, 1839~1913). 후쿠시마번(福島藩)의 마지막 번주로, 1884년 화족령(華族令)에 따라 자작(子爵) 위를 받았다.

15, 6세가 된 자가 태반이고 10세 겨우 넘은 자가 3분의 1이었다. 모두 의자에 줄지어 책을 펴고 앉아있었다. 조금 나이든 한 사람이 제일 앞에 있는 탁자에 앉아 있었다. 생도들이 중얼중얼 책을 읽기도 하고 조용히 보고 있기도 하였는데, 책은 『영환지략(瀛環志略)』, 『수리신서(水利新書)』, 『해국도지(海國圖志)』, 『농업병지(農業兵誌)』 등이었다. 또 어떤 곳에 이르니, 생도 수십 인이 긴 의자에 둘러앉아서 책상에 펼친 종이를 누른 채 적신 붓을 손에 들고 있었다. 한 사람이 홀로 의자 동쪽에 서 있었는데 손에는 책 하나를 쥐고 있었다. 큰 소리로 경전을 읽으면 생도들이 일제히 글씨를 썼고 다가가서 그들이 잘했는지 못했는지를 살폈는데, 관에서 급료를 주는 교도(教導)인 것 같았다. 다시 포구가로 가니 큰 배를 본 떠 지은 큰 집 하나 있었는데 흰 종이와 쇠로 발라져 있었고, 그 가운데에는 대완포 7좌가 안치되어 있었다. 해군장이 암호를 한 번 외치면 병사 15인이 날 듯이 명령에 응하였다. 대완포 좌우에 각기 7인이 나누어 서 있고, 기계 뒤에 있는 1인이 지휘하였다. 대완포 기계를 끌어서 앞으로 밀고 나갔다. 포구가 향한 곳의 나무판자문이 열리니 바다 빛이 들과 이어져 있었다. 가는 새끼줄을 뒤에서 당길 뿐이었는데 불이 저절로 일어나며 큰 소리가 한 번 났다. 조금 있다가 또 다시 비슷하게 시도하였는데, 화약을 전보다 곱절을 장치하여 15근을 녹여 넣고 뒤로 물러났다가 앞으로 전진하였다. 비바람처럼 빠르고 맑은 날 벼락처럼 울렸다. 드디어 몸을 돌이켜서 규포(圭浦)로 인도하였는데, 이것은 땅을 판 것으로 너비가 수십 보 되었다. 화륜선을 수면에 띄우고 돛을 걸고 닻을 내리니, 신속하게 한달음에 달려 나갔다. 포구의 북쪽 작은 집에 옮겨 앉아, 수뢰포(水礌砲) 쏘는 것을 시험하였다. 여러 사람이 보이지 않는 새끼줄을 파도 아래 설치하고, 언덕

위에서부터 기계를 움직여서 새끼줄 끝에 화약을 묻었다. 잠시 후 파도가 솟구쳐 허공을 뒤집었는데 소나기가 갑자기 내리는 듯하였다. 이것은 옛 제도에 따른 것 같았다. 돌아서 곧 문을 나와 수행원이 모두 비를 무릅쓰고 관소로 돌아왔다.

정사가 이노에우 가오루와의 약속에 갔는데, 미야모토도 와서 모였다. 2경 즈음 되자 비가 심해져, 마차를 타고 관소로 돌아왔다. 길가에 높은 기둥이 세워져 있고 유리등이 걸려 있었는데, 거리를 온통 밝히고 있었다. 기름을 지하에 묻어서 가스를 끌어올리니 비록 여러 해 동안 낮에는 끄고 밤에 밝히더라도 없어지지 않는다고 하였다. 위로 하늘의 조화를 모으고 아래로 땅의 비옥함을 다하니, 지극히 교묘한 인공(人工)은 세운(世運)이 그렇게 만든 것인가 보다!

△ **감상하며 노닐다가 니시키마치(錦町)의 관소**【관소는 니시키마치 12목지(目地)에 있다.】**로 돌아가며 우연히 짓다**[遊賞歸錦町館偶題]

하루 종일 잠자리가 느릿느릿 날더니　盡日蜻蜓款款飛
보여준 기교는 예로부터 드무네　獻奇呈巧古來稀
수천 병의 채색은 바다를 연 그림이고　千壺繪彩開洋畫
수만 나라 소문은 우레 같은 기계라네　萬國聲聞走雷機
여자 학교 넉넉하고 남자 학교 가르치니　女塾尙餘男塾敎
육군 어찌 위엄 있는 해군만 하겠는가　陸軍何似海軍威
푸른 단풍 나무아래 꽃 학이 우짖으니　花鶴啼下靑楓樹
길 떠난 손 돌아갈 일 괴로운 줄 알겠구나　也識遊人苦憶歸

△ 일본 공주가 서거하여 음악을 3일간 금지한다고 하였다. 그러므

로 관소의 문을 열고 닫을 때 불던 취타를 우선 정지하였다.

**18일.** 무신. 흐렸다가 비가 오다 함.

미야모토가 관소에 화원을 보내왔다. 정사 이하 각기 사신을 찍어서 한 장씩 보관하여 영원히 서로 잊지 말자고 하였다. 대개 그 기술은 유럽[泰西]에서 나온 것이다. 사람으로 하여금 관대를 바로하고 의자 위에 앉게 한다. 머리를 기울이지 않고 몸도 치우치지 않게 한다. 화원이 사조경(寫照鏡)【밖은 유리이고 안은 수은을 칠하였다.】을 갑에 장치하여 삼각대 위에 둔다. 검은 담요를 뒤집어쓰고 갑 뒤의 구멍으로부터 투시하여 본다. 의자에서 거리는 수 칸쯤 된다. 사람의 그림자를 끌어다가 사조경에 붙이고 종이 위에 옮겨 실으면 털끝만큼도 차이가 없다.

△ 저녁 때 외무경이 삼층 찬합 1좌, 이층 찬합 1좌에 바다와 뭍의 재료로 만든 음식을 갖추어서 관소에 보내와 잔치 음식을 보탰다.

**19일.** 기유. 개다가 밤에 비.

식사 후 쓰시마현의 전 태수 소 시게마사가 와서 대화를 나누었다. 사행이 한번 왕림하기를 청하여, 오후에 정사가 정관 4원을 인솔하고 갔다. 미야모토 대승 및 문사 마스다 미쓰구(增田貢), 가메타니 고(龜谷行)와 서화를 하는 여인【모두 사족의 부녀이다.】 세이코(晴湖), 세이란(晴嵐), 세이스이(靑翠)가 시를 읊기도 하고 그림을 그리기도 하면서 즐거움을 다하고 마쳤다. 가메타니 시는 다음과 같다.

한나라 조정에 현인 많다 들었으니　　聞說漢廷能擧賢
따라온 서기 모두 재주가 뛰어나네　　追隨書記盡翩翩

| | |
|---|---|
| 훈풍과 푸른 나무 30일 머문 손님 | 薰風綠樹三旬客 |
| 단단한 노 긴 돛으로 천 리를 배로 왔네 | 勁楫長帆千里船 |
| 검에는 부산의 달빛이 흔들리고 | 釰佩光搖釜山月 |
| 거문고 노랫소리 무성 안개 감도네 | 絃歌翔湧武城烟 |
| 만남과 이별이 봄 꿈과 같으니 | 相逢相別如春夢 |
| 진실로 여행 상자 시 몇 편이 들었을까? | 諒得行篋詩幾篇 |

마스다의 시는 다음과 같다.

| | |
|---|---|
| 이웃나라 우의가 금란지교 같으니 | 隣邦交誼若金蘭 |
| 바다 건넌 사신 배에 맹약은 굳건하네 | 渡海輶軒盟不寒 |
| 부상의 새로운 제도 기억할 만하고 | 應記扶桑新典制 |
| 은나라 옛 의관 구경할 만하여라 | 耐看殷商衣舊冠 |
| 숙향[77]에게 나는 풍채 인정하게 되었으니 | 認成叔向生風采 |
| 정교[78]가 터놓을 마음 앉아서 생각하네 | 坐想鄭僑披肺肝 |
| 압록강 흐름이 문장 기세 도우니 | 鴨綠江流助文勢 |
| 붓끝에서 파란이 용솟음치는구나 | 筆端浩蕩湧波瀾 |

미야모토【호는 오호쿠산진(鴨北山人)이다.】의 시는 다음과 같다.

---

77 숙향(叔向) : 양설힐(羊舌肹)의 자. 춘추시대 진나라의 명재상으로, 박학다문하고 예양(禮讓)으로 나라를 다스려 명망이 있었다.

78 정교 : 공손교(公孫僑). 춘추시대 정나라 대부로, 진나라와 초나라의 강대국 사이에서 뛰어난 외교적 수완으로 정나라를 보존하였다.

여름나무 울창하여 푸름 흐를 듯하고　夏木千章翠欲流
물고기가 뛰는 곳에 새도 날아 응수하네　躍魚樂處鳥翔酬
한성에서 훗날에 옛 자취 생각하면　漢城他日想陳迹
후카가와 앞 마주한 모래섬 기억하리　記所深川前對洲

모두 운에 따라 화답하였다.

**20일.** 경술. 갬.

오후에 모리야마 권대승이 자택에서 사적으로 연회를 행하게 해달라고 청하였다. 문사 및 기악이 있었다. 저물 무렵 관소로 돌아왔다. 오직 네 정관이 참석하였다.

△ 삼등서기생 오쿠 기세이가 날마다 와서 필담을 하여 들은 얘기가 많았다. 내가 물었다.

"공자의 사당을 국도에 성대히 두고 높이 받듭니까? 군현에 모두 있습니까?"

답하였다.

"저희 나라는 기비 씨(吉備氏),[79] 간 씨(菅氏)[80] 이래로 미나모토노 세이카(源性窩),[81] 하야시 라잔(林羅山)[82]이 모두 유종(儒宗)이 됩니다. 그

79 기비 씨(吉備氏) : 기비노 마키비(吉備眞備, 695~775)를 가리킨다. 일본 나라시대의 학자이자 공경. 견당사(遣唐使)로 당나라에 갔다가 많은 서적을 가지고 왔으며, 유학, 천문학, 음악, 병학 등을 배워왔다.

80 간 씨(菅氏) : 스가와라 미치자네(菅原道眞, 845~903)를 가리킨다. 일본 헤이안시대의 귀족이자 학자, 시인이다. 현재 학문의 신으로 일컬어진다.

81 미나모토노 세이카(源性窩) : 후지와라 세이카(藤原惺窩, 1561~1619)를 가리킨다. 이름은 슈쿠(肅). 자는 렌푸(斂夫). 호는 세이카(惺窩)·호쿠니쿠산진(北肉山人)·사이지쓰

러므로 이토 고레사다(伊藤維貞),[83] 부쓰 모케이(物無競)[84] 제인이 한 시

---

시(柴立子)·고한카(廣胖窩). 하리마국(播磨國) 출신. 처음에는 교토 쇼코쿠지(相國寺)의 승려였으나 나중에 환속하였고, 불서(佛書)를 읽었지만 유가(儒家)에 뜻을 두었다. 일찍이 조선과 중국을 사모하여 명(明)나라에 들어가려다가 풍파를 만나 돌아왔고, 조선으로 건너가려다가 전쟁 때문에 그만두었다. 정유재란 때 포로가 된 강항(姜沆)에게 주자학과 퇴계(退溪) 이황(李滉)의 학문을 전수받고 근세 일본 유학의 창시자가 되었다.

82 하야시 라잔(林羅山) : 1583~1657. 이름은 노부가쓰(信勝)·다다시(忠). 자는 고노부(子信). 별호는 세키간코(夕顔巷)·라후코(羅浮子)·라후산진(羅浮山人). 승호(僧號)는 도슌(道春). 교토(京都) 출신. 후지와라 세이카(藤原惺窩)에게 주자학을 배웠다. 라잔의 주자학은 중국으로부터 직접 받아들인 것이 아니라, 도요토미 히데요시의 조선 출병을 계기로 유입된 조선의 주자학을 자각적, 선택적으로 받아들였다. 라잔의 호도 조선본 『연평문답(延平問答)』에서 유래한 것이다. 1605년 도쿠가와 이에야스(德川家康)에게 종사하였고, 이후 4대에 걸쳐 쇼군(將軍)의 시강(侍講)을 담당하였다. 법령 제정, 외교문서 작성, 전예(典禮)의 조사와 정비에도 관여하였다.

83 이토 고레사다(伊藤維貞) : 이토 진사이(伊藤仁齋, 1627~1705)를 가리킨다. 이름은 고레사다(維楨). 호는 진사이(仁齋). 자는 겐사(原佐)·겐스케(源助). 시호는 고가쿠선생(古學先生). 교토의 상가(商家) 출신. 청년시절 독학으로 주자서(朱子書)를 읽었으며, 『경재잠(敬齋箴)』에 경도(傾倒)되어 호를 게이사이(敬齋)라고 하였다. 1658년 『인설(仁說)』을 쓰고, 인(仁)의 본질은 애(愛)라고 하였으며, 호를 진사이(仁齋)라고 고쳤다. 1662년 교토 호리카와(堀川)의 자택으로 돌아와서 쓰루야 시치에몬을 습명(襲名)하고, 고기토(古義堂) 주쿠(塾)를 열어 고의학파(古義學派)의 창시자가 되었다. 자유롭고 실천적인 학풍으로, 폭넓은 계층에 걸쳐 문하 제자가 3,000명에 달하였다. 『논어』·『맹자』 두 책을 후인의 주석에 기대지 않고 직접 숙독 정사(精思)해서 문장구조를 통해 공맹사상(孔孟思想)을 파악하였다. 이토 진사이의 사상은 고토 곤잔(後藤艮山)·가가와 슈안(香川修庵)·요시마스 도도(吉益東洞) 등의 경험적 실증적 태도를 중시하는 고의방(古醫方)에 영향을 주었다. 또한 도가이(東涯)·바이우(梅宇)·가이테이(介亭)·지쿠리(竹里)·란구(蘭嵎) 등의 자손들이 그의 학통을 계승하였다.

84 부쓰 모케이(物無競) : 부쓰 모케이(物無卿)의 오기이다. 오규 소라이(荻生徂徠, 1666~1728)를 가리킨다. 본성은 모노노베(物部). 이름은 나베마쓰(雙松). 자는 모케이(茂卿, 시게노리라고도 함). 호는 소라이(徂徠) 또는 겐엔(蘐園). 에도 출신. 미카와(三河) 모노노베씨(物部氏)를 선조로 하여 성(姓)을 부쓰(物)라고 고치기도 하였다. 1696년 32세 때 무사시(武藏) 가와고에번(川越藩) 야나기사와 요시야스(柳澤吉保) 번주에게 발탁되어 그를 섬겼다. 주자학을 "억측에 의거한 허망한 설(說)에 불과하다"고 주장하고 주자학에 입각한 고전 해석을 비판하였으며, 고대 중국의 고전독해 방법론으로 고문사학(古文辭學, 蘐園學)을 확립하였다. 가야바초(茅場町)에 겐엔주쿠(蘐園塾)를 열어 소라이학파(徂

대를 밝게 비추었습니다. 근래 구미(歐美)의 학술이 크게 번성하고 부강을 위주로 하여, 집집마다 책 읽는 소리가 예전보다 훨씬 성대합니다만 해양학, 농학, 병학류의 책을 보고 공자와 맹자의 책은 일제히 물리치니, 이는 세도의 변화로 날마다 변하고 또 날마다 변하는 것입니다. 기거하는 예절은 여전히 성인의 법도를 씁니다만 천하의 만국이 바람을 따라 휩쓸리니, 오직 귀국만이 성인의 도를 존숭한다고 합니다. 매우 성대하고 부럽습니다만 부강의 기술은 그렇지 않은 듯합니다."

내가 말하였다.

"그렇지 않습니다. 성인의 도가 어찌 전곡(錢穀)과 갑병(甲兵)을 무용한 일로 여긴 적이 있습니까? 무위(武威)로 떨쳐 일어나 문덕(文德)으로 헤아립니다. 그러므로 옛날 성명(聖名)한 제왕은 사해를 어루만지고 팔굉(八紘 : 천하)을 화합하였습니다. 어찌 바른 길을 버리고 첩경으로 갈 필요가 있겠습니까?"

오쿠가 말하였다.

"근래 기교가 점점 번성하여 다소의 병기들을 녹여서 날카로운 기계로 만들고 깎아 농기구로 만듭니다. 비록 성인이 다시 일어난다 하더라도 분명히 편안히 앉아 다스리지는 못할 것입니다."

내가 말하였다.

"공께서는 세도의 변화를 말하였으니 이것은 과연 한번 변한 것입니다. 구미의 기술을 모두 번역하여 성인의 문자로 전한다면 유럽인이

---

徠學派, 蘐園學派)를 형성하고 다자이 슌다이(太宰春臺)·핫토리 난카쿠(服部南郭)·야마가타 슈난(山縣周南)·안도 도야(安藤東野)·히라노 긴카(平野金華) 등 뛰어난 인재를 배출했다.

역시 성인의 존귀함을 알게 될 듯합니다. 날마다 달마다 살펴서 나란히 또 한번 변하면, 땅에 실린 모든 지역이 어찌 다 성인의 영역이 되지 않겠습니까?"

오쿠가 말하였다.

"이치가 그럴 듯한 것 같습니다만 천 년 백 년 후의 일을 어찌 확실하게 예상할 수 있겠습니까? 큰 뜻이 이와 같습니다."

△ 오쿠 서기생이 "자호를 규코(九皐)라 합니다. 고금 서화를 수집한 것이 매우 풍부하지만 서문이 없으니 저를 위하여 글을 짓는 수고를 꺼리지 말아 주십시오. 그리고 서재가 있는데 편액을 후락거(後樂居)라 하였으니 잠언 하나를 지어 평생 우호를·맺게 해주십시오."라고 하였다. 내가 누차 사양하지 못하고 대략 써서 서화첩에 응하여 서를 지었다.

"바닷길 오천여 리에 나가토(長門)와 스오(周防)의 밝고 빼어남, 고베(神戶)와 사가미(相模)의 웅장하고 부유함, 요코하마(橫濱)와 시나가와(品川)의 거대하고 화려함에 신령과 경지가 빼어나, 경물을 대하니 그릴 만하였다. 아마도 장대한 선비가 있었다면 그 사이에 생각이 있었을 것이리라. 하루는 규코 오쿠 공이 니시키 마을의 객관으로 나를 방문하였다. 필담이 끝나자 길게 읍하면서 말하기를, '제가 고금의 서화를 수집하여 어느덧 한 상자가 되었습니다만 사실에 대해 기술한 글이 없어 한스러우니 어찌 저에게 한 말씀 지어주지 않으십니까?'라고 하였다. 나도 모르게 일어나 예를 표하고 옷깃을 여민 채 앞으로 나아가 말하기를, '이와 같구나, 선생이 옛것을 좋아하면서도 새로운 것을 좋아함이여! 그래서 예로부터 뜻이 있는 선비는 이를 파고들어 터득한 것이 있었습니다. 만일 근원을 탐구한다면 하도낙서(河圖洛書)[85] 역시 여기에서 벗어나지 않으니, 어찌 한갓 마음과 눈을 기쁘게 하는 것에 그치겠는가? 저 역시 여기에 취미가 있었던 적 있어서, 계림(鷄林 : 경주)과 곡령(鵠嶺 : 개성) 사이를 마음대로 다니며 풍요를 채집하였고, 멀리 압록강과 연계(燕薊 : 북경)를 들러 유적을 방문하였으나 몽매하게도 하나 얻은 것이 없이 계산(桂山) 아래 누웠으니, 전과 다름없는 처량한 사람일 뿐이었습니다. 이번에 일동(日東 : 일본)으로 사행을 오니, 마침 오랜 소원을 이루기에 충분하였습니다. 우연히 선생을 여관에서 만나니 어찌 우연이겠습니까? 군자는 천 리 떨어져 있어도 기가 같고 소인은 밭두둑을 사이에 두고 있어도 풍속이 다르다는 말이 있으니, 어찌 행여 풍속이 다르면서 기가 다른 자이겠습니까? 우둔함을 살피지 않고 이를 써서 돌려보내니 화사첨족(畵蛇添足)이라 대가에게 비웃음을 당할까 매우 부끄럽습니다. 먼 지방 사람을 가깝게 여기는 부적으로 삼기를 바랍니다.'"

○ 후락거잠(後樂居箴)

근심을 먼저 하여 근심하면 근심은 반드시 즐거움이 될 것이요, 즐거움을 먼저 하여 즐기면 즐거움은 도리어 근심이 되리. 성인의 가르침에 "아! 그렇지 않다."라고 하셨으니 경계는 두려워하고 조심함에 있네. 농사와 추수가 어렵지만 끝내 누리며 편안하리. 강호에서 궁궐을 그리워하는 자모(子牟)[86]는 육 자 몸으로 제일류가 되었네. 도리가 있고 지킴

---

85 하도낙서(河圖洛書) : 복희씨(伏羲氏) 때 하수(河水)에서 나온 용마(龍馬)의 등에 나타났다는 55점의 그림이 하도로, 복희씨가 이를 보고 팔괘(八卦)를 그렸다고 한다. 하(夏)나라 우왕(禹王) 때 낙수(洛水)에서 나온 신귀(神龜)의 등에 그려져 있었다는 45점의 그림이 낙서로, 우왕이 이를 보고 홍범구주(洪範九疇)를 만들었다 한다.

86 자모(子牟) : 위(魏)나라 공자 자모의 "몸은 강과 바닷가에 있어도 마음은 위나라 대궐

이 있으니 거스르지 않고 구하지도 않으면 마음은 성실하고 크게 넉넉하리라.

**21일.** 신해. 아침에 흐리고 저녁에 갬.

육군성(陸軍省)에서 권소승을 보내 일전의 약속을 이행하라고 청하여 사행이 일제히 갔다. 나는 병 때문에 함께 하지 않았다.

먼저 본성[육군성]에 가서 병기(兵機)를 대략 시찰하였다. 다음으로 조병소(造兵所)로 갔다. 문 밖에 큰 바퀴 하나가 걸려 있고 그 안에는 수십 칸의 넓은 집이 설치되어 있었는데 위의 용마루와 옆의 벽에는 모두 대중소의 바퀴가 걸려 있었다. 문 밖의 바퀴가 한 번 회전하면 집 안의 바퀴들이 나란히 회전하였고, 사이에는 긴 가죽을 바퀴에 늘어뜨려서 따라서 기계에 응하여, 두들길 것은 두들기고 새길 것은 새기고 뚫을 것은 뚫고 깎을 것은 깎고 평평히 할 것은 평평히 하였으니, 뾰족한 것과 우묵한 것, 둥근 것과 네모난 것이 인력을 쓰지 않아도 한꺼번에 움직여 이루어지는데 눈 깜짝할 사이에 차질 없이 만들어냈다.

다시 고이시테이(小石亭)로 향했다. 오랜 나무와 맑은 샘이 굽이굽이 감상할 만하였다. 전후좌우가 병기 창고가 아닌 곳이 없어서 총과 포 등속이 있는 곳마다 가득 차 있었다. 정자 위에서 점심 도시락을 먹었다. 바다의 진미 여러 가지가 정갈하고 풍성하게 소반 위에 올랐는데, 이것은 육군경(陸軍卿)이 접대하는 것이었다. 정자 북쪽에 사당이 하나 있었다. 기와와 통이 깨끗하였고 금빛과 푸른빛이 현란하였다. 바로

---

아래 있다.[身在江海之上 心居乎魏闕之下]"라고 한 말이 『장자(莊子)』「양왕(讓王)」에 나온다.

백이(伯夷)를 모시는 곳이었다. 무슨 연고로 지어진 것인지 알 수 없으나 맑은 기풍을 숭상하여 만든 것 같았다.

또 병학료(兵學寮)가 있었다. 장성한 자는 말을 달리고 검술을 시험하거나 총을 살피고 포를 쏘았다. 어린 자는 책을 읽고 글자를 연습하거나 그림을 그리고 도량을 측정하였다. 각자 자기 재능에 따른 것이었다. 다시 몇 리쯤 가서 공학료(工學寮)에 도착했다. 공부경(工部卿) 이토 히로부미(伊藤博文)가 여기에 먼저 와서 기다리고 있었다. 제작하는 제도가 모두 모여 있었으나 화륜을 응용하지 않는 것이 없어, 광산 기계, 철도 기계, 등대 사용, 전신 기교, 운영하고 고치는 기술, 해군과 육군의 군장, 하늘과 땅의 의범(儀範) 모든 것이 여기에 기대어 활용되는 것이었다. 귀신같은 만듦새를 헤아리기 어려웠으나 모두 서양 사람을 스승으로 삼은 것이고 일본에서 그들의 기술을 배운 것이 열 가운데 일고여덟쯤이라고 한다. 또 인도하여 공부(工部)로 가니 역시 아름다운 음식과 맛있는 술로 대접하였다. 이것은 공부경이 마련하여 대접한 것이었다. 앞뒤로 경(卿)과 승(丞)이 사적으로 베푼 잔치가 모두 위의 명을 따라 한 것이다. 포시 후에 드디어 관소로 돌아왔다.

**22일.** 임자. 갬.

외무성에서 편지를 보내왔으니, 미야모토 오카즈를 보내 절목을 강정하겠다는 일이었다.

겉봉 뒷면에 "조선국수신사 김기수 귀하. 외무경 데라시마 무네노리"라고 쓰여 있었다.

以書簡致啓上候 然ハ貴國禮曹判書へ 宛タル別簡一封 貴下ヨリ御

通達有之度候 右ハ外務大丞宮本小一ヲシテ 貴國京城へ 前往セシムルノ事事有之候 依テ貴下御心得ノ爲簡中ノ漢譯文臺通ヲ添付シ致候敬具

明治九年六月十三日 外務省寺島宗則

朝鮮國修信使金綺秀貴下

[한문 번역]

○ 이에 조회합니다. 귀국 예조판서에게 보내는 별간(別簡)을 감히 귀하를 번거롭게 하여 부칩니다. 별간의 내용은 다름이 아니라 외무대승 미야모토 오카즈가 앞서 귀국 경성에 가는 일입니다. 따로 봉투 안에 한문 번역을 기록하여 보내어 귀하가 알도록 아룁니다. 삼가 아룁니다.

메이지 9년 6월 13일. 외무경 데라시마 무네노리. 인.

조선국 수신사 김기수 귀하.

또 봉서 한 통이 있었으니, 바로 외무경이 미야모토를 조선 경성에 파견한다는 내용을 예조 판서에게 번역해 보내는 것이었다.

한문 번역문. 1장.

이에 조회합니다. 우리 조정이 외무대승 미야모토 오카즈를 이사관(理事官)으로서 귀국 경성에 먼저 파견하는 것은 변리(辨理)할 바가 있어서이니, 즉 수호조규 제11관에 미리 게재한 것에 의거하여 통상장정(通商章程)을 다시 의논하여 세우고 두 나라 인민을 결속하기 위한 것입니다. 그리고 조규 안에 마땅히 세목을 첨부하여 실제 적용에 편리하도록 하여야 합니다. 귀 조정에서도 결정할 수 있는 권한을 지닌 관원이 직접 만나 의논하게 하시면 매우 다행이겠습니다. 삼가 아룁니다.

메이지 9년 6월 13일. 대일본국 외무경 데라시마 무네노리. 인.

대조선국 예조판서 김상현 합하.

이날 통역관이 와서 아뢰었다.

"저번에 고베에 있었던 화륜선이 외무성의 18일 지휘에 따라 오늘 새벽 왔습니다. 고용한 사람들을 풀어주는 데 며칠 걸리고 석탄을 싣는 데 며칠 걸리니, 상선연(上船宴)은 26일에 열고 27일 귀국길에 오르려고 합니다."

그리고 미야모토 대승이 파견될 때가 멀지 않았음을 알게 되었다. 그러므로 훈도를 보내 자초지종을 알아보게 하니 이사관의 출발을 오늘부터 계산하여 19일 되는 날로 정하였다고 하니 우리나라 책력으로 윤5월 10일이었다. 화륜선을 타지 않고 군함만 타고 천천히 가서 심도(沁都 : 강화)에 도착하여 곧바로 경성으로 갈 계획이고 사행이 복명할 것을 미리 헤아려서 지체되지 않도록 할 것이라 하였다. 다만 살피라고 하회(下回)하였다.

△ 서기 이시바타 다다시(石幡貞)[87]가 와서 필담을 하자고 하였다. 얼마 있다가 『강남팔경도(江南八景圖)』를 꺼내어 품평을 써달라고 청하였다. 나는 사양하였으나 끝까지 거절하지 못하고 우선 시를 읊어 써주었다.

---

87 이시바타 다다시(石幡貞) : 1839~1916. 후쿠시마현(福島縣) 출신의 한학자, 외교관. 1876년 11월 부산항에 들어와 조계를 설치하기 위해 왜관 경계를 측량하였다. 그는 왜관(倭館)에서 조계지(租界地)로 바뀌는 부산의 모습을 칠언절구(七言絶句) 100수로 묘사했는데, 그의 첫 번째 시문집인 『조선귀호여록(朝鮮歸好餘錄)』 권1에 「부산백영(釜山百詠)」이 실려 있다. 그 외 저서로는 『동악문초(東岳文抄)』, 『한성조난시기(漢城遭難詩紀)』 등이 있다.

### 동정추월(洞庭秋月)

이름 난 호수 칠백 물이 쪽빛 같으니　名湖七百水如藍
쌓인 기운 허공 닿아 온 세상에 넘쳐나네　積氣連空泛斗南
아침저녁 수천수만 삼라만상뿐 아니라　不趐朝曛千萬象
겨울 달이 산에 반쯤 숨은 것을 또 보네　又看寒月半山含

### 소상야우(瀟湘夜雨)

세 강물이 소상강 물가에 모여들어　三江之水聚湘湄
굴원의 천년 한이 어부사에 들었네　屈子千秋怨有詞
아황 여영[88] 반죽에 서려있는 못 다한 한　不盡皇英斑竹恨
더욱이 부슬부슬 가랑비 오는 때랴　況是霏霏細雨時

### 원포귀범(遠浦歸帆)

잠양의 잎진 나무 쓸쓸한 소리 나니　涔陽落木響蕭蕭
미풍이 잠깐 일다 조수가 불어났네　微風乍起漲作潮
한 곡조[89] 가져다 어디에서 연주하나?　一曲相將何處奏
붉은 석양 스러지고 떠나는 배 멀어지네　斜陽紅斂去帆遙

---

**88** 아황 여영 : 아황(娥皇)과 여영(女英)은 요(堯) 임금의 두 딸로, 순(舜) 임금의 왕비가 되었는데, 순 임금이 죽은 줄 알고 상강에서 슬피 울다가 물에 빠져 죽었다. 이때 흘린 눈물이 대나무에 얼룩져서 소상 반죽(瀟湘斑竹)이 되었다고 한다.

**89** 한 곡조 : 「왕자사귀곡(王子思歸曲)」을 가리킨다. 초(楚)나라의 공자가 진(秦)나라에 볼모로 잡혀가 있을 때 지은 곡으로, "동정호여, 나무에 가을이 들고, 잠양이여, 풀잎이 시들었구나.[洞庭兮木秋 涔陽兮草衰]"라는 구절이 들어있다.

### 평사낙안(平沙落雁)

구름 속 기러기 떼 있는 듯 없는 듯 雲間斷續有如無
찬 바람에 낮게 돌아 푸른 호수 내려앉네 寒響低回下碧湖
묻노니 네 사는 곳 어디쯤이더냐? 問爾攸居何處是
새로운 그림에 모래밭이 펼쳐지네 平沙漠漠展新圖

### 강천모설(江天暮雪)

민산에서 흐른 물이 비수로 들어가니 岷山下流注淸淝
칠흑빛이 구름과 저녁 빛에 숨었네 漆色同雲隱暮暉
고기잡이 꿈을 깨울 생각이 없었는데 無計喚惺漁子夢
어느새 찬 도롱이에 눈꽃이 날리네 冷簑不覺六花飛

### 연사모종(烟寺暮鍾)

수목은 우거지고 첩첩 산 이어지고 樹木陰森疊嶂連
저녁 구름 주변에 불탑 높이 솟아있네 浮屠高出暮雲邊
분명히 누군가가 종 울리라 청했는지 分明也有請鍾發
소리 찾아 돌아보며 조용히 앉았구나 回首尋聲坐漠然

### 산시청람(山市晴嵐)

안개 아닌 연기 속에 저자 소리 시끄럽고 似烟非霧市聲喧
장대한 풍광이 해문에 접해 있네 贔屭游光接海門
천하의 진면목을 드러내려 한다면 欲使寰區眞面露
숲 끝에 한 번 아침 해를 비추리라 林端一抹射朝暾

어촌낙조(漁村落照)

물가 난초 잎 드리우고 갈대 꽃 빼어나고　　汀蘭垂葉荻花秀
대 울타리 옆으로 작은 집 열려 있네　　篪眼籬邊蟹舍開
끝없는 석양에 한스러움 있으리니　　無限夕陽應有恨
한가한 이 낚싯줄 감기에 적당하리　　閒人端合捲綸回

손으로 붓을 멈추지 않고 슥슥 써내려갔다. 끝나자 이시바타가 한참 감상하다가 말하였다.

"이 시는 공께서 오랫동안 구상했던 것입니까?"

"아닙니다."

"그렇다면 어찌 이리 빠르게 쓰십니까?"

"창졸간에 응수한 것이니 무슨 볼 게 있겠습니까?"

"저는 문자를 성글게 이해하기 때문에 매번 고상한 벗을 따라 좇습니다만 우리나라 선비 야스이 솟켄(安井息軒)[90]의 박식, 시게노 야스쓰구(重野安繹)[91]·가와타 쓰요시(川田毅)[92] 등의 문장, 오기와라 슈간(荻原秋岩)의 명필이 모두 온 세상에 이름이 났습니다. 그러나 혹시라도 글을

---

90 야스이 솟켄(安井息軒) : 1799~1876. 에도시대 유학자. 이름은 고(衡). 자는 주헤이(仲平). 호는 솟켄(息軒). 미야자키(宮崎) 출신. 에도 유학을 집대성하여 근대 유학의 기초를 다진 인물로 알려져 있다.

91 시게노 야스쓰구(重野安繹) : 1827~1910. 에도시대 말기에서 메이지 초기까지 활동했던 한학자. 자는 시토쿠(子德). 호는 세이사이(成齋). 가고시마(鹿兒島) 출신. 실증주의 역사학을 제창한 인물로 알려져 있다.

92 가와타 쓰요시(川田毅) : 가와타 오코(川田甕江, 1830~1896)를 가리킨다. 에도 말기에서 메이지 초기까지 활동했던 한학자. 본명은 쓰요시(剛). 호는 기케이(毅卿). 아사구치(淺口) 출신. 메이지 이후 동경제국대학 교수, 화족여학원(華族女學院) 교장 등을 역임했다. 한학자로서 시게노 야스쓰구와 쌍벽으로 일컬어졌다.

짓게 되면 매우 오랫동안 고심하고 난 다음에 비로소 응접합니다. 그런데 문장의 청신(淸新)함과 필법의 아활(雅活)함이 10분의 3, 4는 공에 미치지 못합니다."

"자신을 낮추고 남을 높이는 것이 본래 예입니다만 지나친 칭찬이 분수를 넘으니 확실히 못 믿겠습니다."

"제가 면전에서 아첨을 하려는 것이 아닙니다. 우리나라가 학술이 한번 변한 이후 모두 학문에 힘쓰지 않아 이 서너 사람만이 남았습니다. 그러나 끝내 수습하지 않았기 때문에 황폐해졌습니다."

"문묵을 하는 이 선비들과 교우를 맺을 길이 있습니까?"

"이들은 모두 나이가 칠순입니다. 어떤 이는 경사(京師)에 머물고 어떤 이는 변방에서 노닐면서 강호와 산림을 돌아다니기 때문에 만나기가 쉽지 않습니다. 슈간 같은 경우는 더구나 나이가 제일 많아 붓을 잡지 않은 지 몇 년 되었습니다."

○ 정사가 외무경에게 편지를 보내어 말하였다.

"떠날 기일이 이미 27일로 정해졌으니 모든 일의 지휘를 미리 준비하여 두어서 시간에 닥쳐 졸속 처리함이 없게 하십시오."

일본인 가운데 미리 신칙하지 못한 자가 혹시라도 멀리에서 온 손님을 빨리 귀국하게 하려고 편지를 기다렸다가 명령을 낼까 걱정해서였다.

**23일.** 계축. 갬.

오후에 정사 이하가 태학에 절하러 갔다. 관소에서 6, 7리 갔다. 외문이 있고 문 안에 낮은 울타리가 있었다. 울타리 문을 통해 들어가니 또 문이 있었는데, "입덕문(入德門)"이라 하였다. 안에 있는 중문에 이르니 "행단(杏壇)"이라는 팻말이 붙어 있었다. 정전에 이르자 편액에 "대성(大成)"이라 되어 있었다. 모두 계단 아래에서 예를 행하고, 곧바로 올라가 살펴보니, 공부자는 소상(塑像)으로 남쪽을 향하게 하여 안치하였고 큰 감실을 만들어 두었다. 감실 안에 따로 높은 감실을 설치하여 제사를 지낸다. 두 쌍의 향로와 향합을 넓은 감실 안의 조금 앞에 두었고, 네 성인의 소상을 벌려 놓았는데, 왼쪽이 안자(顔子)와 증자(曾子), 오른쪽이 자사(子思)와 맹자(孟子)였다. 방 안은 넓이가 수십 칸쯤 되었다. 동쪽 벽에는 백정자(伯程子 : 정호(程顥)), 장횡거(張橫渠), 주부자(朱夫子 : 주희(朱熹))의 영정이 걸려 있었고, 서쪽 벽에는 주염계(周濂溪 : 주돈이(周敦頤)), 숙정자(叔程子 : 정이(程頤)), 소강절(邵康節 : 소옹(邵雍))의 영정이 걸려 있었다. 그리고 우리나라 동명선생(東溟先生) 김세렴(金世濂)[93]이 지은 여섯 군자의 찬(贊)이 걸려 있었고 아래에 도장이 찍혀 있었으니, 아마도 동명이 통신사로 왔을 때 마침 그려서 둔 것일까? 아니면 아마도 나중에 찬이 없음을 깨닫고 쓴 것이리라. 4층짜리 선반을 세 벽에 걸어놓았는데, 쌓아둔 책이 잘 갖추어져 있었다. 13경 이하 근세 저술한 문장까지 유도(儒道)에 속한 것이 모두 보관되어 있었다.

---

93 김세렴(金世濂) : 1593~1646. 본관은 선산(善山). 자는 도원(道源). 호는 동명(東溟). 1572년 22세에 생원과 진사시에 합격하였고, 1616년 증광 문과에서 장원 급제하였다. 예조좌랑·홍문관수찬(弘文館修撰) 등을 지냈다. 폐모론을 주장하는 자들을 탄핵하다가 유배되었으나, 1623년 인조반정(仁祖反正)으로 다시 기용되어, 헌납(獻納)·교리(校理)·지평(持平) 등을 역임하였다. 1635년 도쿠가와 이에미쓰(德川家光)가 조선과의 성신(誠信) 외교를 위해 쓰시마 도주 소 요시나리(宗義成)를 시켜 통신사를 요청하였고, 쓰시마 도주 또한 그의 부관(副官) 야나가와 시게오키(柳川調興)와 서로 송사하는 일이 있어 통신사를 청하자, 1636년 10월 통신부사(通信副使)가 되어 정사 임광(任絖)·종사관 황호(黃㦿) 등과 함께 일본에 건너갔다. 당시 사행 중의 기록을 『해사록(海槎錄)』과 『사상록(槎上錄)』으로 남겼다. 만년에는 경서 연구에 전력하였고, 문장과 시문에 능하였다. 저서로 『동명집(東溟集)』이 있다.

전면은 유리로 막아놓았고 벽은 옻칠을 하였고 뜰에는 녹나무가 심어져 있었다. 부지런히 경전을 읽는 선비가 없는 것이 다만 한스러웠다.

중문을 나와 서쪽으로 조금 가니 창평관(昌平館)이 있었는데, 이것이 개성학교(開成學校)이다. 학교장이 나와서 맞이하여, 판자문을 통해 장랑(長廊)으로 들어갔다. 생도 백여 인이 한결같이 교수의 지도를 따라서, 한쪽에서는 십대의 역사를 읽고 있었고, 한쪽에는 병학, 농학 등의 책을 읽고 있었다. 또 돌아서 어떤 행랑에 도착하니 생도가 역시 지시를 따라 베끼고 있었는데, 모두 하나도 틀림이 없었다. 또 한 곳에 이르니 한 자 남짓한 집과 지구의 나라를 각기 자와 컴퍼스를 들고 그려내고 있었다. 모두 약관의 나이가 되지 않았으나 잘못되거나 틀린 것이 없었다. 차와 떡 등속을 모두 미리 준비해 두었다가 내왔다. 잠시 후 교장 오시마 분큐(大島文九)가 시 한 편을 바쳤다.

| | |
|---|---|
| 백성에게 주는 복은 하늘의 뜻이라 | 極知天意福蒼生 |
| 두 나라 강화 이뤄 옛 맹약을 다지네 | 二國和成尋舊盟 |
| 계림에서 명 받들어 아침에 배 띄웠고 | 奉命鷄林朝發鷁 |
| 청령국 관광하고 저녁에 깃발 펴네 | 觀光蜻域晩張旌 |

【일본의 본래 이름은 도요아키쓰시마(豐秋津洲)인데 청령국(蜻蛉國)으로 고쳤다가 또 지금 이름으로 바꾸었다.】

| | |
|---|---|
| 두 나라의 만물에 은혜가 미쳐서 | 兩間萬物覃恩化 |
| 사해가 한 집안 모두가 형제라네 | 四海一家皆弟兄 |
| 먼 곳에서 찾아오는 벗이 있어 즐거우니 | 竊樂有朋來自遠 |
| 문운을 함께 열어 태평성대 꾸미리라 | 同開奎運餙昌平 |

또 『개성학교일람(開成學校一覽)』 3책과 『성묘사면전도(聖廟四面全圖)』 1갑을 바쳤다. 책은 언문으로 되어 있었고 그림은 서양 사진이었다. 수레를 돌리려 할 즈음 교장이 굳이 여자사범학교를 구경하라고 요구하였다. 타국 남자가 여자 학교에 가까이 하는 것은 안 된다고 누차 사양하였다. 교장이 말하였다.

"우리나라 사환가의 부녀가 모두 여기에 입학합니다만 각 나라의 사신 가운데 구경하지 않은 자가 없으니 관례로 여깁니다. 굳이 이렇게 사양할 필요가 없습니다."

서너 번 간절히 청하여 마침내 부득이하게 들어가니, 뻥 뚫려 있는 긴 집 가운데에 여사 1인이 혼자 동쪽 의자에 앉아있고, 여생도 수백 명이 반듯반듯하게 책상을 줄지어 놓고 남쪽과 북쪽으로 나뉘어 앉아 있었다. 여사가 말을 한 번 하면 읽는 사람은 일제히 읽고 쓰는 사람은 썼다. 획일적으로 비교하여 나이가 많고 적음을 따지 않았다. 매달 평가하고 매일 시험하여 재예가 뛰어난 대로 자리의 상하 차례를 정한다고 한다. 보쿠센(墨泉) 여사가 주련(柱聯) 한 쌍을 바쳤는데, 필법이 지극히 뛰어났다. 고아이(耕靄) 여사가 화본(畫本) 한 쌍을 바쳤는데,【하나는 산수화이고 하나는 매화이다.】 그림의 격조가 역시 빼어났다. 또 돌아서 어떤 곳으로 갔다. 남자 훈도 1인이 책상에 걸터앉아 있는데 나이가 50여 세 되었고 수염과 머리카락이 희었다. 입으로 가르치면 여러 소녀 생도들이 일제히 기립하였다. 다시 한 번 소리치면 일제히 절을 하였다. 또 한 번 소리치면 일제히 좌정하였다. 읽고 쓰는 것이 모두 법도대로였다. 벽에 세계전도를 걸어놓았고 상 위에는 지구본을 놓아두었다. 한 여사가 한 번 소리치면 여생도들이 모두 긴 첨대로 아무 나라의 아무 지역을 가리켰는데 털끝만큼도 차이가 없었다. 천문의(天文儀) 역시 이와 같았다. 연습하는 규범이 다 과정에 부합하였으나 성인의 가르침을 쓸모없는 것이 되었다. 가장 한스러운 것은 건물에는 후학의 종향(從享)을 올리지 않고 학교에는 앞선 성인이 남긴 경전을 읽지 않는 것이다. 저물녘이 닥쳐 관소로 돌아왔다.

○ 오쿠 규코(奧九皐)에 준 시는 다음과 같다.

하늘이 같은 시대 나게 했으니　　天旣生幷世
같은 지역 안에 어찌 있지 않으랴　　盍居一域中
좋은 때 문장과 술 함께한 자리　　良辰文酒席
담소는 영원히 함께 하리라　　談笑永相同

또 한 수는 다음과 같다.

가마득히 운수[94]는 저 멀리 있고　　蒼蒼雲樹遠
막막하게 바다 돛을 펼치는 구나　　渺渺海帆開
기러기는 가을되면 응당 오리니　　賓雁秋應到
혹시라도 편지를 부쳐 오려나　　尺書倘寄來

규코가 화답한 시는 다음과 같다.

---

94 운수 : 雲樹. 벗을 그리워하는 마음을 가리킨다. 두보(杜甫)의 「춘일억이백(春日憶李白)」의 "위수 북쪽엔 봄 나무, 강동 해질 때 구름.[渭北春天樹 江東日暮雲]"에서 전고한다.

금란지교 열흘 남짓 오래됐으나 蘭契旬餘久
필담으로 얘기를 다 못 하였네 未殫筆話中
돌아갈 기일을 서둘지 마오 歸期休草草
어느 날 다시 함께 할 수 있겠소 何日更相同

또 한 수는 다음과 같다.

그대 사는 거처는 어느 곳인가 君家何處是
내 사는 곳 아사히 거리에 있네 吾住旭街中
천 리 멀리 비록 다른 나라 살지만 千里雖殊域
편지는 자주 서로 보낼 수 있소 音書數相同

또 한 수는 다음과 같다.

오랜 세월 굽이굽이 어그러진 길 多年蟠錯路
하루아침 활짝 탁 트이게 됐네 一朝豁然開
수호는 지금부터 계속될 테니 修好從今後
자주자주 서로들 오가게 되리 頻頻互往來

○ 소 태수가 찰밥 2궤와 청주 1항아리를 행중 한 끼에 지공했다.

**24일.** 갑인. 갬.

26일 전별연을 출발에 임박해서 행하면 바쁠 것이기 때문에, 오늘 진행한다고 하였다. 그러므로 정사 이하가 모두 모임에 갔다. 가는 길에 원로원(元老院)에 들어갔다. 여기는 친왕(親王)이 장관이고 그 아래 경과 승이 매번 모여 정사를 의논하는 곳이다. 그러므로 의장, 부의장, 의관의 직임이 있다. 외문 안에 서민이 모여 의논하는 곳이 있고, 그 안에 또 낮은 관료가 어려운 일을 의논하는 곳이 있고, 그 안에 또 경과 승이 의논하여 정하는 곳이 있고, 또 그 안에 장관이 의결하는 곳이 있다. 그래서 조정과 재야의 의견을 취합하여 국정에 도움이 되게 하고 국방의 계획에 참여하여 돕게 하는 것이다.

좌정하자 차와 떡을 내왔다. 또 본원 전후 지도 2편(片)을 바쳤다. 잠시 후 다시 몸을 일으켜 엔료칸으로 갔다. 대정대신(大政大臣) 이하로 우리나라 국사에 관련이 있는 자들이 모두 모였다. 오직 미야모토 오카즈 및 모리 아리노리만이 마침 일이 있어서 참석하지 않았다. 잠시 후 술을 내오고 음악을 연주하였다. 배우가 가면을 쓰고 춤을 추었다. 술과 음식을 푸짐하게 차리고 대를 쌓았으니, 영접했던 잔치들과 비교하여 그릇은 줄었으나 음식은 사치스러웠다. 포시 후에 관소로 돌아왔다. 남은 잔치 음식은 하나하나 싸서 보냈으니 아마도 전례를 따른 것 같았다. 일이 있어 직접 가지 못하고 다만 들은 것을 기록한다.

**25일.** 을묘. 갬.

미야모토 대승이 통역관을 시켜 일전에 말을 전하기를, 이날 함께 만나자고 하였다. 마침 일본 공주의 장례일이기 때문에 공사로 겨를이 없어 접견하지 못하였다. 그러나 사신의 일이 있기 전이라 예의상 사례하지 않을 수 없었으므로 다음과 같이 편지를 보냈다.

"오랫동안 우레와 같이 높은 명망을 우러러왔습니다. 가까운 곳에 와 있으면서 미처 말씀을 받들지 못하니 한스럽기 그지없습니다. 무슨 행운인지 이전의 기약이 그대로 남아있어, 말씀하신 대로 따를 생각으로 오늘 아침 댁으로 달려갔습니다. 마침 공사를 처리하느라 바빠서 응접할 겨를이 없다고 하였습니다. 그래서 우선 명함 드려서 예를 줄이니 가슴이 더욱 갑갑해집니다. 듣자니 자제분께서 모습이 명수(明秀)하시고 공부가 근독(謹篤)하시다니, 아끼는 제 마음을 어찌 멀리 있다고 모른 체하겠습니까? 변변찮은 물건으로 대략 마음을 표시하고자 하니 살펴보고 수령하셔서 제 마음을 저버리지 않으셨으면 하는데 어떠신지요? 떠날 날이 곧바로 다가옵니다만 직접 만나 절할 시간은 막혀 있습니다. 바라옵건대 몸이 이처럼 온갖 복을 누리시고 이어서 사행 뱃길이 순조롭고 두루 평안하십시오. 이만 줄이오니 제 마음을 헤아려 주십시오."

○ 가나가와 현령 노무라 야스시(野村靖),[95] 의관 구로다 기요타카(黑田淸隆)[96]가 어제 와서 연회에 참석하였다. 그러므로 남은 토산물을 예

---

95 노무라 야스시(野村靖) : 1842~1909. 자는 시쿄(子共). 호는 요쿠안(欲庵)·고무안슈(香夢庵主). 나가토(長門) 하기번(萩藩) 번사(藩士)였으며 이리에 구이치(入江九一)의 남동생이다. 1871년 궁내권대승(宮內權大丞)으로 메이지정부에 출사하여, 이와쿠라 사절단(岩倉使節團)에 참여하였다. 1876년 이후 가나가와권령(神內川權令), 가나가와현령(神內川縣令)에 취임하였고, 1894년 내무대신(內務大臣), 1896년 체신대신(遞信大臣)을 역임하였다.

96 구로다 기요타카(黑田淸隆) : 1840~1900. 사쓰마(薩摩) 출신의 하급무사이며, 사쓰마와 조슈 간의 동맹(薩長同盟) 설립에 힘썼고, 보신전쟁(戊辰戰爭)에 참여하였다. 메이지유신 이후 1874년 참의(參議) 겸 개척장관(開拓長官)이 되었다. 1876년 부변리대신(副辨理大臣) 이노우에 가오루(井上馨)와 함께 내한하여 운요호(雲揚號) 사건에 대한 책임을 추궁하였으며, 특명전권변리대신(特命全權辨理大臣)으로서 전권대관(全權大官) 신헌(申櫶)과 협상을 벌여 조일수호조규를 체결하였다. 1887년 제1차 이토 히로부미(伊藤博文) 내각에서 농상무대신(農商務大臣)이 되었으며, 1888년에는 제2대 총리대신이 되었으나, 불평등조약의 개정에 실패하여 1889년 퇴임하였다. 재임 중에는 대일본제국헌법(大日本帝國憲法)이 발포되었다. 이후 제2차 이토 히로부미 내각에서 체신대신(遞信大臣)이 되

를 표하는 데 딸려 보냈다.

○ 포시 후에 외무성에서 광대 동자 3인을 보내 심심함을 덜어주게 하였다. 세 동자는 머리에 계모관(鷄毛冠)을 쓰고 얼굴에 붉은 보자기를 썼다. 한 동자는 나이가 15, 6세 정도 되었는데, 서서 허리에 맨 장고를 두들기며 큰 소리로 노래를 불렀다. 두 동자는 나이가 겨우 11, 2세 되었는데, 여러 차례 몸을 뒤집어 뛰어오르니 마치 우리나라 광대 모습 같았다. 조금 있다가 등을 휘어 배로 버티면서 몸을 뒤집고 머리를 거꾸로 하여 정강이 사이로 내밀었다. 짐짓 아무 일 없는 듯 두 다리와 두 손으로 우뚝하게 발돋움하게 서서 네 다리 모양을 만들었다. 그리고 한 동자가 가볍게 배 아래로 올라가 서서 손발로 춤을 추는데 마치 평지 위에 있는 듯하였다. 그들이 비록 기예를 자랑하나 보는 자들은 우스워하였다. 나머지는 모두 연경(燕京 : 중국 북경)의 광대들을 흉내 낸 부류였다. 물러가도록 명하였다.

○『일본명산도회(日本名山圖繪)』 3책, 『뇌양산양유고(賴襄山陽遺稿)』 3책, 『양위성암집(梁緯星岩集)』 11책, 『박물신편(博物新編)』 1책, 『향항신문(香港新聞)』을 예전에 미야모토가 보내와 심심풀이로 읽으라고 하였다. 그러므로 대략 앞에서 뒤까지 훑어보았고, 이제서야 수량을 살펴서 다 돌려주었다.

○ 오늘 저녁부터 내일모레 떠날 때까지 다 일본인이 지공한다. 영송하는 시작부터 끝까지 정성스러운 접대를 보이려는 것이다. 음식은 전례에 따라 한다. 그리고 사행이 관소에 도착한 후 상하를 따지지 않고 병이 있어서 치료를 하면 들어가는 약물을 모두 정부에서 계산하여 보

---

었으며, 1895년에는 추밀원의장(長樞密院議長)에 취임하였다.

급하였다. 우리가 보상하고자 하였으나 강경하게 응하지 않았다.

**26일.** 병진. 갬.

어제 서한을 보내고 또 미야모토 대승이 때때로 백추지(白硾紙) 5속(束), 진현(眞玄) 5홀(笏), 색접선(色摺扇) 5병(柄), 과자 1봉【호도(胡桃)와 실백자(實栢子)이다.】을 보내왔다. 오늘 아침 심부름꾼을 시켜서 대신 감사하고 한난침(寒暝針) 1기(機), □□ 1호(壺)를 보냈다.

○ 오후에 회답서계 및 회례단(回禮單)이 왔다.

외무경 데라지마 무네노리 회례단 목록.

1. 마키에 주바코(蒔繪重箱 : 음식을 담는 옻칠기) 2조(組).

1. 백려(白絽 : 흰 명주) 1필.

1. 가죽 문갑 2개.

1. 부채 1거(筥).

1. 자기 잔[磁盃] 2거(筥).

외무대보 사에시마 나오노부 목록.

1. 은장대도(銀裝太刀) 1진(振).

1. 벼루 2면(面).

1. 묵 20정(挺).

1. 붓 25쌍.

1. 연통 3관(管).

1. 『좌전집석(左傳輯釋)』 1질(帙).

1. 『영환지략(瀛環志略)』 1질.

1. 『박물신편』 2질.

1. 『만국공법』 2질.

외무대승 미야모토 오카즈 목록.

1. 태평지(泰平紙) 벽지 60매.

1. 『일본학교훈몽도(日本學校訓蒙圖)』 1전(揃).

1. 작은 상자 2부(附).

1. 반다완(飯茶碗) 15개.

1. 묵련다완(墨蓮茶碗) 5개.

1. 사기 접시 2개.

1. 일본도 □ 구(口).

1. 『좌전교본(左傳校本)』 1부(部).

1. 『졸당문화(拙堂文話)』 1부.

1. 황축(黃縮) 1반(反)

백면축(白綿縮) 2반.

외무권대승 모리야마 시게루 목록.

1. 백축면(白縮緬) 1권.

1. 명도(銘刀) 1구.

1. 현경(懸鏡) 1면.

1. 벼루 1면.

1. 연초대(烟草帒) 2개.

1. 연죽(烟竹) 5상(箱).

1. 주향(炷香) 5개.

쓰시마 옛 도주 소 시게마사 목록.

1. 묘금안구(描金鞍具) 1부.

1. 『논어징집람(論語徵集覽)』 1부.

1. 비려(緋絽 : 붉은 비단) 1필.

1. 상아손잡이 부채 2악(握).

1. 문지(紋紙) 3백 장.

권소승 후루사와 가게히로 목록.

1. 『언지사록(言志四錄)』 1질.

1. 『고문효경(古文孝經)』 1질.

1. 『내외일람(內外一覽)』 1질.

1. 문지(紋紙) 2색 5백 매.

1. 소도(小刀) 각 색 10정(挺).

1. 큰 붓 1쌍.

1. 동금회(東錦繪) 1함(函).

1. 일산 3병(柄).

1. 우산 3병.

1. 가죽 제낭(提囊) 1개.

예조판서 회서계(回書契) 한문 번역.【언문[일본어] 1본이 더 있다.】

이에 회답합니다. 귀국 병자년 6월 공문을 받았습니다. 귀국이 지금 예조참의 김 씨를 수신사로 삼아 우리나라에 파견하여 옛 우호를 이어서 닦고 겸해서 앞서 우리 특명전권변리대신(特命全權辨理大臣)이 귀국에 갔던 것에 회답하는 등의 사항을 모두 잘 알았습니다. 양국의 우호는 이미 오래되었으나, 하루아침에 멀어져 정의(情誼)가 점점 소원해졌습니다. 지금 귀국이 수신사를 파견하여 우리나라에 왔습니다. 수신사 역시 정중하게 사명을 진술하였고 알선이 주도면밀하여, 마음을 터놓고 기쁨을 교환하였으니, 양국의 기쁨과 행운이 막대합니다. 우리 황제 폐하가 가상히 여겨 특지를 내려 접견하였으니, 예우가 특별히 깊었습니다. 수신사가 복명하는 날 합하께서 이 일을 아뢴다면 반드시 기뻐하리라 저는 믿어 의심치 않습니다. 이에 귀국의 태평을 축하하고 아울러 합하의 복을 기원합니다. 삼가 아룁니다.

대일본국. 메이지 9년 6월 17일. 외무경 데라시마 무네노리. 인.

대조선국 예조판서 김상현 합하.

1. 마키에고추(蒔繪行廚 : 칠기 도시락)
1. 도기화병(陶器花瓶) 1쌍.
1. 색사(色紗) 5권.
1. 색초(色綃) 15필.
1. 해금초(海金綃) 5필.
1. 연관(烟管) 3쌍.
1. 연초대(烟草袋) 3개.
1. 사진첩(寫眞帖) 2책.
1. 『일본동경전도(日本東京全圖)』.
1. 『강화성지전도(江華城池全圖)』.

변변치 않은 토산물을 웃으며 받아주십시오.

년 월 일 외무경 성명.

예조참판 한문번역【언문 1본이 더 있다.】

이에 회답합니다. 귀국 병자년 4월 공문을 받았습니다. 귀국과 우리나라는 작은 배로 건널 수 있을 정도로 가깝고 외교가 옛날부터 있었습니다. 세월이 오래 되자 사신이 단절되어 60여 년이 지나니, 두 나라의 정의(情誼)가 점점 괴리되었습니다. 올해 우리 변리대신이 앞서 귀국에 가서 거듭 옛 외교를 닦고 새로운 맹약을 세웠습니다. 귀국 역시 빨리 수신사를 파견하여 감사의 뜻을 전하였습니다. 우리 정부가 어떻게 접대했는지 지금 감히 군말을 붙이지 않겠습니다. 평소 경모하던 마음이 이번에 촉발되어 우리의 분수에서 다 하였다는 것을 귀국 수신사도 알고 있는 바입니다. 두 나라의 교제가 이로부터 더욱 친밀해질 것이 기대되니 양국 백성의 행복이 이보다 더 클 수 없을 것입니다. 수신사 출발에 닥쳐 귀하의 뜻에 응할 뿐입니다. 삼가 아룁니다.

년 월 일. 외무대승 미야모토 오카즈. 인.

외무권대승 모리야마 시게로. 인.

대조선국 예조참의 이인명 합하.

1. 마키에고추 1개.

1. 도기 화병 1쌍.

1. 색견 7필.

1. 해기견(海氣絹) 3필.

1. 연관 3쌍.

1. 연초대 3개.

변변치 않은 토산물을 웃으며 받아주시기를 바랍니다.

년 월 일. 직. 성명.

대정부에서 따로 보내온 회례품 목록.

1. 칼 1구.【환도(環刀)로 칠을 하지 않음.】

1. 칠기 6개. 벼루갑과 층층 상자.

1. 사쓰마(薩摩)산 도기 화병.【채색 꽃무늬에 몇 자짜리이다.】

1. 부채 5악.【2악은 상아, 1악은 나무 테두리, 2악은 대나무 테두리이다.】

1. 적지면(赤地錦) 1권.【큰 무늬에 두꺼운 직물이다.】

1. 홍백려(紅白絽) 2필.【두껍고 두 겹이다.】

1. 가이(甲斐)산 색초(色綃) 12필.【색색별로 엷고 질다.】

1. 에치고(越後)산 백면포(白綿布) 12단(端).【저사(苧絲)와 같다.】

1. 에치고산 생축포(生縮布) 12단.【옅은 흑색이다.】

1. 나라(奈良)산 백폭마포(白曝麻布) 15필.【백련저포(白練苧布)와 같다.】

수신사가 정부에 증정한 회례 목록.

1. 말안장 1령(領).【금장식이다.】

1. 도기 향로 1쌍.

1. 정호직(精好織) 2권.【띠이고 넓다.】

1. 연관 1쌍.【백동이다.】

1. 연초갑 2개.

1. 부채 1병.【상아 장식이다.】

구로다(黑田) 장관의 회사 목록.

화병 1쌍.

연초 7상(箱)

○ 일전에 주신 것이 백저포 5필, 백목면 10필, 백면지(白綿紙) 10권, 색접선(色摺扇) 30병, 진현(眞玄) 3동, 백청(白淸) 1두(斗)였으나 제가 보답하는 예가 매우 소략합니다.

별견당상 가선대부에게 상으로 준 예단 목록.

1. 도(刀) 1구.

1. 축면(縮緬) 1필.

1. 연관 1쌍.

1. 연초대 2개.

1. 부채 1쌍.

별관당상 가의대부에게 상으로 준 예단 목록.

위와 같음.

두 상판사에게 각기 준 예물 목록

1. 연관 1쌍.

1. 연초대 2개.

1. 부채 2쌍.

서기, 화원, 군관, 반당 예물 목록. 각기.

1. 연관 1쌍.

1. 연초대 2개.

1. 부채 한 쌍.

향서기, 예단직 4명. 각기

연관 1개.

1. 연초대 2개.

○ 사노자, 통사 6명. 각기.

연관 1개.

1. 연초대 1개.

△ 통인 이하 흡창, 군노, 악공 등 45명. 각기.

연초대 1개.

1. 부채 3본(本)

○ 가마군 10명. 각기

연초대 1개.

부채 2병.

외무성에서 전별할 때 경과 승이 모두 정사에게 말하였다

"이번에 고베항에 가면 석탄을 가득 실어서 왕래하는 용도로 삼지 않을 수 없으니 이틀 동안 머물러야 합니다. 바라건대 오사카성(大阪城)을 관람하고 가시는 것이 좋을 것입니다. 거리가 멀지 않고 또 한가한 틈이 있으니 헛되이 보내지 마십시오."

정사가 말하였다.

"사신이 나서면 떠날 기일이 촉박하니 유람하기 어렵습니다."

"이곳은 이전 귀국의 사신들이 왕래하던 곳입니다. 하필 어렵게 여기십니까? 이미 폐하의 지시가 있어 해당 부에 지휘하여 접대하도록 하였습니다."

정사가 말하였다.

"만약 고베항에 도착해 하루를 넘겨 지체하고 몸이 또 피곤하지 않으면 천천히 다시 생각하여 도모하겠습니다."

관소에 돌아온 후 외무경이 서간 1통을 보냈다. 한문 번역은 다음과 같다.

"이에 아룁니다. 귀하께서 돌아가는 길에 탈 배인 고류마루(黃龍丸)가 요코하마를 출발하여 고베항에 도착하면 이틀 밤낮을 정박하여 필요한 석탄 및 여러 도구를 적재할 것입니다. 귀하께서는 그 시산을 그냥 지내지 마시고 잠깐 기차를 타고 오사카 부에 가서 우리나라 조폐료(造幣寮)를 관람하시기 바랍니다. 교린(交隣)에서 중요한 것은 사신의 왕래뿐만이 아닙니다. 두 나라 인민이 앞으로 서로 있는 것과 없는 것을 융통하고 잘하는 것과 못하는 것을 보충하여 자기 나라에 이익이 되게 하려면 화폐가 매개가 되지 않으면 안 됩니다. 그러나 화폐라는 것은 각국마다 형태가 다르고 가치 역시 균등하지 않으니 비교하고 계산하여야 맹약을 체결한 나라에 널리 융통이 됩니다. 그러므로 각 나라의 독립 여부는 화폐의 양호함이 어떤지를 보고 짐작할 수 있습니다. 지금 귀하께서 다행히 오셨으니, 우리나라가 뜻을 기울여 주조하는 화폐를 살펴보고 혹시라도 신뢰하고 인정하는 바가 있었으면 하는 것이 우리나라가 귀국에 크게 바라는 것입니다. 귀하께서 직임을 맡으시게

되면 어찌 응용할 뜻이 없으시겠습니까? 이번 일행이 가는 길에, 오사카부 지방에 미리 알려 장애가 없도록 하였으니, 왕림하시기를 감히 바라옵니다. 가는 길의 편의는 본성[외무성] 호송관원이 협력하여 처리할 것입니다. 삼가 아룁니다. 년 월 일. 외무경."

수신사의 답서는 다음과 같다.

"이에 회답합니다. 아까 면대하여 가르쳐주시고 지금 또 편지로 깨우쳐 주시니 간절하고 정성스러워 우호 면에서 빈틈없이 환합니다. 일본의 풍토를 살피고 풍속을 관찰하고 기계를 익히고 의논을 들어서, 성곽과 산천의 험준함과 평탄함, 정령과 민간문물의 이익과 병폐에 이르기까지 알게 해주지 않은 것이 없었습니다. 감탄스럽기 그지없어 마음에 깊이 새겼으니, 귀국의 후의를 어찌 잊을 수 있겠습니까? 고베에 머무는 동안 오사카를 유람하라고 거듭 말씀하셨으니, 삼가 뜻을 받들어야 마땅합니다. 그러나 한스럽게도 우리나라 규범에 제한이 있어 감히 어길 수가 없습니다. 나중에 귀국 사신이 우리나라에 오셔도 모든 일이 제대로 갖추어 있지 못하여 오늘 귀국이 우리나라 사람을 대하는 것처럼 빈틈없이 친절하게 할 수 없을 것입니다. 비록 바다 같은 마음으로 양해하셔서 가는 곳마다 편의를 보아주신다 하더라도 어찌 미리 불안한 마음이 없겠습니까? 이에 감히 말씀드립니다. 부디 보중하시고 편안하시길 바랍니다. 삼가 아룁니다. 년 월 일. 수신사."

이날 일행의 옷 상자 및 주방 집물을 먼저 다 요코하마에 보내기로 하였다. 아울러 외무성이 담당하여 모두 차와 배로 옮겨서 기선에 두었다.

○ 저녁 후, 정사가 외무성에 가서 귀국을 알렸다. 외무경 이하가 인

도하여 정성스럽게 접대하였다. 손수 천황의 별예단 전달을 마치자, 경이 상세하게 말하였다.

"귀국의 수신사행이 은근하고 정중하여 매우 감탄하였습니다. 우리 조정의 깊은 뜻이 어디 있는 지 공께서는 이해하시겠습니까?"

정사가 말하였다.

"귀 조정의 성대한 뜻을 거의 헤아릴 만 합니다."

외무경이 말하였다.

"하나의 강국이 스스로 서는 것이 두 약국이 서로 의지하는 것만 못합니다. 지금 우리나라와 귀국은 작은 배로도 건널 수 있으니, 순망치한의 사이라 할 수 있습니다. 만약 아프고 가려운 곳을 서로 관여하고, 있는 것과 없는 것을 서로 빌리고, 우환과 기쁨, 슬픔을 함께하기로 맹세한다면 구제할 수 있을 것입니다. 귀하께서 조정에 돌아간 후, 자주 조정에서 온갖 일을 고하고 조금이라도 지체함이 없도록 하고 만세 길이 좋게 지내게 한다면 어찌 훌륭하지 않겠습니까?"

정사가 말하였다.

"성대한 뜻이 여기에 이르니 매우 감동스럽습니다. 마땅히 경계하신대로 돌아가 우리 조정에 아뢰겠습니다. 다만 우리나라는 삼가 졸박과 검약을 지키고 외교를 통하지 않습니다. 그래서 모든 일이 박실(樸實)하여 남을 위해 힘을 낼만한 기묘한 기예가 없으니, 만일 한 푼이라도 귀국에 도움이 될 것이 없고 한갓 귀국에게 우리나라를 도와주기를 바란다면 어찌 몹시 부끄럽지 않겠습니까?"

외무경이 웃으면서 말하였다.

"어찌 그렇겠습니까? 이것은 모두 공의 지나친 겸손입니다."

드디어 몇 마디 고별의 말을 하고 일어나 밖에 있는 쉬는 곳에 이르니, 대승과 권대승이 뒤따라 와서 이별을 고하였다. 미야모토가 말하였다.

“내가 우선 사명을 받들고 귀국에 갈 것입니다. 모든 일의 주선과 비호는 오로지 공을 믿겠습니다.”

정사가 말하였다.

“공께서 우리나라 사람이 있는 곳에 오시니 매우 다행입니다. 저라는 사람은 마침 사람이 없어서 이번 사행을 하였으니 옛사람이 이른바 ‘나 같은 자는 수레에 싣고 말로 잴 수 있을 정도로 셀 수가 없이 많다’라는 것입니다. 지위는 낮고 말은 가벼워 우리 조정에서 훌륭한 일을 하기에 부족하니, 어찌 주선하는 때에 보탬이 있겠습니까? 다만 공의 아량과 높은 취향이 모든 일을 주선하는 데 분명히 처음부터 끝까지 좋게 할 수 있을 것이니 이것이 구구한 바람입니다.”

드디어 이별하고 돌아왔다.

○ 회례단 물종(物種)은 외무성에서 공장이를 보내와 상자를 만들고 풀로 빈 공간을 채워서 운반했다.

**26일.** 정사. 갬.

일찍 일어나 여행 짐을 정리하고 사시(巳時 : 오전 9시에서 11시)에 출발했다. 마차와 인력거가 밖에서 기다리고 있었다. 천천히 10리 가서 신바시(新橋)의 철도료(鐵道寮)에 도착해, 누각에 올라가 잠시 쉬었다. 기병 9쌍과 전어관이 파하여 돌아가고 화륜차가 이미 기다리고 있었다. 반 시각 정도 걸려 90리 가서 철도관(鐵道關)에 도착했다. 차에서 내려 누각에 올라 차를 마시며 쉬었다. 철도관 밖에서 인력거를 타고 5, 6리 가서 회의사(會議社)에 들어갔다. 먼저 다과를 내오고 이어서 온면(溫麪)을 내왔다. 휴식하는 사이 높은 누각에 올라갔다. 아래에서 위까지 나선형의 계단을 돌아서 올라간 후 짧은 사다리 3층을 지나 가장 높은 곳에 도착했다. 대략 수백 자 되는 것 같았다. 가운데 두 개의 종을 동서로 나누어 걸어놓았다. 두 개의 관을 뚫어서 늘어뜨려서 중층에 이르게 하였고 각기 기계를 설치해 시간에 따라 저절로 타종하게 하였다. 가장 위 뾰족하게 높은 곳은 밖에 높은 난간을 설치하였는데, 한 사람이 발을 들일 수 있을 정도였다. 서서 남쪽을 보니 요코하마 대해가 하늘과 이어져 있었고, 포구에는 많은 가옥이 비늘처럼 빽빽하게 땅을 덮고 있었다. 각국의 관사에는 깃발이 세워져 있었다. 미국은 청색 바탕에 흰색 사선으로 그은 가운데 붉은 색으로 재봉하여 '미(米)' 자 모양을 만들었다. 영국은 위에 청색과 홍색의 네모난 무늬가 교차하고 그 3분의 2는 옆으로 청색과 홍색이 이어져 있었다. 긴 명주 사이에 횃대를 세워 면의 끝을 매어서 바람에 날리게 하고 이것으로 다리로 삼았다. 프랑스는 홍백 두 색을 사이에 이어붙인 것이다. 시장이 번성하고 화려하였으며, 선박이 빽빽하게 정박하였으니, 도쿄의 물화가 모두 이곳을 통해 들어가 모인다고 한다. 잠시 있다가 작은 차를 타고 항구가로 가서 작은 배를 타고 큰 선박으로 올라갔다. 후루자와 소승, 오쿠 서기가 모두 정부의 지휘에 따라 요코스카(橫須賀)까지 70리를 배웅하고 선박이 튼튼한지 아닌지 점검한 후에 사신을 멀리 전별한다고 하였다. 정사가 여러 번 사양하였으나 끝내 돌아가지 않고 함께 배에 올랐다. 포시쯤 배가 이미 요코스카 항구에 정박하였다. 돌아 흐르는 포구가 삼면에 열려 있었고, 해안가에는 해군제작료(海軍制作寮)가 있었는데, 기선의 제조는 모두 이곳에서 이루어진다. 이밖에 매다는 긴 갈고리와 땅을 파는 둥근 통이 곳곳에 있음을 헤아릴 수 있었다.

○ 신시 후 비가 내렸다. 후루자와 및 오쿠 생이 모두 하륙하여 떠났다. 해군성 관원이 정사에게 뵙기를 청하여 군기의 제작을 보이려 하였으나, 병이 있다고 사양하고 만나지 않았다.

**28일.** 무오. 밤새 비가 많이 내려 아침까지 개지 않음.

두 관리가 굳이 내려서 구경하라고 청하지 못하였다. 후루자와와 오쿠 생이 비를 무릅쓰고 와서 각각 고별하고 돌아갔다. 정성스러운 뜻과 슬픈 기색이 말 밖으로 넘쳤다. 오쿠 생은 떠나고 나서 다시 절구 1수를 나와 국인(菊人 : 이용숙)에게 부쳤다.

○ 미시에 출선하려 할 때 전어관 생도 4인 및 부속 2인이 하륙해서 돌아오지 않았다. 작은 배를 보내 사방으로 찾았으나 찾지 못하였다. 아마도 주색에 빠져 떠날 기일을 기억하지 못하였던 듯하다. 외무성에서 반드시 크게 처벌할 것이라 하였다. 드디어 비를 뚫고 닻을 올리니 이미 신시였다. 항구를 출발하여 산을 끼고 왼쪽으로 돌아 4, 50리쯤 가니 비가 그치고 바람이 일었다. 곧바로 전진하여 겨우 대양으로 나왔다. 바람은 더욱 맹렬해지고 날은 이미 어둑어둑하였다. 기통에서 휘파람을 연주하고 물속 바퀴는 어지럽게 뿜어댔다. 거대한 파도가 하늘을 뒤덮고 망망하여 끝이 없었다. 배 안의 사람들 가운데 어지러워 쓰러지지 않은 이가 없었다. 유리잔과 그릇, 유리 등과 병에서 상탁과 의자, 상자에 이르기까지 동쪽으로 서쪽으로 뒹굴어 닿는 대로 깨졌다. 판자 위의 쇠줄이 벼락 치는 것처럼 갈리고, 방안의 도기 항아리가 탄환처럼 주위를 굴렀다. 한밤중에 선장과 선원들이 당황하여 질서를 잃고 달려와 알렸다.

"이와 같은 풍파는 예나 제나 드뭅니다. 산에 의지할 수 있는 곳으로 물러나 닻을 내려 멈춰서 기댈 방도를 삼지 않을 수 없습니다."

정사가 말하였다.

"갈지 말지 맡길 테니 위험한 곳을 버리고 안전한 곳에 갈 수 있도록 하는 것이 좋겠소."

이때 나는 아직 정신을 차리고 있어서, 상방(上房 : 정사의 방)에 나아가 술을 마시며 두려움을 눌렀다. 술 몇 잔 마시면서 마음을 안정시키는 말을 두루 얘기하였다. 병방군관은 여전히 씩씩한 자태가 있어서 우뚝하게 상 아래 섰다. 그러나 나머지는 우리 행중뿐 아니라 전어관 및 방위(房慰)들에 이르기까지 모두 기울어진 침상에 고꾸라졌다. 자시를 지나 근처 산을 찾아 잠시 머문다고 하였으므로 물었다.

"요코스카에서 출발하여 곧바로 2백 7십 리를 갔다가 풍파를 만나 한 밤중에 되돌아 온 것이 2백 6십 리입니다. 북쪽으로 요코스카까지 옆길이 30리이고 여기에서 무사시노주(武藏州)의 도쿄까지 불과 1백 2십 리 사이이니, 바로 아와주(安房州)의 북쪽이자 사가미주의 남쪽입니다. 비록 닻을 내리고 머문다 하나, 파도치는 기세와 노호하는 소리가 새벽까지 그치지 않고, 출발하여 이틀 낮과 밤 사이에 겨우 3십 리를 왔으니 사람을 답답하게 만드는 군요."

**29일.** 기미. 아침에 흐리고 저녁에 갬.

주방 소속들이 정신을 수습하지 못하였다. 저녁 무렵 비로소 일인 주방에서 부뚜막을 빌려 대략 밥을 지었다. 그러나 사람들이 구토 기운이 있어 수저를 들지 못했다. 조금 다행하게도 정사와 내가 애써 3분의 1을 먹었다. 사시에 선장이 배를 출발한다고 알렸다. 내가 나가서 물으니, 풍우침(風雨針)이 점점 똑바로 서니 오시에 바람이 잠들고 파도가 평안해질 것이라고 예상했다. 드디어 닻을 뱃전에 올리고 돛을 펼쳐 걸었다. 잠시 후 햇빛이 뚫고 나오고 파도가 사라지기 시작했다. 한 순간에 이즈 경계를 지났다. 큰 섬을 끼고 오른 쪽으로 등대 바위 아래로 갔다. 북쪽으로 바라보니 후지산 정상의 흰 눈이 흐르는 구름 같았고, 서쪽으로 보니 기이주 경계 위 푸른 봉우리가 상투 같았다. 오시에 역풍 때문에 돛을 내리고 전진하여, 밤새 멈추지 않았다.

**30일.** 경신. 개고 약간 역풍이 붊.

일찍 일어나 여정을 물으니, 밤에 도토우미주의 험한 파도를 지나 지금은 당연히 이세 주의 경계 초입일 것이고, 여기에서 고베까지 1천 5백 리 미만일 것이라 하였다. 오후에 바람이 조금 그쳤다. 포시 즈음 기이주의 오시마(大島)에 들어갔다. 암석이 가파르고 높았는데 배가 그 사이로 나왔다. 가랑비가 잠시 내리고 석양빛이 새어나왔다. 입으로 절 구 한 수를 읊었다.

| | |
|---|---|
| 층층 파도 다 지나니 비로소 산이 밝고 | 層濤過盡始明山 |
| 휙휙 가는 봉우리들 눈 깜짝할 사이네 | 倏忽群峰一瞬間 |
| 바위 주변 작은 배에 어부들이 모여서 | 岩邊小艇漁人集 |
| 비 맞으며 바쁘게 그물 걷어 돌아가네 | 帶雨忙忙打網還 |

아스라한 첩첩 언덕이 천 여 리 이어져 있는 것은 모두 기이주 경계였다. 밤이 깊어 비로소 잠자리에 들었다. 배는 멈추지 않고 갔다.

**윤5월 1일.** 신유. 아침에 비 오고 저녁에 흐림.

일찍 갑판 위에서 망하례를 행하였다. 이날 진시 초에 배가 고베항에 정박했는데 부슬비가 그치지 않았다. 이 땅 서쪽은 효고, 동쪽은 고베인데, 모두 현령이 관할하여 다스린다. 효고 현령 간다 다카히라가 사람을 보내 역관에게 말을 전하여 사행이 하륙하도록 요청하였으니, 외무성 지휘 때문에 오사카 성의 조폐료를 관광시키려는 것이었다. 정사가 입 안의 열종(熱腫) 때문에 억지로 일어날 수 없었다. 저녁 무렵 삼액주(杉液酒) 1통과 안주 1합을 행중의 제원에게 보냈다. 술과 찬합을 중관과 하관에게도 나누어 대접하여, 세 그릇, 다섯 그릇씩 균등히 먹였다.

○ 고베항에 정박하여 마음대로 읊다[舟泊神戶港放吟]

펄럭펄럭 구름 휘장 불어오는 바람이　　獵獵雲幔揲揲風
아득한 천지에 좁은 항구 향해가네　　蒼茫天地指彈中
노를 처음 멈추니 아침해 떠오르고　　玄櫂初停朝日上
뱃노래 다 그치니 강이 온통 붉구나　　舟人唱罷滿江紅

○ 화륜을 돌리는 데 가장 주로 쓰이는 원료는 석탄이다. 에도에서부터 싣고 온 것이 넉넉하지 않으므로, 외무성 공문에 따라 효고 현 소재 석탄을 나룻배로 운반하여 기선에 옮겨 실었다. 작은 것은 주먹 크기만 하였고 큰 것은 다듬잇돌 만하였고, 몇 백 석쯤 되었다. 이곳에서 부산까지 돌아가는 데 쓸 거리였다. ○ 신시 후에 외무성에서 전신(電信)이 왔는데, "남양(南陽), 인천(仁川), 강화(江華) 위 세 항 중 가까운 지방에

의거하여 경성까지 가는 길을 정하고 훈도에게 곧바로 알려달라는 일입니다. 년 월 일. 미야모토 대승이 전보로 알립니다."라고 하였다. 이사관이 나올 때 노정을 미리 전달하려는 것이었다.

**2일.** 무오. 갬.

아침 식사 후 정사가 6명의 수행원을 이끌고 노부(鹵簿 : 의장대)를 대강 갖추어서 고베항에 내려, 회사루로 올라갔다. 신시에 돌아와 함선에 올랐다. 점심 식사는 본현[효고현]에서 준비하였으니 닻을 내리고 새벽을 기다렸다가 출발하려 했기 때문이다.

**3일.** 계해. 갬.

축시 초, 석탄을 태워 출발하였다. 일찍 갑판에 올랐다. 북쪽은 비젠(備前 : 현 오카야마현(岡山縣) 동남부 지역)이고 남쪽은 사누키(讚岐 : 현 가가와현(香川縣) 지역)인데, 산세가 하늘하늘하고 마을이 고요하고 깊숙하였다. 어선과 상선이 안개 핀 파도 위에 이어져 있고, 밭이랑의 곡식은 구름 낀 숲 사이로 비늘처럼 섞여 있었으니, 세속을 초월해 뜻을 즐기며 살 만한 땅 같았다. 해안은 긴 모래섬을 끼고 있었다. 순풍에 돛을 다니, 비로소 위험한 곳을 지나 언덕을 따라 평안한 곳을 얻었음을 깨달았다. 빈고 주(備後州 : 현 히로시마현(廣島縣) 동부 지역)를 지나니 바다 풍경이 점점 커지고 해는 기울고 배는 더욱 빨라졌다.

**4일.** 갑자. 갬.

묘시 초, 배가 아카마가세키에 정박하였다. 조반 후 정사 이하가 나룻배를 타고 에이후쿠지(永福寺)에 나가 잠시 쉬었다. 차와 면을 대접

받았다. 오후에 돌아와 함선에 탔고, 잠시 후 출발하였다. 내일 아침이면 부산에 닿을 수 있기 때문이었다. ○ 요코스카에서 떠난 후 오쿠 규코가 다음과 같은 시를 부쳐왔다.

삼한으로 떠나는 그대 보내니 送子三韓去
백 리가 멀다고 어찌 꺼리랴 寧憚百里遙
이별하는 이 마음을 알리려는지 欲知離別意
눈물 변해 쓸쓸히 비가 내리네 換淚雨蕭蕭

다음과 같이 편지를 써서 감사하고, 차운하여 보내며 말하였다.

요코스카에서 저녁에 비 내리고 구름 낀 바다는 아득하여, 옛사람이 '장부는 눈물이 없는 것이 아니라 이별할 때에도 흘리지 않는 것이다.' 라고 말한 것과 같았습니다. 만약 이런 정경에 있다면 과연 무슨 말을 해야 할지 모를 것입니다. 이어서 아름다운 문장을 뵈오니 불현듯 제게 위로가 됩니다. 마치 흰 구름을 헤치고 푸른 하늘을 보는 듯하나 이별의 슬픔은 곱절이 되어 제 마음에 닿습니다. 우러러 생각하면, 떠나는 사람이나 머무는 사람이나 일반일 것입니다. 감히 문건대, 돌아가신 후 기거에 만복이 깃드셨는지요? 걱정스러운 제 마음이 얼마나 거슬러 올라갔는지 헤아릴 수 없습니다. 저는 이날 신시에 출발하여 약 수백 리를 갔습니다. 밤이 깊자 바람 때문에 심하게 요동쳤습니다. 배 안의 많은 사람들이 대부분 쓰러져서 깨어나지 못했고, 술병과 찻잔이 동서로 구르고 깨졌습니다. 그 위험과 공포는 뱃사람들도 드물게 본 것이라 하였습니다. 그 가운데 조금 나았던 사람이 정사와 저 뿐이었습니다.

크게 참으며 정신을 차리고, 『중용장구(中庸章句)』를 한 번 낭송하였더니, 갑자기 가슴이 어지럽지 않은 것을 깨달게 되었습니다. 마침내 새벽까지 돌아가서 요코스카 30리 되는 곳에 도착했습니다. 해가 겨우 나오자 파랑이 조금 잔잔해졌습니다. 사시 초에 다시 출발하여 편안하게 아카마가세키에 도착했으나 이른바 '평생 겁운(劫運)을 지나치게 먹어야 평안해진다'는 것이겠지요! 다음날 일찍 부산항에 도착할 테니 부모의 나라가 점점 가까이 보이면 제 마음의 기쁨을 그칠 수 있겠습니까? 삼가 아름다운 운자를 따라 곱절로 시를 지었습니다만, 말이 뜻을 다하지 못하여 도리어 심하게 서글픕니다. 배가 때에 맞춰 바다를 잘 건너 양국을 태평하게 하고 다시 만날 수 있기를 바랍니다. 대략 이렇게 삼가 아룁니다. 조선력 병자년 윤5월 4일. 아무개가 미야모토 대승께 절합니다. 감히 사양하지 못하고 화운하였습니다. 층층 깊은 바다 만 리를 편안히 갈 수 있기를 바랄 뿐입니다.

제1수

| | |
|---|---|
| 나는 가고 그대 와서 이별을 할 때 | 我去君來別 |
| 갈 길이 멀다는 것 모두 잊었네 | 渾忘道路遙 |
| 아득한 요코스카 항구에서는 | 蒼茫橫賀港 |
| 때마침 빗소리 쓸쓸하였네 | 適値雨聲蕭 |

제2수

| | |
|---|---|
| 사귐을 증명할 때 도가 있으니 | 證交元有道 |
| 세상의 등급 어찌 멀다 이르랴 | 世級豈云遙 |

마음 아는 묘함을 인정하려니 欲許知心玅
포숙아와 관중[97] 조참과 소하[98]일세 鮑曺與管蕭

제3수
험한 바람 파도를 겨우 건너니 纔經風濤險
만 리 먼 길 근심하지 않게 되었네 不愁萬里遙
혹시라도 알려나, 봉래 포구에 倘知萊浦上
저녁 되니 나그네 배 쓸쓸하다오 暮入客帆蕭

○ 갈지 말지는 배에 맡겨 두었다. 선장 도리타니 다모쓰는 해양학에 밝았다. 그리고 나가토주(長門州)의 사족(士族)이었다. 오가는 길을 함께 다녀온 정의를 표시하려고 절구 1수를 주다.

구만 리 하늘과 바다를 잘 알아 九萬長空積水明
화륜 때로 움직이니 바람에 돛 가볍네 輪機時轉帆風輕
그대의 묘한 계산 하늘을 꿴 듯하니 知君妙算推天造
천지의 사이를 믿고서 갔다네 六合中間信意行

97 포숙과 관중 : 관포지교(管鮑之交)의 전고가 된 인물이다. 춘추 시대 제(齊)나라 관중(管仲) 젊어서 가난할 때 부유했던 포숙아가 물심양면(物心兩面)으로 도왔으며, 관중을 천거한 후에도 늘 아랫자리에서 일했다.

98 조참과 소하 : 소규조수(蕭規曹隨)의 전고가 된 인물이다. 소하(蕭何)는 한(漢)나라의 고조(高祖) 때 재상을 지낸 인물로, 처음에는 같은 개국공신이었던 조참(曺參)과 사이가 벌어진 상태였으나, 죽을 때 자신의 관직을 대신할 사람으로 조참을 추천하였다. 재상이 된 조참은 소하가 제정한 모든 법규와 제도를 그대로 이어받아 정치를 하였다.

선장이 매우 기뻐하며 감사하러 와서 말하였다.

"명공과 함께 가니 불세의 인연을 맺었습니다. 이후로 공이 그리워도 만나지 못할 테니 시편을 펼쳐 읽으면서 만 리 멀리 떨어진 얼굴을 뵙는 듯 여기겠습니다."

○ 다시 에이후쿠지에 들어가 봇카호시(墨華法師)에게 시 한 수를 써서 주었다.

| | |
|---|---|
| 산은 마치 늘어선 듯 물은 마치 기름인 듯 | 山如參列水如油 |
| 바닷길 버리고 모래섬에 내렸네 | 路舍深洋下別洲 |
| 선가의 인연과 업 중한 줄 알겠으니 | 也識禪家緣業重 |
| 금파루 밖에 다시 배를 멈추었네 | 金波樓外再停舟 |

○ 신시 정각 배를 띄웠다. 바람이 불어 약간 흔들렸다. 해시(亥時 : 오후 9시에서 11시)에 대양에 나서니, 구름이 걷히고 별빛이 새어나왔다. 모진 바람이 바다를 끊어서 배 안의 집기가 남김없이 깨졌다. 방 안의 인원은 어지러워 더욱 심하게 구토하였다. 무릅쓰고 3백여 리를 갔으나 한 치도 전진할 수가 없었다. 선장이 역관을 시켜 정사에게 "가는 길에 배를 우선 물리기를 청합니다."라고 말을 전하였다. 몇 시간 사이 아카마가세키 60리 되는 곳에 돌아와 닻을 내렸다. 흔들거림이 여전히 그치지 않았다. 전어관이 선장의 의견으로 청하여 말하였다.

"이곳에 앞서 요코스카에서 5백6십 리의 뱃길을 낭비하였고 오늘 아카마가세키에서 또 5백5십 리의 뱃길을 낭비하였습니다. 이렇듯 지연되니 매우 미안합니다. 여기에 머물러 끝없이 흔들리는 것보다 바다를 따라 남쪽으로 섬을 의지해 내려가는 것이 좋을 듯하니, 여기에서 쓰시마주까지 8백여 리쯤 되고, 쓰시마섬에서 부산포까지 4백8십 리쯤 됩니다. 비록 우회하지만 곧바로 수종(水宗)을 넘어 가까운 길로 가는 것이 조금 덜 위험합니다.” 마침내 가는 배에 맡겼다.

**5일.** 을축.

역풍이 더욱 심해졌다. 지쿠젠 주(筑前州 : 현 후쿠오카현(福岡縣) 북서부 지역)를 지나 이키 섬을 끼고 오른쪽으로 돌았다. 선창에 기대 바라보니 사람으로 하여금 옷깃을 여미게 하였다. 날이 이미 정오를 지났으나 미처 조반을 들이지 못했다. 미시 정각에 쓰시마 부중 앞의 항구에 도착했다. 비록 닻을 내리고 섰으나 뒤집히고 흔들려 안정되지 않았다. 비로소 큰 탁자를 펼치고 돌아가지 않도록 선반을 설치해 밥을 차렸다. 소갈증이 나고 음식은 차갑고 아울러 입맛을 잃었다. 단잠 자다가 깬 듯 혼미하였고, 누렇게 뜬 얼굴을 서로 위로하였다. 잠시 후 종선(從船 : 딸린 배)을 풀어 내렸다. 죽 늘어선 작은 배를 타고 일제히 하륙하여 이테이안(以酊菴)[99]에 갔다. 이테이안은 우리 선묘(宣廟) 때 겐소(玄蘇)[100]

---

**99** 이테이안(以酊菴) : 덴쇼 8년(1580) 쓰시마의 센고쿠다이묘(戰國大名) 소 요시시게(宗義調)가 게이테쓰겐소(景轍玄蘇)를 초빙하여 조선과의 외교를 담당하게 했고, 임진왜란 때는 도요토미 히데요시의 명령으로 명과의 교섭을 담당했다. 에도막부의 쇠퇴에 따라 게이오(慶応) 2년(1866)에 막부는 쓰시마번에 이테이안윤번제의 폐지를 통고했고, 이듬해 1월 통산 126대째의 옥윤수준(玉潤守俊)이 도후쿠지(東福寺)로 귀환하였다. 에도막부를 대신한 메이지 정부가 쓰시마번으로부터 대조선외교권을 박탈하자메이지 원년(1868)에 폐사(廢寺)되었다.

**100** 겐소(玄蘇) : 1537~1611. 자는 게이테쓰(景轍). 호는 센소(仙巢). 지쿠젠국(筑前國) 무나가타군(宗像郡) 출신. 하카다(博多) 쇼후쿠지(聖福寺) 주지로 재직했으며, 교토 도후쿠지(東福寺)의 주지를 거쳐 1580년에 쓰시마 도주 소 요시시게(宗義調)의 초빙을 받고 쓰시마로 건너가 일본국왕사(日本國王使)로서 조선외교를 담당했다. 1589년 도요토미 히데요시(豊臣秀吉)의 명을 받아 야나기가와 시게노부(柳川調信)와 소 요시토모(宗義智)와

가 거처하던 곳인데 그가 사신으로 왔을 때 정유년 생이었기 때문에 특별히 '이정(以酊)'이라는 호를 하사하였다. 전당(前堂)의 편액은 "연홍실(燕鴻室)"이라고 되어 있으니, 여기가 법사가 거처하던 곳이다. 매년 교체하여 가을에 임기를 마치도록 하였기 때문에 이렇게 이름을 지은 것이다. 후당(後堂)의 모퉁이에 금속여래(金粟如來 : 유마힐)의 불상이 안치되어 있고 탁자 면에 발원패(發願牌)를 세워놓았는데, 금 글자로 "조선국왕만만세(朝鮮國王萬萬歲)"라고 새겨져 있었다. 금 불상 왼편에 목상 하나가 앉아 있으니 바로 겐소의 후신이다. 지금 사원의 모습은 황량하고 몇 명의 승려가 있을 뿐이다.

갑자기 앞을 인도하는 소리가 들렸다. 남녀노소가 거리와 골목을 메우고 있었다. 선문을 들어가 각기 방을 정하고 유숙할 계획이었다. 일행의 지공은 외무성으로부터 입참(立站)한 사람이 내와서 차렸다. 송접관 우라세의 집이 담 너머에 있어, 함께 와서 구경하라고 요청하였다. 술과 음식을 성대히 준비하고 기다리고 있었다. 바다와 뭍에서 나는 재료로 만든 음식들이 수십 그릇이었다. 계집종을 시켜 술을 돌렸다. 잠시 있다가 12세의 여아가 술병을 들고 술을 잘 따랐다. 물으니, 주인의 친족 여아라고 하였다. 얼마 안 있어, 또 한 명의 예쁘고 젊은 낭자

---

함께 조선에 와서 명을 치기 위해 길을 빌려달라는 요청을 하였고, 그 후 임진왜란이 발발하자, 고니시 유키나가(小西行長)와 함께 다시 조선에 왔다. 도쿠가와 막부가 수립된 후, 조선과의 수교를 회복하고자 하였는데, 1604년 조선 조정에서 손문욱(孫文彧) 승장(僧將) 유정(惟政)을 파견하여 조선인 포로 3,500명을 쇄환할 적에 겐소가 조선수문직(朝鮮修文職)에 있었다. 1607년 기유약조(己酉約條) 체결에 공로가 있어 조선 조정으로부터 센스도서(仙巢圖書)를 받았다. 1611년 조선수문직의 역원(役院)으로 이테이안을 개창하였으나 곧 병으로 죽었다. 이테이안에 묘를 안치하였으나 그 후 암자 그대로 세이잔지(西山寺)로 옮겨 현재는 세이잔지에 목상과 함께 안치되어 있다.

가 안에서 나와서 술병 옆에 앉아 영리하게 음식을 돌렸다. 물으니, 주인의 친딸이라 하였다. 나이는 올해 17세로, 아직 출가하지 않았다. 구경도 하고 또 높은 손님을 접대하는 데 예를 다하기 위해서라고 하였다. 행중의 사람들도 와서 모여, 순서대로 술을 따랐다. 끝나고 숙소로 돌아갔다. 밤에 편히 잘 수가 없었다. 북풍의 기세가 아침이 되도록 꺾이지 않았다. 선장이 와서 애걸하기를, 파도의 형편을 천천히 관찰하여 움직이자고 하였다. 전어관의 태반이 이 섬 사람이기 때문에 역시 내일 새벽에 출발하기를 권하였다.

**6일.** 병인. 아침에 바람이 불고 저녁에 갬.

식사 후 함선에 오르려 하는데, 옛 도주 소 요시요리(宗義和),[101] 즉 전 태수 시게마사의 아버지인데, 역관을 보내 간절하게 말하였다.

“저는 대대로 이 섬을 지켜왔으니, 삼가 귀국 교린의 일을 받든 지 이제 3백 년입니다. 육십 전 외교가 막힌 이래로 신사가 오랫동안 끊긴 것을 항상 탄식하여 왔습니다. 뜻밖에 사신의 배가 홀연 누추한 땅에 오시니, 건너기 험한 풍파에 대한 놀라움과 걱정을 비록 이길 수 없으나 어찌 하늘이 편의를 봐준 것이 아님을 알겠습니까? 엎드려 바라옵건대, 특별히 광림하여주시어, 폐인에게 집안을 영광스럽게 할 수 있도록 해주신다면, 어찌 크게 다행스럽고 크게 감동스럽지 않겠습니까?”

---

**101** 소 요시요리(宗義和) : 1818~1890. 쓰시마번의 15대 번주. 1842년 형 요시아야(義章)의 사망으로, 직위를 계승하였다. 10월에 종4위하(從四位下)·시종(侍從)·대마수(對馬守)에 서임, 임관되었다. 폐번치현(廢藩置縣) 이후에는 고모다하마 신사(小茂田濱神社) 궁사(宮司), 가이진신사(海神神社) 궁사(宮司), 나가사키 皇전구구분소(長崎皇典購究分所) 감독 등을 역임했다.

정사 이하가 부득이하여 가는 길에 그의 저택을 방문하였다. 비록 풍요롭고 사치스럽지는 않았으나 자연을 즐길 만하였다. 드디어 예를 행하고 좌정하였다. 그의 준수하고 큰 용모와 크고 밝은 언론이 모두 번얼(藩臬 : 번의 우두머리) 세신(世臣)다웠다. 앞에 술과 과자를 내오고 차례로 떡과 면을 차렸다. 저녁에 밥과 채소를 준비하였는데, 산해진미가 풍성하고도 정결하였다. 부채와 종이를 꺼내 서화를 두루 청하여, 모두 자기 재주에 따라 응하니 크게 기뻐하지 않은 것이 없었다. 오시 무렵 내당에 들어가기를 청하였는데, 이곳은 평소 편안히 거처하는 곳이었다. 뜰 언덕에 기이한 돌을 쌓고 대나무 홈통을 가로로 두어 폭포를 쏟아지게 하고 깊은 못을 만들어 놓았다. 소나무와 대나무를 심고 꽃과 풀을 심었는데, 반듯하게 줄지어 있었다. 대나무 숲 아래 따로 몇 칸 정사(精舍)를 열어두어 책을 두고 향을 피웠는데 매우 우아한 분위기가 있었다. 그 북쪽에는 신당이 있었다. 돌로 문을 만들었는데 높이가 몇 길 되었다. 안에는 우뚝한 누각을 세우고 편액에 "봉헌(奉獻)"이라고 하였다. 일본의 풍속은 신도, 불교, 유교를 삼교(三教)라 하였으나 근래 서학(西學)이 융성하면서 삼교가 모두 시들해졌다. 따라서 내당에 오르니, 다과 한 소반이 미리 차려져 있었다. 좌정하자 주인이 청하였다.

"제 나이 올해 쉰여덟입니다. 아들이 스물 남짓, 딸이 네댓 명이 되니 복록이 풍성하다 할 수 있을 것입니다. 그러나 다만 이번 생에 다시는 귀국의 음악을 듣지 못할까 한스럽습니다. 오늘 이 모임은 절대 우연이 아닙니다. 원컨대 풍악을 한 번 들려주시기 바랍니다."

드디어 뜰에서 연주하라 명을 하였다. 안팎에 듣는 자 가운데 기뻐하지 않는 자가 없었다. 차를 다 마시고 외당으로 나와 이별할 때 비단 1축(軸), 해황증(海黃繒) 1필, 칼 1진(振), 명주 4합(榼), 자화로(磁畵爐)

1좌(坐)를 정사에게 드렸다. 증(繒) 1필, 둥근 부채 3정(挺)을 네 역관에게 각기 주었다. 반지(半紙) 2속(束), 둥근 부채 3면(面)을 각기 여섯 수행원에게 이별 선물로 주었다. 그는 오랫동안 적체되어 있었는데 조금 울적함을 풀었기 때문에 즐거움이 매우 컸다. 서로 읍하면서 헤어졌다. 신시에 함선에 도착했다. 바람이 서쪽을 향해 불었다.

○ 쓰시마는 부(府)를 고쳐 이즈하라 현(嚴原縣)이 되었다. 영원히 태수의 관직을 없애고 다만 지청(支廳)을 두어 나가사키(長崎) 참사(參事)가 때때로 올 때 응해서 정사를 편다. 도부칸(東武館)은 옛날 부치(府治)의 동쪽에 있다. 우리나라 사신이 오면 여기에서 묵어서 온돌까지 깔려 있었으나 육십년 사이에 황폐한 채 돌보지 않았다. 반쇼인(萬松院)[102]은 그 서쪽 산골짜기 매우 깊숙한 곳에 있다. 예전 통신사가 많이 노닐며 쉬던 곳으로 기록한 자가 별세계 같다고 자랑하였다. 여전히 우뚝하였다. 가이간지(海岸寺)[103]는 이테이안에서 남쪽으로 돌아간 언덕에 있었다. 매우 정결하고 깨끗하였다. 앞에 깊은 바다가 있고 동쪽으로 험준한 바위가 마주하여, 책을 읽으며 거처할 만하였다.

○ 소 태수가 하인을 보내, 돌아가는 편에 다식과(茶食菓) 5백 원(圓), 호두 1탁(槖), 채색 붓 20지(枝), 진묵(眞墨) 10홀(笏), 『동몽선습(童蒙先

---

102 반쇼인(萬松院) : 역대 쓰시마 도주와 그 가족들이 묻혀 있는 묘역. 쓰시마 중심지인 이즈하라초(嚴原町)에 있다. 수백 년씩 된 삼나무 숲속에 자리 잡고 있고, 123개나 되는 돌계단을 올라가야 볼 수 있다. 그 규모와 경관 면에서 일본 삼대 묘역의 하나로 꼽히고 있다.

103 가이간지(海岸寺) : 쓰시마시(對馬市) 이즈하라마치(嚴原町) 구타미치(久田道)에 있는 사원. 정토종(淨土宗) 지온인(知恩院)의 말사(末寺) 사원이며, 산호(山號)는 조요잔(常葉山)이다. 이즈하라항(嚴原港)의 서측, 다테가메이와(立龜岩)를 바라보는 양지바른 산 중턱에 있다.

習)』 4책, 『계몽편(啓蒙篇)』 3책을 그의 아들과 손자에게 나누어 보내【아들 이름은 도노스케(東之介)이고 12세이다. 손자 이름은 나오마루(直丸)이고 11세이다.】 아끼는 마음을 대략 표시하였다.

○ 해시 초 배를 출발해서 밤새 남쪽으로 가서 곧바로 사스우라(佐須浦)[104] 아래로 비껴서 3백여 리를 갔고, 동틀 무렵 북상하여 3백 리를 갔다. 나가 서서 서쪽을 바라보니 우리나라 봉우리들이 뱃머리에 푸르게 둘러져 있었다. 길은 절영도(絶影島)의 북쪽으로 나섰다. 고동을 불어 소식을 알렸다. 진시 초 초량포 앞에 도착해 정박했다. 돌아온 길이 우회한 것과 합하여 6천 6백 5십 리이다.

○【관직의 품계, 기용(器用)의 묘함, 풍속과 유행의 대략은 『금관수필(錦館隨筆)』에 갖추어 기재하였다.】

**7일.** 정묘. 갬.

짐바리를 점검하고, 나룻배를 타고 곧바로 부산진에 갔다. 나와 몇 명은 같은 배를 타고, 초량객사[105]로 갔다. 사행은 그곳이 황량하다 하여 훈도의 임소로 옮겨 거처하였는데, 빈일헌(賓日軒)[106]의 서쪽이자 성신당(誠信堂)[107]의 남쪽이다. 잠시 쉬자, 부산첨사가 비로소 만나러 왔

---

104 사스우라(佐須浦) : 현재의 쓰시마시(對馬市) 가미아가타초(上縣町) 사스나(佐須奈)에 위치. 가미쓰시마(上對馬)의 서북부에 위치하고 있어 부산포와 가장 가까운 곳으로 통신사의 최초 입항지(入港地) 가운데 하나였다.

105 초량객사 : 초량왜관(草梁倭館)을 가리킨다. 본래 두모포에 있었던 왜관을 1678년 용두산공원과 복병산 일대 약 10만평 부지에 새롭게 건물을 지어 이전 한 곳이다.

106 빈일헌(賓日軒) : 초량왜관(草梁倭館)에서 별차(別差)가 거주하는 곳. 대일외교 실무자의 체류나 손님을 맞이하는 장소로 활용되었다.

107 성신당(誠信堂) : 1730년(영조 6)에 완성된 훈도(訓導)의 청사. 성신당(誠信堂)의 북

다. 점심 식사를 마치고 부산진 관아로 들어가 거처하였다. 오후에 좌수사 및 동래 부사, 다대포 수군첨절제사(水軍僉節制使)가 차례로 모두 왔다.

○ 5월 5일 집에서 보낸 편지를 보았다. 모두 평안하고 좋다 하니 다행이었다. 이어서 유숙하였다.

**8일.** 무진. 바람 불고 갬.

식사 후, 황산역의 인마가 미처 대기하지 못하였으므로 사람에게 물건을 맡기고 가마에서 말로 바꾸어 타고 모두 동래부로 들어갔다. 바다를 건너 돌아왔다는 장계를 어제 이미 수정하였으므로 동래부에 보내 밤에 빠른 말로 보냈으니, 모두 일곱 밤을 자야 경성에 닿는다고 한다.

○ 동래부에서 정결하게 준비하여 전철(氈鐵) 6, 7그릇, 고깃국 4, 5합을 초량관에 보내 선장 및 송접관 오마 게이지, 우라세 히로시 생도 등을 접대하였다. 아라카와 도쿠시게, 나카노 교타로는 먼저 쓰시마에 잔류하였다. 일인들이 이곳을 좋아했고 날이 밝으면 출발해 돌아가려고 했기 때문이다.

○ 부산에서 동래부에 들어가며 즐거워 읊다[自釜山入萊府喜吟]

아침에 성신당 관사로부터 朝從誠信館
길을 따라 영가대까지 갔다네 路達永嘉臺
변방의 수장은 위엄이 높고 邊梱戎威壯
사신에게 상서로운 빛이 열렸네 皇華瑞色開

---

쪽에 위치하였다.

가슴 안은 바다가 넓게 트였고 胸中滄海闊
눈 아래는 첩첩산이 감도는구나 眼底疊山回
더구나 고향에서 온 편지에는 矧是家鄕信
평안하다 두 글자가 쓰였는 데랴 平安二字來

**9일.** 기사. 갬.

기장(機張) 현감이 잠깐 왔다 돌아갔다. 기우제를 계미일까지 지내야 하기 때문이다. 황산 찰방 역시 잠시 왔다가 곧 돌아갔다. 사행이 5일간 머물러 쉬기 때문에 앞으로 마부와 말을 인솔하여 기일에 맞추어 다시 대기하고 신칙해야 할 것이 있었기 때문이다.

**10일.** 경오. 갬.

양산 현감이 일찍 왔다가 포시에 돌아갔다.

**11일.** 신미. 흐리고 더웠다.

**12일.** 임신. 해가 남.

점심식사로 각자 상 하나씩을 별도로 본부에서 준비해 대접하여, 잔치 음식을 대신했다.

○ 훈도 현석운이 종양을 앓아 병석에 누었다. 저녁에 그의 집으로 가서 이별하였다.

○ 회례단규검관(回禮單糾檢官)을 기장현감으로 정했다.

**13일.** 계유. 갬.

식사 후 떠났다. 범어사(梵魚寺)까지 20리 가서 유숙하였다. 황산 찰방이 와서 함께 기거하였다. 동래부사는 부종 때문에 사양하고 군관 이(李) 오위(五衛) 장일(李將鎰)을 보내 지공을 감독하게 했다.

○ 밤에 일어나 홀로 앉다[夜起獨坐]

외진 곳 절집 창문 고요하고　境僻禪窓靜
하늘은 낮고 들 풍경 평평하네　天低野色平
구름 사이 종소리 메아리치니　雲間鍾磬響
밤새도록 꿈속 생각 맑기도 해라　徹宵夢思淸

**14일.** 갑술. 갬.

늦게 출발하여 양산군까지 30리 가서 점심을 먹었다. 위안군(威安郡)에서 도움을 보탰다. 즉시 출발하여 통도사(通度寺)에 도착하니 이미 땅거미가 내렸다. 50리 가서 유숙하였다.

통도사

평평한 관도가 가파른 길에 닿아　平迤官道接嶙峋
절에 잠시 유숙하니 비가 먼지 씻어주네　纔宿禪門雨洗塵
석가의 신령한 뼈 천년 동안 있어왔고　釋迦靈骨千年在
관찰사 그린 얼굴 한 폭이 새롭구나　道伯眞容一幅新

【승려가 세간에 떠도는 말을 하기를, "큰 손님이 여기 와서 머물면 법우(法雨

: 불법의 비유)가 내려 반드시 바치는 공양의 비린내와 누린내를 씻어준다고 합니다."라고 하였다. 가뭄 끝에 밤에 과연 비가 내렸다.

○절 위에 여래의 사리부도탑이 있으니 매우 크다.

○신(申) 해장(海藏) 석우(錫愚) 씨[108]가 일찍이 관찰사로 있을 때 모습을 그려서 불감(佛龕)에 넣어 두었다.】

**15일.** 을해. 새벽에 비가 한 보지락 왔다.

창원부에서 출참(出站)하였다. 부사 민종호(閔宗鎬)가 역시 지대하러 왔다. 오시 후에야 비로소 아침밥이 되었다. 밥을 먹고 즉시 출발하여 다시 양산 관아까지 50리 가서 묵었다.

### 쌍벽루(雙碧樓) 판상의 운에 차운하다[雙碧樓次板上韻]

【변(邊) 현천(賢天) 선전(仙田)】

| | |
|---|---|
| 높은 누각 때로 서로 기다렸으니 | 高閣時相待 |
| 층층 바다 먼길을 또 돌아왔다네 | 層溟路且周 |
| 강 나뉘어 교외 기세 없어졌지만 | 江分郊勢去 |
| 대나무가 좋은 시절 당겨왔구나 | 竹挽歲華留 |
| 언제나 신선 관리 은거했었고 | 常供仙吏隱 |
| 시인의 놀이를 막지 않았지 | 不障韻人遊 |

---

108 신(申) 해장(海藏) 석우(錫愚) 씨 : 신석우(申錫愚, 1805~1865). 본관은 평산(平山). 자는 성여(聖如). 호는 해장(海藏). 1834년 식년문과에 병과로 급제하였다. 가주서(假注書)·예문관검열·사간원정언을 거쳐 용강현령(龍岡縣令)·부교리·병조참판·우승지·양주목사·대사성·이조참의·승지·이조참판 등을 거쳐 1855년 경상도관찰사를 지냈다. 1857년 대사헌이 되고 이듬해 한성부판윤을 거쳐 1859년 형조판서에 이어 예조판서가 되었다. 1860년 동지정사(冬至正使)로 청나라를 다녀왔다. 시호는 문정(文貞)이다.

앉으니 동남쪽 다 훌륭한 풍경 坐盡東南美
잔 멈추고 내 생각 느긋해지네 停盃我思悠

○ 밀양에 도착하니 이 시를 짓기에 충분했다. 서간을 일재(一齋) 어사군[어윤중]에게 보내 새겨서 누각 편액으로 걸게 하니, 약속을 실천하려고 그런 것이다.

**16일.** 병자. 개고 뜨거움.

일찍 출발하여 20리 가서 수문천(水門遷)을 지나고, 20리를 가서 작원천(鵲院遷)을 거쳤다. 연전에 요새 관문을 새로 설치하였다. 용당에서 낙동강을 끼고 오른쪽으로 20리를 가서, 삼랑창(三浪倉)에 도착해 점심을 먹었다.【밀양 본부에서 지공하였다.】 밥을 먹자 곧 출발하였다. 밀양부사 원세철이 만나러 왔다가 먼저 갔다. 본부까지 40리 가서 관아에서 묵었다. 이날 1백 리를 갔다.

**17일.** 정축. 개고 더움.

저녁에 영남루(嶺南樓)에 올랐다. 누각 동쪽의 능파각(凌波閣)은 정사가 이틀 묵은 숙소이다. 국인과 두 정자에서 누선을 타고 남강을 따라 돌았다.

### 판상의 도전교(都典敎) 원흥(元興)의 운에 차운하다
[次板上都典校元興韻]

누각 끝 푸른 산에 물에 하늘 어리고 樓角青山水底天
넘실넘실 물빛이 온 누각 앞에 있네 溶溶水色一樓前

| | |
|---|---|
| 멀리서 사신 깃발 따라 세상 밖을 노닐고 | 遠隨龍節遊寰外 |
| 한가히 어옹 짝해 서울을 꿈꾸네 | 閑伴漁翁夢日邊 |
| 훌륭한 경치가 오랜 세월 지나니 | 位置勝區多歲月 |
| 시인에게 주려고 풍연이 쌓았구나 | 酬供韻士貯風烟 |
| 무릉과 무협에서 진짜 길을 찾다가 | 武陵巫峽尋眞路 |
| 석양에 술자리에 오른들 어떠리 | 可奈斜陽上酒筵 |

○ 이날 이어서 유숙하였다. 성현 찰방 김명기(金命基)가 부마차사원으로 왔다.

**18일.** 무인. 개고 더움.

머물렀다. 관찰사 박제인(朴齊寅)[109]이 양산 용당진에서 기우제를 지내려고 하여 이날 이곳에 들려 묵는다고 하였다. 그러므로 잠시 일정을 미루어서 그와 옛 애기를 하려 하였다. 포시 후에 관찰사가 간략히 인솔하고 관아로 들어왔다.

**19일.** 기묘. 개고 더움.

저녁에 출발하여 먼저 관찰사를 전송하였다. 유천(楡川)까지 30리 가서 점심을 먹고 청도까지 40리 가서 묵었다. 이날 70리를 갔다.

---

109 박제인(朴齊寅) : 1818~1884. 본관은 반남(潘南). 자는 치량(稚亮). 1856년 별시문과에 병과로 급제한 뒤 1858년 병조정랑·호조참의, 1860년 이조참판을 역임하였다. 대원군 집권기에는 병조참판·안악군수(安岳郡守)·영변부사(寧邊府使)·이조참판·한성부판윤·예조판서·형조판서, 민씨정권하에서는 경상감사(慶尙監司)·이조판서·상호군(上護軍) 등을 역임하였다. 1875년에서 1876년까지 경상도 관찰사로 있을 때 진휼대책에 힘썼다.

**20일.** 경진. 아침에 가랑비, 저녁에 흐림.

20리 가서 성현역 관아에 들어가 잠시 쉬었다. 30리 가서 경산현에 【현령은 이만승(李晩昇)이다.】 도착해 점심을 먹고 다시 떠나 30리 가서 대구에서 묵었다.【판관은 김유현(金有鉉)이다.】

**21일.** 신사. 아침에 비가 조금 오고 저녁에 흐림.

경주 부윤 김석진(金奭鎭)이 막 부임하여 감영에 도착해 관찰사가 돌아오기를 기다리고 있었다. 오시 사이, 여관에 방문하였기 때문에 포시 후에 사례하러 갔다. 정사가 더위 때문에 설사병이 생겨 출발할 수 없었으므로 이어서 유숙하였다. 배행하는 관리에게 앞길에 통보를 보내 출참을 물리라고 시켰다.

**22일.** 임오. 바람 불고 뜨거움.

일찍 출발하여 10리 가서 금오강(金烏江)을 건넜다. 가뭄 때문에 다리로 건넜다. 또 10리 가서 칠곡읍(漆谷邑)을 지났다. 부사는 구광서(具光書)이다. 동명원(東明院)까지 20리 가서 점심을 먹었다. 본읍[칠곡읍]에서 출참하였다. 50리 가서 횃불을 들고 인동부(仁同府)로 들어갔다. 부사 이관응(李觀應)이 대접이 소홀하였다. 종형제 이(李) 진사 원준(源駿), 이 석사(碩士) 원희(源憘)가 성주의 책실에서 오롯이 여기로 왔다. 저녁이 끝날 때까지 얘기를 나누고, 오선주(五鐥酒) 1구합(矩榼)을 이별 선물로 주었다.

○ 이날 90리를 갔다. 동명원에서 금천 역마로 갈아탔다.

**23일.** 계미. 소나기가 한 보지락 내림.

오시에 출발하여 선산부까지【부사는 이호숙(李鎬肅)이다.】 50리 가서 묵었다. 유곡역에서 말을 바꾸어 탔다.

○ 조중일(趙中逸) 옥암(玉庵)이 개령(開寧) 책실에서 만나러 왔다. 현감 김낙진(金洛鎭)이 편지를 보내 안부를 물었다.

○ 탈 말이 소촌역(召村驛)에서 기다리고 있었다.

**24일.** 갑신. 갬.

장천원(長川院)까지 상주 땅이다. 40리 가서 점심을 먹었다. 금산군(金山郡)에서 출참하였다. 군수는 서상조(徐相祖)이다. 몸소 와서 접대하였다. 상주목까지 30리 가서 묵었다. 목사 이승경(李承敬)이 노환 때문에 정사에게 알현하러 달려오지 못하였다.

○ 이날 70리 갔다.

**25일.** 을유. 개고 뜨거움.

함창(咸昌)까지 40리 가서 점심을 먹었다. 현감 조종순(趙鍾純)이 나와서 관아에서 만났다. 식사를 마치고 다시 출발하였다. 날이 지극히 더워 회영천(回縈遷) 및 토창보(兎瓶步)에서 누차 쉬었다. 횃불 들고 10여 리 갔다. 문경현까지 60리 가서 묵었다. 이날 1백 리를 갔다.

**26일.** 병술. 갬.

일찍 출발하여 조령관(鳥嶺關)까지 30리를 가서 견여를 타고 내려갔다. 길을 오른쪽으로 돌아서 연풍현(延豐縣)으로 들어가【현감은 이용원(李容元)이다.】 점심을 먹었다. 옥천군(沃川郡)에서 나누어 담당하였다.

군수는 홍정유(洪鼎裕)이나 기우제 때문에 나오지 않았다. 오후에 50리를 가서 괴산군(槐山郡)에 머물러 묵었다.【군수는 임철수(林徹洙)이다.】청주목(淸州牧)에서 나누어 담당했다. 목사 조승익(趙勝益) 역시 기우제 때문에 편지로 안부를 물었다.

○ 이날 1백 리를 갔다.

○ 김 진사 창식(昌植)과 족인 영수(欞壽)가 만나러 왔다.【연원(連源) 찰방, 율봉(栗峯) 찰방, 부마가 모두 연풍에 와서 기다리고 있었다.】

**27일.** 정해. 개고 뜨거움.

일찍 일어나 관아 동쪽 역촌에 가서 족형 광보(光普) 씨에게 절하였다. 식사를 마치고 출발하여, 김 진사 집에 들렀다. 몇 잔 마시고 난 후 음성(陰城)까지 50리 가서 점심을 먹었다.【현감은 강한규(姜漢奎)이다.】 연기현(燕岐縣)에서 나누어 출참하였다. 현감 민영대(閔泳大) 역시 오지 않았다. 마침내 출발하여 무극점(無極店)까지【충주 땅이다.】 30리 가서 묵었다. 본읍에서 지공하였다. 목사 이정로(李正魯)는 읍치에 있었다.

○ 연원 찰방 김재정(金在鼎)이 세곡차원(稅穀差員)이라 오지 못하였고, 율봉 찰방 박문빈(朴文彬)이 이끌고 왔다.

**28일.** 무자. 개고 뜨거움.

새벽에 일어나 출발했다. 곤좌(昆佐)까지 충주 땅이다. 10리, 장원(長院)까지 15리를 거쳐 음죽현(陰竹縣)까지 15리 가서 점심을 먹었다. 막 오시가 될 때 다시 출발하여 이천(利川)까지 50리 가서 묵었다.

○ 이날 90리를 갔다.

○ 점심은 양지군(陽智郡), 진위현(振威縣)에서 나누어 출참하였고, 저녁은 지평현(砥平縣), 양지현(陽智縣)에서 나누어 출참하였다.

**29일.** 기축. 개고 뜨거움.

곤좌까지【광주 땅이다.】 30리 가서 점심을 먹었다. 여주(驪州), 용인(龍仁), 안산(安山)에서 나누어 출참하였다. 오시에 출발하여 광현(廣峴)을 넘어 10리를 갔고, 조현(鳥峴)까지 20리 가서, 견여를 타고 올라가, 광주부까지 20리 가서 묵었다.

○ 이날 80리를 갔다.

○ 광주유수 윤자덕(尹滋德)이 서울에 있어서, 판관 이석응(李錫應)이 부치(府治)에서 지대하였다.

**6월 1일.** 경인. 개고 뜨거웠다.

밥을 먹은 후 서장대(西將臺)에 올라 멀리 조망하였다. 남문으로 나가서 송파(松坡)와 삼전(三田) 두 나루를 건너 살곶이다리[箭串橋]에 도착하니, 아들애와 광원(廣元), 송학(松鶴), 만석(萬石)이 가마꾼을 데리고 기다리고 있었다. 잠시 쉬고 곧 출발해 흥인문(興仁門)으로 서울에 들어갔다.

# 滄槎紀行

開國後四百八十五年, 大淸 光緖二年, 卽我聖上御極之十三年丙子也。二月二十二日, 議政府草記: "向者日本使船之來, 專由於修好, 則在我善隣之意亦宜, 及今專使, 以爲修信, 使號以修信使稱, 以應敎金綺秀, 特爲加資差下, 令該曹口傳單付, 隨帶人員, 以解事者, 量宜擇送, 而此是修好後, 初有之事, 今番則特以堂上官持書契入送, 此後書契, 依前下送, 萊府轉致江戶之地事。" 傳曰: "允。"

**三月初八日,** 都口傳啓下。

修信正使。禮曹參議金綺秀。【字季芝。號倉山。】 延安人。【辛卯四月初三日生。】

伴倘。副司果安光默。【字聖中。號挺山。】 竹山人。【壬辰十二月二十四日生。】

書記。副司果朴永善。【字性初。號竹尊。】 密陽人。【戊子七月二十二日生。】

軍官。前郎廳金汶植。【字景魯。號友蓮。】 善山人。【己酉三月初二日生。】

前判官吳顯耆。【字致英。號蓮史。】 海州人。【壬寅五月十六日生。】

畵員。司果金鏞元。【字善長。號薇史。】 首陽人。【壬寅正月十六日生。】

司譯院別遣堂上。嘉善玄昔運。【字德民。號紫英。】 川寧人。【丁酉三月十七日生。】

掌務官。上判事玄濟舜。【字致華。號韶觀。】 川寧人。【己酉十月二十八日生。】

乾糧官。副司勇高永善。【字子中。號雨亭。】 濟州人。【己酉十一月初二日生。】

別遣漢學堂上。嘉義李容肅。【字敬之。號菊人。】全州人。【戊寅十月十一日生。】

乾糧監官。金相弼。

鄉書記。金漢奎。

行中。奴子十一名。

鄉書記。邊宅浩、姜益洙。

禮單直。盧命大。

通引。洪致肇、朴永浩。

小童。朴文燦、李章昊。

通事。金福奎、金應祺、朴淇鍾、金采吉。

及唱奴。得伊、今石。

刀尺。奴章五、敬五。

日傘直。奴鶴伊。

節鉞手。朴日成、趙文喆。

巡令手。陳業伊、朴正奉。

喇叭手。朴化俊、梁致雨。

後陪使令。金以宗、金明植、朴用安、姜光雲。

乾糧馬頭。金弘基。

廚房使喚。方成玉、朴同伊、李宗伊、金大業、宋萬宗、尹桂安、金性信。

熟手。朴永五。

樂工。李雲伊【嵇琴】、朴春燮【短笳】。

柳尚龍【長鼓】、陳長命【短笳】、李鍾明【鼓手】、金富利【長笛】。

四人轎軍十名。

登船合七十六人。

**四月初四日乙丑**。晴。正使詣闕入侍後，奉朝命書契，建節鉞出崇禮門外舍舘。傾朝出餞，申後離發，到果川新院，三十里宿所，夜將三鼓矣。△夫馬自延曙驛等待。△支供自南陽府出站。【富平府亦站。果川縣監鄭在英未赴任，南陽府使姜潤方在京。】△平邱察訪安懽，以禮單領送官、夫馬差使員先行。【正使皆自本邑支供。】◆出崇禮門口占。

▶廉陛拜辭瑞日邊，節旗擁導晩風前。振古誰尋江戶路，已過一百十三年。

初五日丙寅。晴。晩發廣州，板橋二十里中頓，龍仁縣三十里宿。【始興亦爲出站。】是日行五十里。△【午飯自本府供億，朝夕自安山郡出站。】△【廣州判官李錫應在京。安山郡守金鳳均在邑。】▶【龍仁縣令洪顯普鎖直藥院。】

◆過豐德川

▶木覓山光遠，樂生野色開。狄雲與楊水，歷歷望中來。

**初六日丁卯**。晴。陽智【縣監李教象。】四十里中頓。【利川出站，府使金哲根在邑。陽城縣亦爲出站。】竹山六十里宿【府使朴鼎憙。安城出站，郡守洪淳肯在邑。振威縣亦爲出站。】是日一百里。

**初七日戊辰**。朝晴。午抵陰竹 昆佐店。小雨驟過。四十里中頓。【本倅洪鍾萬在邑，邑治在東三十里。△自驪州出站，牧使洪晩植在邑。砥平縣亦爲出站。】飯後遞罷人馬。【自忠淸道 連原驛等待者也。】連原丞金在鼎，以夫馬差使員來見。向晩晴溫。至用[1]安驛四十里宿。【自忠州本府出站，牧使李正魯在邑。】是日行八十里。

◆陰[2]竹途中

▶送盡三春始聽鶯，短長亭柳慣人行。藥師舊塔臨彌野，烽燧高臺出石城。陰崖晩覺花香動，夜雨新添麥氣生。倦步遲遲來詩境，不須頻唱

1 "用"：원문에는 "龍"으로 되어 있으나 지명에 따라 고침。

2 "陰"：원문에는 "陽"으로 되어 있으나 지명에 따라 고침。

勸馬聲。

**初八日己巳**。晴。晚發，待秋院少憩，至忠州牧五十里宿。清風 李上舍秀鳳、權上舍瀷、權碩士潚來見。△ 忠州大邑也，故幷自本邑支供。

◆過㺚川入忠州

▶ 江草菲菲江水平，彈琴臺下去無聲。收拾兩南渟滀氣，安排流峙大都成。

◆燈夕拈韻會賦于製錦堂

▶ 滴滴山光漠漠田，中州詩境入無邊，于役奇遊當此夜，如來新浴又今年。九千里外層溟路，卄四橋頭幾酒筵。清風滿袖人初到，直待燈沈坐曉天。

**初九日庚午**。陽溫。晚發從楡洲步踰獐項嶺，二十里至安保驛，三十里宿，舍館鋪陳在延豐本邑。【縣監李容元。】夕餐自槐山郡支供。【郡守林徹洙】朝飧自清安縣備進。【縣監趙玄夏】三倅皆出待于站。是日行五十里。

◆過水頭遷

▶ 穿岸仍通步，架巖或作家。滿山紅躑躅，猶自殿春華。

**初十日辛未**。晴。晚行過冷泉店，乘肩輿踰小鳥嶺，至鎭南門少駐，仍下交龜亭，觴咏於龍湫之上，遞乘慶尙道 幽谷驛，馬到聞慶邑四十里，日纔晡矣，止宿。自此以下，皆自本邑支供。

◆乘肩輿逾鳥嶺感吟

▶ 咿軋篌輿度翠臯，登登漸覺眼前高。嗟哉欲免吾身若，短息長喘任汝勞。

▶ 天時人理互相推，據險摧强此地宜。至今丹月江聲咽，可惜將軍見事遲。

◆從倉山信使登交龜亭

▶主屹山前路, 行行境轉幽。龜交曾起榭, 龍去但餘湫。關阨由天設, 峙儲是國謀。却嫌絲管鬧, 波聲繞林浮。

**十一日壬申**。朝晴晚霾。逾新院峴二十里過回淵遷【東有兎葋步。】, 至幽谷驛【郵丞金顯默】二十里中頓後, 仍發, 從長田郊, 渡甘巖川, 尙州人吏支待于此【距幽谷十里餘。】, 至小坪三十五里, 始入龍宮界, 遞儀到邑可五里許, 止宿。是日行八十里。△趙參奉小雅性憙, 適過于此, 來見話別。△今日中火, 自善山府出站。【府使李鎬庸在邑。】 夕朝自本縣供億【縣令洪岐周】。

**十二日癸酉**。陽。辰刻發行, 踰朱德峴十里至牛整, 是兩邑分境也。十里遞儀, 而抵醴泉郡, 前有觀稼亭, 後有快賓樓, 定館老吏廳二十里, 與主倅洪用周敍戚。是日行四十里。△主倅以【散脯一樻、蹲柹一帖、醬肉一缸。】賮行。

◆館夜忽聞快賓樓樂歌聲寫呈上价

▶剪梅三疊解離愁, 絲竹洋洋繼夜遊。可羡快賓樓上月, 皇華春色管風流。

**十三日甲戌**。陽。平明發行, 十里渡高平川, 醴泉倅出餞于此。至豊山驛, 四十里中頓, 仍復起行, 到省峴地界, 延逢而進入安東府四十里, 夕會于淩超樓, 主倅洪鍾大, 以盃酒相款, 晩歸始宿。△是日行八十里。

**十四日乙亥**。燠。日出起行, 共上价與主倅, 登映湖樓觀舞, 訖各賦板上韻一篇, 向午而發, 到日直驛三十里中頓, 旋發二十里踰鳥夜峴, 二十里入義城縣。【縣令朴奎東】△開寧郡守金洛鎭, 專伻致書, 以雙襪相遺。

△ 義城倅以白紙八束、簡紙百幅、周紙十軸贐之。

◆映湖樓次板上韻

▶ 周覽烟霞歲月多, 靈區歷數庶無加。練沙曠野悠揚水, 護郭脩林隱映家。此地常分名士竹, 何人昔種鎭山花? 漸開胸次從玆始, 前路將浮萬里槎。

**十五日丙子**。晴。晩發至青路驛店, 少住, 與主倅話別, 義興邑五十里。【縣令閔泳學】日已晡矣, 中頓, 旋起行十里餘, 擧火抵新寧四十里。【縣監金友根】夜已三鼓矣。是日行九十里。

**十六日丁丑**。陽。平朝理行, 抵永川郡。【郡守李鶴來】四十里宿靈山。縣監金鳳洙、昌寧縣監李敏性, 以出站來到, 咸昌縣監趙鍾純, 以禮單物種糾檢官來, 長水丞閔致億、松蘿丞金濟正, 以夫馬差使員來, 河陽縣監李文鉉、省峴丞金命基, 以敍別而來。

**十七日戊寅**。晴。以故例休憊留連, 道伯朴齊寅, 方有愼, 未淂來餞。慶州、密陽、蔚山、義城, 各送妓設宴於朝陽閣。余以儒素, 不參于筵。

◆朝陽閣宴集日寄館孤吟

▶ 大野中開山四低, 高樓飛出兩川西。朝暉初上桐華發, 留待千年瑞鳳樓。

▶ 刻羽流商午影斜, 香風簾角酒生波。粉鉛代甲鴻門宴, 陸海行船漁父歌。

▶ 人聲如海擁全樓, 爭覩威儀若未休。旅館寥寥徒想像, 使乎儒雅足風流。

**十八日己卯**。晴。平朝離發, 阿火店三十里中頓, 密陽府出站, 府使元世徹, 尙未赴任。向曛入慶州府五十里宿, 府尹李敦相未還。是日行八十里。△ 寧海府使李正弼遠來, 【距邑二百里。】餞別于東京。

◆東京懷古

▶往蹟何微茫, 山圍水自長。野談傳八怪, 國氣閱千霜。林密懸鷄轂, 臺高出鳳凰。春花多少在, 立馬惜年芳。

**十九日庚辰**。陽。晚發到仇魚傳舍五十里【蔚山地】中頓, 星州牧出站【距邑三百里。】牧使李稷鉉, 來待多日, 以燒酒十鐥、散脯五斤、三層別扇十柄、尾扇十柄、壯聯紙十軸、簡紙一百幅, 贐行, 飯後旋發, 抵蔚山府五十里, 纔到兵營城下, 列炬而行, 過太和樓入宿所。是日行一百里。△主倅張錫龍, 與之話舊。鶴城士人趙觀植, 在壯邊亭下, 準擬歷訪, 日暮未果, 纔解裝, 已而在座矣。△ 左兵使鄭完默依近式, 與正使抗禮而去。

**二十日辛巳**。晴風。晚發, 夾太和江而右轉, 過龍堂, 至西倉六十里宿, 自淸道出站。【郡守趙晩夏】距邑二百二十里, 躬來供億。△ 訓導玄昔運, 迎謁使行于此。午後自釜山專步, 日本人金助, 領汽船, 申時量到泊。

**二十一日壬午**。風晴燠。晚行整班, 而進入東萊六十里宿, 【府使洪祐昌】本府支供。

**二十二日癸未**。朝陰晚陽。留。自午至明朝, 梁山郡供億, 郡守魚允中, 先期豫待。△ 舍館定于監運廳。△ 蔚山倅以四種藥、百幅簡, 贐行。

◆日本國船上約條先到

我四月十日, 接到貴國東萊府使洪公丙子三月十五日單簡, 及玄訓導條陳書, 現今貴國, 爲派修信使於我邦, 要貸用我火輪船, 乃使在本館尾間書記生, 賫貴書, 馳往東京, 以轉啓我朝廷, 朝廷深喜貴國之速有此擧也, 卽發遣火輪船一隻, 搭載接伴外務官員數名, 旣已到達此港矣, 貴信使啓行日時, 惟任其便, 若夫在船及京地旅館等, 諸項一切要需, 覼縷于別簡, 幸勿勞貴意, 敬具。在釜山 大日本公館長代理。明治九年丙子五月十四日。外務四等書記生山之城佑長。

◆第一條

艤火輪船黃龍號, 應貴信使一路航行之需, 如其煤炭諸費, 悉任我政府營辦, 不須貴信使雇賃。

◆第二條

本省派外務少錄水野誠一、七等書記生尾間啓治, 負荷貴信使一行旅航事務。

◆第三條

外務六等書記生荒川德滋、同中野許多郞及生徒十一名, 負荷通譯及延接事務。

◆第四條

旅館設在東京 第四大區 錦街 第二街一番地, 今豫附館圖一枚。

◆第五條

船內廚饌一切, 自我供給之, 是爲船內一竈同炊。其費用, 難辨主客也, 莫煩貴慮。

◆第六條

軍醫員一名, 在船內。

◆第七條

船到馬關、兵庫兩港，數時間碇泊，以療航客之憊。此時上陸閒行，或投旅舍，灌浴、梳髮、攝養，俱有準備。

◆第八條

船由橫濱港上陸，汽車一驁前往東京。到該港，另有外務官員，辨理貴信使入京之鹵簿。

◆艦內規則

一。艦內各房，定有上、中、下等級，須聽艦長指示，各就其室。

一。艦內，切戒火燭，須小心注意。吸煙，亦有時、有處，非就其處，則雖其限內，不得吸之；非得其時，則雖就其處，不得吸之。嚴禁房內密饋燧吹吸。

一。每室必有燈，限時消滅，故秉別燭出入，亦爲所嚴禁。

一。艦內設有廁圊，非就其處，不可濫尿溺。

一。盥漱有場，使水一切於其處，禁他所汎濫。

一。水火夫行船，極爲劇甚，不可近切傍觀，或妨張網轉舵之事，其或誤觸瀛罐踐鐵，領入器械場，則害及其躬。

一。甲板上，禁快譚壯語。艦內過昏夜，戍牌亦然，莫喧聒亂運艦號令。

一。甲板上，限逍遙步趨之處，禁限外隨意步趨。

一。噏飯有定所、有時限，必有一齊同食，不得各自隨意就席，若其疾病，有不能出房室者，則告情，蓐食亦無妨。

一。艦內，有不許乘客進人之處，切戒勿强迫濫過。

一。所帶有之行李物品，須付之監督員收藏。若其或有火藥易爆發或脆弱易腐敗之物，則要詳明其性質，以便特殊收藏。但其朝夕必須物料, 或坐間不可須臾離之打包、小籠, 置之房內亦無妨。

一。會食禁飮酒, 若酷嗜之者, 於房內, 就臥寢時飮少許無妨, 若使酒狂噪紛譁違者以犯禁論。

▶▶是係船客搭載禁例, 士君子一見知了, 無敢犯之, 若其僕隷, 不可不揭示切戒, 玆譯述以告, 敢煩諸君, 丁寧告戒, 豫防一船之患。

明治九年四月。

◆詿違罪目

一。狹隘小路를 乘車馬ᄒᆞ여 馳走ᄒᆞᆫ者。

一。夜中의 無提燈ᄒᆞ여 挽諸車ᄒᆞ고 又乘馬ᄒᆞᆫ者。

一。無斟酌으르 疾驅車馬ᄒᆞ고 使行人障碍ᄒᆞᆫ者。

一。挽人力車者 强勸乘車ᄒᆞ여 且過言ᄒᆞᆫ者。

一。置馬車及人力車卜車於往來處所ᄒᆞ여 妨害行人 或橫牛馬於街口ᄒᆞ여 妨碍行人ᄒᆞᆫ者。

一。投棄往來禽獸之死者或汚穢之物者。

一。以沐浴家로爲生業者 戶口開放ᄒᆞ여或樓上不垂簾者。

一。家屋前怠掃除ᄒᆞ여 或不浚汚水ᄒᆞᆫ者。

一。婦人이 無謂로 斷髮ᄒᆞᆫ者。

一。卜車及人力車輳合之時의 妨碍行人ᄒᆞᆫ者。

一。掃除大小便不盖糞桶ᄒᆞ여 搬運ᄒᆞᆫ者。

一。以羈亭으로 爲生業者 不記止宿人名ᄒᆞ여 或不爲進告之者。

一。破毁街衢號札及人家番號姓名票幷其所標招牌者。

一。妨喧嘩爭論及人之自由와 且爲應驚愕噪鬧者。

一。戱消滅街衢常燈ᄒᆞᆫ 者。

一。依疎忽ᄒᆞ여 抛澆於人汚穢物及石礫等者。

一。通行田園種藝之無路處ᄒᆞ여 又牽入牛馬者。

一。於往來道路로放尿於非便所處者。

一。於戶前으로向往來ᄒᆞ여使幼穉爲大小便ᄒᆞᆫ者。

一。幷挽卜車及人力車ᄒᆞ여妨碍通行者。

一。誤放牛馬ᄒᆞ여使入人家者。

一。使鬪犬ᄒᆞ여且戱令嚙喙人者。

一。飛揚巨大紙鳶爲妨害者。

一。乘醉ᄒᆞ여戱放車馬往來者。

一。打撥窓戶ᄒᆞ여攀墻ᄒᆞ여 徒出顔面瞰視行人且嘲哢者。

一。用三尺以上之長網으로牽馬ᄒᆞᄂᆞᆫ者。

一。折遊園及路傍花木ᄒᆞ여或害植物ᄒᆞᄂᆞᆫ者。

一。於道路及人家의셔强乞錢兩或爲强賣者。

**二十三日甲申**。晴。留。供億自機張縣措辦，郡守李曾宇來待。△禮單物種，齊到于此，本倅躬自點檢，分服裝載。

**二十四日乙酉**。晴。留。訓導與乾粮官，先下釜山，整備措畫。

◆東萊運廳館所，得洛奇，知趙承宣秉稷除北青府使，賀寄一絶，兼致舊使君洪 眉軒 淳學，聊供博粲。

邸狀覽過眼忽青，蓬山咫尺桂山青。青烟日起青華室，新北青勝舊北青。

◆因翠香善才寄裵此山

木犀前路是蓬萊，底事孤館夢徘徊。未信金陵千里遠，聲明寄與翠香來。

**二十五日丙戌**。雨。留。飯後主倅請一行宴遊，向暮還館。

**二十六日丁亥**。晴。午發，一行下釜山，二十里宿。△僉使林百鉉，夜與話懷。

**二十七日戊子**。晴。曉頭【四更一點】行海神祭于永嘉臺, 臺前築壇設位版

行祀。△祭官 △初獻官上使金 , 亞獻官別遣堂上李, 終獻官上判事玄, 典祀兼奠幣官高, 進幣官兼書版官兼司尊畵員金, 大祝伴倘安, 執禮書記朴, 祝史兼進酌官軍官金, 齋郎兼奠酌官軍官吳, 贊者、謁者【本校儒生】。△皆以有揚黑團領行事。

◆笏記

謁者, 引獻官, 陞自南陛, 點視。△謁者, 引獻官出, 就門外位。△大祝, 奉位版, 就卓子上。△書版官, 寫大海神位。△謁者, 引初獻官, 奉審。△大祝, 奉安于神坐。△謁者, 引初獻官出, 就門外位。△謁者, 引大祝及諸執事入, 就壇南拜位, 向北西上立。△四拜。△鞠躬。△拜。△興。△拜。△興。△拜。△興。△拜。△興。平身。△詣盥洗位。△各就位。△司尊, 詣洗爵位, 洗爵拭爵。△置於篚, 捧詣尊所, 置於坫上。△謁者, 引三獻官入, 就位。△謁者, 進獻官之左, 白: “有司謹具, 請行事。” △退復位。△四拜。【同上】 △行奠幣禮。△謁者, 引初獻官, 詣盥洗位, 北向立。△搢笏。△盥手帨手。△執笏。△謁者, 引獻官, 陞自南階, 詣神位前, 北立。△贊者, 唱跪。△搢笏。△三上香。△進幣官, 以幣篚授初獻官, 獻官執幣, 獻幣以授, 奠幣官, 奠于神位前。△執笏, 俯伏, 興, 平身。△仍降復位。△行初獻禮。△謁者, 引初獻官, 陞自南陛, 詣尊所, 西向立。△執事者, 擧冪酌醴酒, 祝史以爵授醴。△謁者, 引初獻官, 詣神位前, 北向立。△贊者, 唱跪。△搢笏。△進爵官, 以爵授獻官, 獻官執爵, 獻酌以授, 奠酌官, 奠于神位前。△執笏。△俯伏, 興, 少退, 北向跪。△祝, 進神位之右, 東向跪, 讀祝文。△俯伏, 興, 平身。△仍降復位。△行亞獻禮。【上同】△行終獻禮。【上同】△贊者曰: “飮福受胙。”

△行飮福禮。△謁者, 引初獻官, 陞自南陛, 詣飮福位, 北向立。△贊者, 唱跪。△奠幣官, 進初獻官之右, 西向立, 以酌授獻官, 獻官受爵飮卒爵。△大祝, 西向立, 以俎授獻官, 獻官受俎, 以授進幣官, 進幣官受俎, 降自南陛, 出門。△執笏, 俯伏, 興, 平身。△引降復位。△獻官四拜, 在位者皆四拜。【上同】△祝, 進撤籩豆。△獻官四拜。【上同】△望燎。△謁者, 引初獻官, 詣望燎位, 北向立。△贊者, 詣望燎位, 西向立。△祝, 以篚取祝版及幣、燎火。△奠幣官, 奉羊豕黍稷飯, 降自西陛, 乘船出海上, 沉水。△謁者, 進獻官之左, 白: "禮畢。" △謁者, 引獻官出。△謁者, 引祝及諸執事, 俱復壇南拜位。△祝以下, 皆四拜。【同上】 △謁者, 引祝及諸執事, 以次出。△執禮、贊者、謁者, 就壇拜位, 四拜出。

▶按舊例, 神位版無還安、埋安之明文, 故或恐瀆屑, 自初獻官以下辭神之後, 大祝奉位版與床袱, 就望燎位序立, 燒火成燼後, 以淨器收取其灰炭, 出海水上浮之。

◆祝文

維光緖二年, 太歲丙子, 四月壬戌朔, 二十七日戊子, 修信使折衝將軍龍驤衛副護軍金綺秀, 敢昭告于大海之神。伏以天一滙精, 泰平之溟, 廣淵拓基, 富溫沛亭, 容國之紀, 環我東屛, 芳津于役, 六十六年, 波震不驚, 善隣有道, 乃命專价, 于和之島, 曰: "汝綺秀, 往修舊好, 特簡在心, 竣還宜早。" 豹纛龍節, 拜恩俶裝, 維夏少盡, 諏吉過疆, 賃彼汽艦, 馭風有方, 便非敢占, 惟疾是藏, 小大從邁, 朝發而夕, 信書在函, 糗粮載槖, 旋葆悠揚, 金鼓止作, 篙師袖手, 蒲粿加額, 機輪一轉, 層濤萬里, 迢遞扶桑, 帆前尺咫, 蜓雨霪霪, 炎海瀰瀰, 鴿順鵰劈, 其直如矢, 祥飇徐動, 駭浪不興, 溽退瀲張, 瘴收雲蒸, 視遠猶近, 濟我徒烝, 腆蒙神賜, 王靈是憑, 較返如往, 原濕靡監, 夙齋率籲, 勿憚勿懼, 牲腯酒馨, 籩豆淨具, 練日秉璋, 秉璋雅雅, 使事無辱, 敢不夙夜, 期指遲速, 化孚懷柔, 繼令伊始, 庶無悔尤, 誠明蘄歆, 靈其垂休, 尙饗。

**二十八日己丑**。晩陰夕雨。△行公宴于客舍大廳, 左水使梁柱華, 設主席于西南, 修信使, 分賓位于西北, 漢學堂上、掌務官、畵員, 少南而東之左右, 軍官、伴倘, 稍北而東之, 書記專席于正東, 各設方丈三卓于前, 酒將行, 奏樂一闋。其餘鄕書記、京奴子、廚屬、樂工、通事、小童、使令、吸唱、軍牢之流, 皆環砌而坐, 各賜一床, 而訓導與乾粮官, 方有事于船上, 未得參筵, 分膳而送之云。此是公賜之宴, 故卜定於列邑, 選妓於雄府, 以爲勝餞, 古例然也。△多大僉使李南輯, 以私禮上來, 開雲萬戶劉鼎鉉, 以隣誼頻到, 豆浦萬戶李重鉉, 敍客懷甚款, 蔚、梁兩山太守, 亦以餞別次遠來, 而梁山倅, 以松竹酒一甁、藥脯十斤、白練紙十束贐之。△籠卜皆先期入送于船上, 只驗標牌。

**二十九日庚寅**。朝雨晩晴。任置馬鞍於釜山僉使【吏房朴時璉】, 換乘轎車, 一齊起行, 使臣乘雙轎, 具威儀, 萊伯點起大軍門, 節次本鎭, 鎭將亦精備行伍爲後殿, 過草梁入設門, 遂下新草梁, 設帳幕於守門外少休, 津頭結方舟, 建幄布席, 曳船數百, 皆繫綷以待之。日方午, 先登我船, 節旗鼓吹導前, 而行六弓許, 抵中流汽艦之下, 升自層梯到甲板上, 東西竪雙帆, 中立烟筩, 帆間掛引氣布帒, 高半帆而下徹中層, 以苘索緊綴。東頭各設運轉諸具, 猫鐵懸于鴟頭兩傍, 梢內而建精洒一屋, 行船官居之, 懸指南盤樹銅輮如繅車樣, 將運則測向先導者也。西頭立吸氣金筒【頭尾各分。】, 兩款隨風轉向如薦臺樣, 稍外而植大時標, 匣以金銅, 面以琉璃, 將行則測候相應者也。船長二百尺【以我國布帛尺每間四尺爲定。】, 廣二十五尺, 皆鍊鐵餙外, 周欄于四邊, 以鐵索周綴于欄內甲板奥隅處, 以相牽制, 植大鐵輮于東帆之外, 聚收放鐵索, 俾爲進退猫頭者也。左右分橫板梯高, 懸少從船四隻於南北, 欲用之則緩繩而徐下泛于水面, 置水桶十餘于東西, 所以汲淸泉也。上張大布帳, 廣與船齊, 所以庇船, 適其雨暘者也。布帆則驗風而高下, 號旗則白邊而紅中, 此其外樣也。迎接官, 皆欣迓於船腰, 從甲板中呀開處入焉。踏梯扶欄而下, 向西而回轉, 則各有房舍, 正使專處一房, 其次伴倘、書記, 合居一間, 而架分上下, 長與身齊, 高使頭縮, 向外穿圓穴, 以玻窓開閉, 前有一板門, 壁帖方鏡, 下懸小卓, 以琉壺貯水而安之, 其南隅餙一小閣, 貯匜于其中, 灌壺水盥之, 從閣中款處注之, 則水直築底而下之, 房內以油粉塗之, 鋪褥于房, 摺氈衾于褥上, 下設紋罽, 釘蠟臺于在壁, 貼鍮鉤于右壁, 隨房俱然也。其次軍官二員居之, 上房之越邊, 別遣堂上、掌務官居之。其次訓導與乾粮官居之, 其次畵員與伴倘一員居之, 其頭環轉處, 迎接官一行居之, 下絳帳而別之, 中間空濶處, 設長卓而外, 安夾牀于兩邊, 所以會飯而相對者也。西頭置大灰板與唾壺數坐, 所以聚而吸烟者也。向東而有小門, 門外中官居之, 如伴人鄕書記之流也。又其外下輩居之, 如房奴軍手之輩也。設廚房于烟筩之近處, 貯器械于底板之下層, 而醫官一員, 自江戶擇送之, 于上房之側, 所以護一行而調治者也。△迎接官四員, 自外務省差送; 少錄水野誠一、六等書記生荒川德滋【金助改名】·中野許多郞、七等書記生尾間啓治, 外務附屬原吉也、太田芳也、今井孝衛、奴子二名、海軍中軍醫嶋田修海、看病夫二名、內務省驛遞權大屬小杉雅三, 掌禁察一行者也, 舌官十一人; 吉副喜八郞、吉村平四郞、淺山顯威、武田甚太郞、黑巖淸美、武田邦太郞、大石又三郞、阿比留祐作、津口直助、住永琇三、中村庄次郞, 船長一人鳥谷保, 格軍四十名, 合六十五人也。與迎接官四人、正使揖而荅, 其拜芳以遠來相迎之勤, 皆曰: "有何難事?" 遂整頓坐臥處時當申, 正吹角告以發船, 黑烟騰空, 火輪連轉, 隱如雷動, 瞬息之頃, 過絶影島【艦針指丑。】, 狹五六島而左之, 南望對馬島群峰, 蒼翠出沒,【自此艦針指辰巽。】至亥刻船過對馬州之北, 距釜山四百六十里。向夕風波少作, 艦勢搖蕩上下, 諸人多被眩迷, 且吸石炭之烟, 失色生顫, 飜胃嘔逆, 頹臥竟夜, 不省人事, 而惟正使與李菊人、朴竹尊、吳判官及余尙無恙焉。

◆上船口占

▶草梁館外檥官船, 歌吹喧闐近午天。火輪一轉長風起, 萬里扶桑注眼前。

**五月一日辛卯**。晴。向曉假寐, 昧爽而起。東望尖峯出沒於波面, 問: "是何州山也?" 曰: "長門州 赤馬關之山也。"【前日赤間關改今名。】纔日出到泊于關前洋, 分乘小舟, 直入于永福寺, 設香卓于外廳淨界, 行望賀禮, 訖還入于正房。一行眩暈之餘, 收召神精, 皆願憩宿。進午飡, 以小盤具饍而進, 選洞裏學童, 使之擧行, 盛飯羹于紅楪, 【小如我東中鉢。】奠菜于砂楪, 充湇于鉢, 疊炙于鍾, 以平楪承菁醬果, 而置于中, 勸燒酒一杯, 喫飯一器, 器空則小童以平盤承器而退, 量其多少以次進之, 羹餐亦如之。朝夕支供, 皆自日本進排。申時量, 自迎接官所告, 以電氣信通報于江戶云云, 戌時量, 已有回報, 一行行止, 從便爲之, 電綫者, 自西敎之行有此法, 沿海屢萬里, 皆沉銅筒, 設機括繩于其中, 書其事某條, 繫于繩而引之, 使相回旋, 瞬息之頃, 可傳萬里之奇, 是故三時之間, 通江戶六千餘里之信也。房皆板突, 不以土石, 前面卍字窓, 塗以至薄之紙, 而風不透, 間架設獐子三, 隔爲上中下, 行人分宿之所。西轉而有法堂, 妥佛像于龕, 龕上帖小金塑, 前懸香卓, 緇徒五六人居之, 齋室掛觀世音畵帖, 傍寫唐 吳道子筆。轉而東有淨室, 法師居焉, 後有浴室, 前有鍾樓, 牓曰"金波樓"。別遣兩堂上與數人上門樓, 召樂工奏數闋, 閭里男女, 簇擁樓下, 雜還觀光, 莫不懽欣。晡後, 率通事從諸人登後園, 杍木參天, 桃竹相間, 躑蜀、映山紅、蘇鐵【一名番蕉。】, 花草之品, 整整列植焉。自層棧而上至頂上, 塚碑數千, 森森列立, 盖人民歸化者, 埋瘞于其下, 而上安石趺, 竪碑而銘之曰 "某郡某姓居士"、"某姓某姊", 所以標而鎭之也。寺之道場, 隨處皆然, 乃國俗也。西望大刹名, 曰"龍興", 閭閻撲地, 田土沃腴, 馬關二十里, 週界之內, 戶爲三萬, 寺爲五十, 而戶皆以商賈富饒, 寺皆因洋敎破壞云。

屋舍制度, 如中國村落, 而我東之倉庫近之矣。△ 緇徒與居人, 來乞詩與畫筆、扇子、紙本, 競積于前, 畫員之揮洒, 不暇塗沫, 菊人之點綴, 老而益健, 能書者書之, 能詩者詩之, 試以消受法, 而其寶重遠人之墨蹟, 可驗也。余作一絶, 予寺僧大觀法號者, 詩曰: "永福山前闢勝區, 曇雲彗月淨千秋。曺溪一滴無量水, 去作滄溟萬里流。" 諸人匝坐之中有一人, 看目淸炯, 動止安詳, 見余而頗有親昵之意, 叩其姓名官職, 乃山口縣 官源張輔也。本是源氏, 而七年前有大更張以後, 幷去本姓, 改賜複姓, 今爲高島氏, 他姓亦皆如是, 號曰九峯, 文筆極佳。時正使寫一篇, 揭于壁曰: "錦帆無恙赤間津, 萬里吾行不世因。此事何曾來夢想, 居然永福寺中人。" 少焉九峯寫一絶, 要余呈正使, 詩曰: "錦帆直發釜山津, 奉使扶桑結舊因。休道烟波千里闊, 天涯亦作比隣人。" 余亦次贈一首: "駕海東來問去津, 文章邂逅豈無因。信息從今千里近, 夢中長作意中人。" 九峯覽詩大喜, 更以一篇致謝: "征帆且憩赤關津, 萍水結成文章因。硯海一泓剩詩墨, 不妨明日夢中人。" 正使又和之: "眉際盈盈口角津, 揭來文字儘奇因。浮生逢別秖增悵, 他夜相思夢裏人。" 余復續和以贈: "悠悠四海茫無津, 兄弟從今證夙因。隔在一泓知不遠, 年年此路有行人。" 九峯極爲致謝, 且曰: "屬意懇摯, 願乞正使扁額筆蹟。" 致其情曲於正使, 乃以"九峯"二字、"一心如水"四字, 書以傳致, 九峯益稱感激。余曰: "半日文緣, 隔壁相聞, 何不一次進候於我正使也。" 答曰: "我非迎接官也, 且有外務省幹事之人, 安得任意進接耶?" 余知其有禮不得强焉。向暮告以還衙, 期以明早再見而去。△ 夜深擁衾而寢, 冷氣砭身, 朝起飮松竹酒一杯, 便覺舒泰。△ 翌朝將上船, 九峯來與話別。

【自釜山至馬關八百里。】

**初二日壬辰**。晴。蓐食後, 乘小艇上汽艦, 點照行李, 訖仍行午餐, 奠方几于長卓上, 飯、湯、沉菜、淸醬而已。自萊府造備饌榼一部, 以爲遠將之具也。未時量發船, 【盤針指卯。】迫暮過向浦, 自馬關左右靑山, 挾水森立, 間海以進, 波勢穩東, 夜深安睡, 向曉少雨歷, 碌鳴於甲板上, 風力忽勁, 身搖夢覺, 其覘琉窓, 茫然如鴻濛之初闢。

**初三日癸巳**。晴。盥櫛訖出立於上板, 則雨氣初收, 朝旭始昇, 長門諸峰髻, 行于北邊, 周防群山, 帶繞於南岸, 鹿老小島, 浮在波面, 漁村尖屋, 簇羅浦上, 北望安藝州境, 林泉精秀, 黃麥滿田, 蒼松架厓, 縹緲乎無一點刧氣, 殆有似乎放船於鴨鷗亭下而望水落、望月諸山, 令人不覺望美之思, 油然而生矣。△ 午刻舟過小豆島之南, 【針向寅卯。】南望杉松鬱密, 城郭隱映, 問之乃高松城也。申刻【針向丑寅。】舟過播磨州之南, 南海道之北, 波面快濶, 東望翠峰低繞, 是淡路州之境也。路出七島、淡如島之間, 【針指午丁。】風帆浪船, 競出夕陽之外, 或載柴荻, 或載魚鹽, 或刈麥而積之, 包什而綑之, 皆契活事也。行數時頃, 【針指辰巽。】此云神戶, 盖百餘里云。船上偶占一律曰: "日夜浮浮上下天, 胸襟許與步虛仙。播磨境繞長洲北, 淡路山低暮靄邊。黃麥滿田秋已熟, 翠杉分巷屋相連。壑舟皆動心先定, 此地吾生大覺圓。" △ 戌刻風勢少蕩, 【針向卯辰。】子初到泊于神戶浦口, 地繫南海道之五畿攝津界也, 一稱兵庫縣, 自馬關至此一千七百里。

**初四日甲午**。晴。曉起四望, 西南則波光接天, 東北則人家撲地。朝飯後, 各乘小艇, 具威儀, 出神戶北港, 屋宇稠疊, 從里門而入, 鐵戟周遮爲籬, 中以鐵絡穹然聳高爲數丈, 門中懸一坐琉璃燈, 行進數三十步, 有虹霓小門, 踏碧板層階四五十級而上, 上開一樓, 塗以白菱華, 前面三壁以玻瓈, 設兩板門, 平分四間, 而隨間皆然, 以淡黃草書屛隔之下, 布雜紋氍毹。正使房安一坐高足圓盤, 覆以綵旗, 以丈餘大壺, 揷菊花、石竹之屬, 中奠方卓一坐, 貯福字糕、紅白黑糖茶食、細紋紅白卷餠, 進茶罐及鍾以俟其啜。行中各房, 亦設兩卓, 隨人員之多少, 皆列交椅。從東邊軒門而下層梯亦如之。稍北而開廣廠, 花卉之屬, 列於庭畔。其西又有精舍多少, 問之則乃商人會司之所 云。此港人戶不過萬餘, 而俱是富饒, 樓閣相望焉。進午粲,【自日本支供。】飯羹各一鍾、生鮮炙及湆、菱茸松茸湯、片膾一楪, 有生菁菜、苦萍一撮、水苽五六片, 沉於醋醬, 沉苽及蔔片, 聶爲一楪, 道味魚一尾烹而和麵, 使精明小兒行酒, 酒後諸膳隨量連進, 有飯菓, 生薑軟筍染紅一本、黃檎二顆、生茸一拳而已。△向午兵庫縣令神田孝平來, 而請謁于使臣, 使臣使堂上官傳言曰: "我方少憩于此, 而初無公事之相關, 則私與相見, 似不穩當云云。" 縣令唯唯而退, 使本縣大屬彭城昌實, 齎刺而問候, 大屬磬折而立, 使臣擧袖而揖, 大屬使通事致辭曰: "遠來勞苦, 故縣令送啣問安云云。" 譯以答之曰: "如是勤問, 不勝感謝, 國事攸重, 行人無事云云。" 大屬遂拜爰而去。向晡使掌務官, 率通事及日本傳語官, 持刺【只書掌務官姓名。】往謝于縣衙, 衙官方以使行船隻檢察事出浦邊, 而本縣十四等出仕田中敬直, 書刺答之曰: "縣官適因幹出他, 將以此語, 代爲告禀云云。" 縣令揭榜于閘門之側曰: "朝鮮使行, 今夕將宿於港閭里, 燈燭一倍, 另飭以爲供翫之具云云。" 及其還大船, 自初昏至曉, 村燈熒熒, 綴繩懸燈, 爲竹葉形者五處, 船上亦奏鼓吹, 以表其知。△在會社樓上, 男女觀光者, 如堵於其下, 而洋人與漢人, 往往相雜, 抱負洋孩, 皆以商賈事, 或爲往來, 或爲留連云。兵庫港前, 火輪船有十四隻, 其標幟有三色旗, 前靑中白末紅者, 英國之船也; 上紅下靑中嵌而白者, 俄國之船也; 又有純白純靑者, 西人之別幟也。漢人則皆隨洋舶來與周旋, 而白質而紅點【或中爲圓點, 或中連三點。】者, 皆日本之船也, 洽爲七八隻焉。△會杜樓見《萬國公報》, 大淸國事, 四月十三日, 高麗欽差帶領隨員, 及附屬五十餘人, 前往日本國 東京住箚云; 日本國事, 前之臺灣、今之高麗, 兩事皆緣前例侯屬之類所始, 然無不導循國之所議新例, 惟望國家勿謂更換, 新例之中, 猶有舊制, 未全改定爲難, 但須儘力改換, 想我國君民官賈, 無不樂從也, 且佩刀者, 奉新例, 將所佩之刀, 全行棄之, 似有永享泰平之樂也。又有一條曰: "日本國家, 革故鼎新, 無事不宗西法, 此誠悅之深, 而信之篤也, 欲卽其所改之西法而歷述之, 有不堪枚擧者矣。" 玆又之知日本通書, 亦遵西歷。按日本舊歷, 與中歷不甚懸殊, 其停工之日, 每逢月之一六日, 爲限定之期。今悉日本, 自本年爲始, 改造西法, 於禮拜日停工, 眞可謂善變者矣。夫西人所厚望於日本者, 望其能善變也。日人出洋返國, 親見西法富强其國, 故慕之效之, 欲爲富强計耳。其改用禮拜日停工, 不更上一層哉! 但西人於禮拜日停工, 係聽傳敎者宣講聖經也。日本向崇佛敎, 近知全屬虛無杳渺, 不足爲憑, 欲出幽谷, 而入光明世界, 可嘉之至, 故西人傳敎一事, 非但全無阻禁, 且可卜其信從也。△神港船上占韻共賦。蓬瀛咫尺庶幾登, 渺渺羈懷也自勝。環渚薺森千挺帆, 徹宵星散萬家燈。銀漢喬松人共在, 金陵荷桂地相能。望華誓海今如古, 圃老 秋翁過此曾。△縣令使市人, 進生梨、蜜柑、枇杷實【色黃而小如靚桃。】一筠籠, 受之而均分於船中。

**初五日乙未**。風陰。辰時發船, 【針向卯。】 行百餘里, 便爲大洋四無點山, 盖太和州之南也。風勢似不甚大, 而船艦搖蕩, 過於前日西海道也。當午, 【針向寅卯。】 艦勢大搖, 人多眩臥。疊前韻呈上价。倏如其下忽如登, 住此人皆眩不勝。物情四海歸迷鏡, 緣業三生悟轉燈。搖蕩夢魂無適可, 浮沉身世自然能。靜倚篙窓黃卷在, 先師座上侍顔、曾。△申刻, 【針向寅卯。】 舟過近江州之南, 南極浮空之濤, 從此抵美國, 爲一月程。北望環屛之峯, 乃八幡、彦根之山也。前此舟楫, 絡繹不絶矣, 至是而無一葉艑, 可知其巨浸而依山, 港口略有小艕焉。北岸上立四五丈燈臺, 白如遼塔, 所以驗照往來之船也。

**初六日丙申**。晴。自夜半始入紀伊之南洋，日出登甲板而望焉，四方浩渺之中兆天，一髮靑山，若存若亡，是紀伊州之初境山云。風浪大起，徹夜不寐，最其中訓導與上判事，頓無省覺，自昨晡，勺水不擧行口，頹唐不振，而其次乾粮官、禮房軍官，皆暈不能起，下隷之屬，不能擧行者十八九，稍幸正使與余，大耐到此耳。辰時【針向寅卯。】此爲遠江州之南洋也。風濤益險，四望無一拳之山，千里無一片之帆，可量其行路之難，而廚房之屬，皆以水疾，不堪炊飯，遂借爨於日人廚房，上使與余及竹尊、兵房、別遣，參於食堂焉，下屬則通引洪致肇、使令漢甲，僅僅顚倒應役，餘皆昏倒不省矣。△申刻【針向寅卯。】午饍尙未炊，緣於水疾，故借食於日人廚房，而纔四人對卓焉。飯後出步甲板上，北望御江之御前崎，橫亘於四五十里，其顚有燈臺白立，每險灘之濱，以此標之，國規也。纔移時，駿河州之初境始露，有山縹緲出沒百餘里之外者，富士云。酉初東望，淺山若存若亡者，伊豆州之界，而今夕可過此，而江戶只餘五百里云。酉正舟過伊豆燈臺之南，波面有巨巖四五處，或如屋宇，或如笋蔘，而黑立，又其南大巖，周可十餘里，立燈臺於其巓，置人家數脊，運柴粮以繼給，永守燃燈之役云。船出兩巖之間，戌亥之量，風浪大起，簸揚轉甚，酒壺茶鍾，圜行船中，人皆衎暈益甚。夕與正使，漫作僿談瑣說，以爲鎭優之資焉。子初始欲就睡。舟過相模州之南，灘勢之艱險，從古有名，故商船漁檣，皆不由此云。

**初七日丁酉**。曉頭雷聲隱隱，電光燁燁，雨下如箭，須臾少捲，而已到寅初，船泊于武藏州之南橫濱之港，此去江戶 東京，爲一百里陸路也。自神戶港至橫濱港，合爲二千四百里。△朝飯後乘小艇，一齊向東南岸而下陸，行里餘入會議社樓，【人力車已待令于津頭。】此樓亦二層，而屋宇俊雄，分四處暫住行茶，訖又進黃糕一楪、密柑·生梨一器、葛粉飮一椀，居無何卽發，三里許【又各乘人力車而行。】至鐵路，關門爲三重，高爲二層, 上設飛閣, 皆塗以白色, 有上中下等待令之所。外務省三等書記奧義制、傳語官浦瀨裕, 迎候于此, 語意勤摯。上使以下, 分序各乘火輪車, 從鐵路而轉, 上餙如屋子樣, 間間帖琉鏡, 炭烟一起, 十一從車, 一時俱走, 山川草木, 星奔電馳, 一瞬之頃, 至品川。人家稠密, 市肆雄麗, 前臨大海, 海色接天, 水面往往設墩臺四五處, 前日關白, 屢與洋人水戰, 時所築者也。前行至新橋, 【自橫濱至此, 爲九十五里。】 不過四刻之頃也。正使下輪車, 乘六人轎, 具威儀而徐行, 從官皆乘人力車, 行十餘里, 屋舍相連, 廛記高開, 歷十字街者三處, 過二層樓者千餘不計, 男女、漢人、洋人, 磨有接踵, 駢闐道傍, 兵士八對, 乘馬前導, 海軍數百, 持白棒擁路, 而行至延遼館, 【前日大藏卿所居之處, 一名"富小路館"。】 自上房至隨員, 所住皆布雜紋氍毹, 每間二人對居, 各有壁帳, 皆有書冊數帙, 或《壯悔堂集》、或《瀛環志》、或《西醫畧論》等書也。少焉進飯, 極其精豊焉。△ 路傍廛記曰"藥種"、曰"和漢洋海軍會議所"、曰"御茶所"、曰"針問屋"、曰"人相"、曰"畵本雙紙問屋"、曰"氷水"、曰"蕎麥"、曰"和漢洋明教所"、曰"文明堂"、曰"茶"、曰"太"、曰"酒所"、曰"小賣茶"、曰"小買蔦"、曰"萬桐油"、曰"西洋服裁縫屋"、曰"西洋御禮服裁製"、曰"千金美娃問屋本家"、曰"各國會定所"、曰"活字"、曰"萬國新聞"、曰"貨布"、曰"賃金"、曰"和漢洋議定新聞"、曰"廣文院書林"、曰"博物志"、曰"農業雜志"、曰"金丹"、曰"救死回生靈應丹"、曰"農業三事"、曰"寫眞畵鋪"、曰"砂糖"、曰"牛肉御鋪"、曰"鐘標"、曰"果"、曰"鮮"、曰"陽傘"、曰"靴子"、曰"帽子"、曰"馬車"、曰"人力車"、曰"火輪車"、曰"船"、曰"函舘"、曰"柩材"、曰"筆"、曰"墨"、曰"唐紙"、曰"硯", 此等之屬, 皆寫于紙而揭之, 不可彈記。△ 自橫濱至神奈川、品川, 田園相望, 牟麥汚邪, 仟佰整整, 無一偏側, 傍栽梨桑之木, 皆成一字, 規矩有度, 水田則方秧針抽綠, 翻畊灌沃, 田界皆竹木密揷, 而曲折成籬, 人家【略有草屋。】俱以木�齊肩周遮, 不可逾越。百餘里布電機銅線八條, 十步立一柱, 四層爲鐵椿子掛繩, 若有急奇, 則書某事于紙, 着之于線, 則頃刻之間, 走現于所至之處, 互相通信者也。△ 入館所居無何, 外務省少丞古澤經範, 齎刺請見, 正使換着濂明冠、鶴氅衣, 出坐于接見所【在處所之南。】小丞娄拜, 正使揖而答之, 分交椅而坐。小丞曰: "駕海萬里, 利涉至此, 誠極萬幸, 而不至大段勞頓乎?" 使以通官浦瀨裕答曰: 【浦瀨裕, 則前日最助之改姓名也。】"使事之來, 所以重兩國之好, 不敢言勞, 而屢承迎問, 今又躬存, 不勝謝云云。" 小丞曰: "三百年講和之餘, 繼修舊誼, 這間必有他公幹之可商確者也, 幸須一一言之, 則當善爲周旋矣。且書契中, 傳致必也擇日, 擧行爲好云云。" 使曰: "今番則所以答江華貴國使行, 而修其舊信也, 別無他公幹, 而如有可言之事, 則先公後私爲宜, 明日巳時量, 當躬往外務省相接後, 使訓導傳呈書契矣。" 丞曰: "然。明日外務卿及大輔、大丞、權大丞, 當來待于本省矣。堂上官二員、上判事一員, 隨行爲好云矣。" 訓導曰: "上判事有二員, 而只以一員帶去, 恐非得當例云云。" 丞曰: "然則正官四員外, 更勿帶領而來爲可云云。" 以是爲定。入館後有約條。

◆代言。自外務省所送。

一。府內人家, 極爲稠密, 最畏失火, 故雖令監卒, 日夜巡警旅館內外, 亦請貴客, 各自戒愼。

一。旅館傍近若失火, 則從火勢所向, 接遇官誘導以避之, 卽淺草 木願寺、芝 金地院, 是其轉寓之所也。

一。貴客, 若有一時感昌, 及心思不佳等, 則必須造告其情, 以請醫察, 便豫有醫官之備。

一。時漸溫熱, 若房內不潔, 則或恐障害貴客之健康, 故使房直, 時時入室掃, 莫訝其唐突。

一。貴客出遊, 雖使通辨導者導之, 若不要之, 則不必跟隨, 任意出遊, 固無妨也。車馬亦然, 欲乘則乘, 指顧可辨。且夜間徜洋市街, 亦一奇, 慮導者之勞, 而不敢出者, 非接遇官本意也。

一。貴客出遊, 或恐迷于路岐, 故豫附木牌, 記以旅館所在, 若失路窘迫, 則以是牌示警察官, 該官懇切指示以無過。但府內設有警察官, 無處不巡視, 該官則着紺黑色服, 持三尺許杖。

一。市街無處不設厠圊, 以便于路人, 且人民家屋中, 亦各設之, 故苟不於其處屎尿。但市街厠圊, 塗之以白粉, 縱七八尺, 橫三尺, 乃至六七尺。

月日。

**初八日戊戌**。曉兩朝晴。正使率正官四人, 往外務省, 使堂傳呈書契。

大朝鮮國禮曹判書金尙鉉, 【禮曹判書之章】 呈書日本國外務卿閤下, 維時首夏請和, 伏惟貴國雍熙, 本邦輯寧, 均堪讙誦, 本邦之與貴國, 隣誼懇款, 蓋有三百年之久, 則脣齒攸依, 心膽相照, 固其宜也, 忽因事端, 彼此疑阻, 抑亦遐㫛之地, 傳聞之言, 何能保無差爽? 迺者, 貴國大臣, 航海辱臨, 本邦亦遣大臣, 迎接於畿沿鎭撫之府, 談晤歷日, 辨理精詳, 積歲含蘊, 一朝開繹, 何等快活, 何等忻幸? 惟我聖上, 深念舊好之續修, 特派禮曹參議金〇〇前往, 庸寓回謝之義, 尙鉉秪承寵命, 謹將尺幅, 陳告大義, 庶幾照領, 欣慰無斁, 恭希若序保愛, 以副遠懷。不備。

丙子四月日。

禮曹判書金尙鉉。【禮曹判書之章】

光緖二年四月初二日。

虎皮二張。△豹皮二張。△雪漢緞二疋。△白綿紬十疋。△白苧布十疋。△白木綿十疋。△各色筆五十柄。△眞墨三十笏。△憑付隨員, 畧伸菲儀, 哂收是望。

丙子年 四月日。

禮曹判書金尙鉉。【禮曹判書之章】

光緖二年四月初二日。

啓

大朝鮮國禮曹參判李寅命,【禮曹參判之章】呈書日本國外務大丞閣下, 維夏始熱, 緬想台候鴻禧, 溟海隔遠, 傳聞易訛, 兩相疑阻, 屢閱星霜, 每念隣交舊誼, 不勝慨歎, 何幸貴國大臣來, 與本邦大臣, 洞析明辨, 無復留碍, 有若蘭畹, 雨收風定, 而其臭固自如也? 今奉朝命, 特派禮曹參議金綺秀, 以寓修謝之義, 從玆敦宿契而訂永好, 懽欣曷已? 肅此不備, 仰惟照亮。

丙子年四月日。

禮曹參判李寅命。【禮曹參判之章】

別幅。

豹皮二張。△ 靑黍皮十章。△ 雪漢緞二疋。△ 白綿紬十疋。△ 生苧布十疋。△ 白木綿十疋。△ 各色筆五十柄。△ 眞墨三十笏。△ 憑付隨員, 畧伸菲儀, 哂收是望。

丙子年四月日。

禮曹參判李寅命。【禮曹參判之章】

正使至外務省, 少住外廳, 只許入別遣堂上二員、兩判事, 不許混升, 而到接見處所, 則外務卿寺島宗則、大輔鮫島尙信、大丞宮本小一、權大丞森山茂、權少丞古澤經範, 相與施禮坐定, 卿使浦瀨傳語於正使曰: "遠涉風濤, 不瑕有損乎?" 使答曰: "奉君之命, 修二國之好, 安敢以涉海爲難乎?" 大輔、大·少丞, 亦各以次寒暄又慰存, 兩堂上亦如之。宮本、森山曰: "貴國申大官, 近果泰平耶?" 使曰: "然。" 宮本曰: "僕曾往江華, 貫知貴國事矣。今行若有難事, 須通奇于僕, 則當極力別圖矣。" 使曰: "今番只以答前使修舊好而已, 似無別般至難之事, 而如有相確之端, 則當卽議及矣。且使事之竣, 還似不至多日濡滯, 則伊間可有種種奉晤之道耶?" 卿曰: "萬里海程, 勞憊想多, 幸須幾日休息, 從容遊覽, 俾從曠暇, 未知何如?" 使曰: "供億之精新、行遊之紓緩, 誠感意, 而惟我聖上, 繼始隣誼之講敦, 送使臣於年久未遑之餘, 故凝佇日深, 爲使臣者, 秖以克竣使事爲程限, 而至若流覽等事, 將暢我私懷也, 維十日之通, 可以從容, 則從容,【從容猶舒緩之意也。】 一朔之遠, 不從容, 則不從容也。" 卿與丞皆曰: "使事似無曠久之慮, 而遊陟暢情, 惟公所意, 則似安於爲主之心也。" 使曰: "第當如戒矣。" 訓導以書契傳致, 森山坼緘, 而開呈於大丞, 大丞則開械而納之於卿, 卿覽之。是時障外列坐大丞七八人, 小丞亦如之, 而不敢參觀焉。禮畢, 使臣出外廳, 大丞亦隨而出, 與玄濟舜叙沁都舊面, 而迎送頗款摯焉。外務省在都城內, 四年前宮闕失火, 尙未改繕, 國君方移住十里外赤坂離宮【在城西紀州界。】云。自館所至省, 爲十里許, 使行初以直路而往, 及其還也, 導以迂路, 盖欲夸美也。△當日午後, 宮本小一及森山茂, 以回謝次至館舍焉。正使與訓導, 正衣冠出接見所, 相與施禮分坐畢, 訓導與浦瀨坐其間。宮本曰: "今番之行, 雖無拜見我皇上, 特欲接見, 意下如何?" 使曰: "鄙人來時, 初無國書, 則實無拜見貴皇上之禮也, 所以未承我主上之命也, 則鄙人之擅自行禮, 不可也。" 宮本曰: "不然。我皇上自聞信使之來, 計日以待之, 故俄已以使行東到之意奏達, 則我皇上敎以不日接見矣。奈何?" 使曰: "貴皇上軫念鄙人自遠方來, 特有此曠絶之禮數, 伏不勝感激, 鄙人亦何可一例固辭? 謹當依敎行拜見之禮矣。" 宮本曰: "四年前皇城失火, 近移皇居于赤坂, 地距此可十里而遠矣。拜見之禮, 不可不預定日子, 以爲奏達之地可也, 再明何如?" 訓導答曰: "再明則五月初十日, 我國國忌日, 則再明行禮, 似不可也。" 浦瀨曰: "然則明日何如?"

訓導曰: “我國國法, 尤重坐齋日也, 明日亦不可。” 浦瀨曰: “貴國國法, 吾亦知之, 午後罷齋有何不可?” 宮本曰: “我皇上方行北巡矣。聞信使之行期有日期, 欲接見後動駕, 初以去月念五乘船日子, 較量使行入京日子, 入京後卽爲接見, 以接見後日動駕, 擇日頒示矣。及聞行期之差遲, 又特收已頒之令, 更擇以我國曆六月三日, 卽再期後二日也。今不可以遷就矣。奈何?” 使曰: “貴皇上特命旣如此, 感激不盡, 再明旣是鄙國國忌罷齋之日, 則早晩何擇焉? 謹當依戒行禮矣。” 大丞曰: “行禮特不得不有節次服色, 貴國之法何如?” 使曰: “鄙國之法有大際拜, 則以黑團領肅拜於闕內閤門外, 若有入侍之命, 則以紅團領入侍于便殿, 殿坐南向, 則至殿上廳端, 東向行曲拜單拜禮, 由殿之夾門入, 或伏于御榻前, 或伏于御榻稍遠處, 有下詢言語, 必起伏而對之, 使之退則退, 退時至於曲拜處, 又行曲拜而出, 若奉命及他行出去, 入來時, 只以紅圓領, 肅拜于閤門外, 若入侍則如前入侍例也。貴國節次則如何?” 宮本曰: “當爛漫商確, 奏達酌定, 後仰報節次矣。” 使曰: “肅拜之地遠近、入侍之行與否, 當依俯示, 而至於行禮之節, 當以相見我主上之禮, 相見貴皇上矣。此意須諒會焉。” 宮本曰: “唯唯。” 森山曰: “我國國法, 各國使行之來, 必歷謁八省卿, 卿不見, 只呈名帖而歸, 例也。再明行禮後, 改日卽行此禮, 可也。” 使曰: “此未曾行之禮也。” 森山曰: “此各國通行之規也, 何不可之有? 且曾前通信之行, 亦見閣老者, 亦有此例也。” 使曰: “通信前例, 吾亦知之, 但致國書于關白, 處館宇幾日, 受回書而歸而已也。若或見閣老, 此不過朋友尋訪, 今不可爲例也。且鄙國羅、麗以來, 事大交隣, 皆有謄錄, 只幹本事而已, 無他私交矣。於近日年使之至中國也, 只幹事于禮部一處, 禮畢而歸, 未嘗歷謁于各部各省, 證左照然。今此之行, 奉我主上之命, 直語貴外務省謝春間貴价之行而已, 未聞有他省歷謁之命, 則今此擅行他禮, 鄙人之所不敢也。” 森山曰: “各國之使, 一例歷謁, 已爲規例, 今此信使之行, 各省之卿, 依例待之, 則外務省亦不可以口舌解也。各省卿若皆見之, 則可以行之乎?" 使曰: "此則不然。鄙國國法, 謹拙成規, 不敢有擅便之事, 今不可以擅行此禮也。今貴國之於鄙國, 復修舊好, 永以爲好, 則二國無異一國也。鄙國之謹守拙規, 貴國之所知也。庶無强其所不强, 且今番之來, 專靠貴省之周遮回護, 則各省縱或有言, 貴省之善爲說辭, 俾無是非之端, 鄙人之所深望也。顧兩公厚恕焉。" 森山曰: "姑且商量, 圖所以方便也。" 宮本曰: "公之入我境也, 所見所聞, 無可怪可笑之事乎?" 使曰: "平生家食, 一日駕萬里之海, 洶湧之是怵、搖蕩之是懼, 躬之不閱, 況恤乎聞見之可怪可笑乎? 但時上甲板, 身雖動盪, 而長風波浪, 亦足暢我胸懷, 是則可喜也; 及其下陸, 見宮室之美、市津之殷, 可認貴國之豊盛, 是又可賀也, 幷不見其有可怪可笑之事也。" 宮本笑曰: "衣服之制、舟車之用, 似不無可怪而可笑也, 此果可喜可賀之事耶?" 使曰: "曾見信行所記, 畧有所得於貴國制度之間, 上衣下裳, 寬大眞率, 板隔茅圍, 疎雅精密, 一見可認貴國衣服、宮室之舊制, 苟見此, 則心乎愛之, 未知其他也。" 宮本曰: "非謂此也。近製之衣服、宮室, 皆洋製也。日本人心, 本自輕薄, 見人新樣器物, 必愛之而欲之也, 故任其所好, 姑與之習爲而已。且臨陣乘船, 非此衣莫可, 所以姑從其製度, 此又不得不然者也。" 使曰: "便利器具, 固然之事, 而公言衣服、宮室, 姑從民之所好而許之云, 吾且仰嘲可乎? 公等之服, 旣是洋製, 則公等亦有所好而爲之者歟!" 因大笑。宮本亦笑曰: "此皆不得已也, 不有趙 武靈王故事耶? 貴國衣製, 亦豈無隨時而變者耶?" 使曰: "鄙國衣製, 未之或變也。鄙國始祖康獻王, 與明 高皇帝並立, 而衣服、製度, 一從明制于今五百年, 上下貴賤, 分等定規, 未之或變也。" 宮本曰: "我國四面受敵, 又非貴國之比也, 所以苦心爲此者, 表裏山河, 苟得無失焉而已, 吾國亦豈樂爲此也?" 因咄嗟久之。使曰: "無傷也, 前言戱耳。貴國之苦心爲此者, 業已仰揣, 無甚見外, 前言固善謔也。" 森山曰: "時時出游, 器械之利焉, 而制度之便焉,而習之, 公其圖之也! 如今兩國, 須相愛護, 公其視之, 苟欲效而習之也, 吾輩當竭力貢一得之先也。" 使曰: "甚盛甚盛! 古諺云: '利器不可以示人。' 今貴國非徒示之, 幷欲其效之, 可認於我國有別般愛好, 而亦可認大國之風泱泱乎、渢渢乎也! 甚盛甚盛! 游觀之事, 第當隨隙圖之, 以無負勤注之意也。" 遂相與肅揖而散。【外務卿來館外留御而去, 禮也。】

**初九日己亥**。晴。申時量, 自外務省, 送公文一度、書簡一度, 所以奏達赤坂行宮先定拜見日子者也。外面書 【外楲合封處, 着日本國外務省圖書上下各一。】"朝鮮修信使金貴下"、"外務卿寺嶋宗則"。譯漢文。【內有片簡印揚楷書】

玆[3]照會者, 貴下以修信使, 來我東京, 卽恭奏我皇帝陛下, 陛下深嘉之, 特旨準貴下謁見, 我六月一日午前十一時, 須昇赤坂皇宮, 爲之告示。敬具。

明治九年五月三十一日。外務卿寺島宗則印。

朝鮮修信使金綺秀貴下。

以書簡致啓上候然ハ貴下今般修信使トシテ御來着ノ趣我皇帝陛下ヘ及奏聞候處滿足ニ被思召候依テ特別ノ叡思ヲ以テ貴下ヲ御引見可被成旨被仰出候條來ル我六月一日午前十一時赤坂皇居ヘ御參內可被成候此段得御意候。敬具。明治九年五月三十一日。外務卿寺島宗則印。

朝鮮修信使金貴下

修信使以華簡答書, 外緘寫"外務卿閤下"。

---

3 "玆" : 원본에는 "慈"로 되어 있으나 문맥에 맞추어 "玆"로 고침。

伏蒙尊駕光降, 繼以華緘, 傳到公文一度, 謹當依此趨走, 特荷耑指, 尤切感誦, 泐此順候。

五月初九日。修信使金綺秀。着圖書。

遣掌務官送別, 獻物種於外務省, 所以轉達于赤坂宮者也。△雪漢緞五疋。△虎皮五令。△豹皮五令。△靑黍皮二十張。△白苧布二十疋。△白綿紬二十疋。△白木綿二十疋綵花席二十張。△鏡光紙二十卷。△黃蜜三十斤。自外務省受之, 而有信標焉。△入館後至此日, 上下所供, 自日本進排。

**初十日庚子**。晴。辰刻正使着有樣黑團領、烏紗帽, 乘六人轎, 整儀而行, 喇叭吹以前導, 軍令也。樂工設而不作, 國忌也。堂上二員, 以公故而赴焉, 軍官二人, 以私行而隨焉。十餘里至赤坂城, 歷二門而入, 始下車, 通官導而進, 到空曠外廳, 惟正使北向四拜禮, 訖又引而入, 有廣大一房, 此其閤門外歇所也。先使入小重門, 審觀入侍處所, 還出歇所房, 少憩, 傳道殿座云, 而威儀騶走甚備, 遂引正使, 入正堂, 換着紅團領, 紆廻而進閤門內, 行東向曲拜禮, 又直前而單拜鞠躬而立。公卿以下十餘人, 着紋綉上服, 手奉毛兜子, 次第分立於東西, 其闥內一房, 安寶桌于北壁, 下有一人被黑賁金綉之衣, 頭不戴帽, 短髮沃若, 顔充而不豐, 眼炯而不流, 貌聳而直, 身頎而揚, 年今二十五可量, 其英明之君也。仍退步而出閤楹外, 又行曲拜, 還歸歇所, 俄而外務卿及大丞、權大丞、式部頭【猶我國之禮判。】、大輔諸人, 隨到舒禮, 畢有賜饌各一盤, 千年餠、竹葉糕、硯面餳、紅白飣, 及氷汁一鐘, 以雪糖和鴡浸氷, 味極甘而性極冷, 便入口而臟神訴凉, 猶醍醐湯之屬也。堂上官以下, 皆令齎持, 所以重其賜也。將出之際, 權大丞曰: "使臣回館之路, 周覽東京宮苑之意, 有上命吾將先往待之, 直馳先去。" 正使言於大丞曰: "如是眷念, 使遠人詳贍大內之景, 誠極感頌, 而今日適値齋戒, 流覽暢叙, 自有不安于中者矣。將往權大丞所竢處, 面致其由而歸矣。” 行六十里許至都城, 從西門而入, 當闕外而浚濠, 濠內週以宮牆, 如是者凡五重, 正殿雖經鬱攸, 而老木參天, 多少樓臺, 位置後囿, 或覆以枌片, 【日人以木片盖屋, 曰枌。】 或以茅苫, 百餘步, 虹橋以銅索橫懸, 波上千萬間蜂房, 以金碧輝映天際, 可詠可觴處, 曲曲有之, 以團飯一榼, 【白飯榻之於茶食圓板者。】 綺膳一樻, 使之分嚼療飢, 因謝而起, 從稍高處南下, 品川大洋, 平舖眼下, 神奈閭閻, 稠撲地面, 亦可供玩。未刻還館所。△ 申刻權小丞, 來遠遼館, 以正使之勞撼, 不爲進現, 使通官傳語曰: “再明日, 將行宴禮于遠遼館, 【距此爲十餘里。】 只與堂上官參會, 而以馬車迎往, 所以重遠賓云。” △【每夕以紅爐實瀹以爲燭, 燃於烽臺, 又以石炭煤油燃於灯盞, 以燈心爲炷, 則厠奧廳亦然。】 信使述言曰: “辰時詣赤坂, 見日本皇帝, 初以黑團領, 行肅拜禮, 小歇, 皇帝引見, 入至門限外, 行曲拜禮, 趨前立皇帝, 椅前拱立, 中身以上, 面白微黃, 細而長, 眼爛爛有精彩, 神氣端穆, 未盡諦察, 傳語官告退, 退時不反身後步而退, 至於曲拜處, 又曲拜而出。外務卿、大丞、權大丞、小丞及大輔、禮部大輔【卽式部頭也。】、宮內卿, 相揖至一室, 團桌椅坐, 進茶設各樣糖屬, 琉璃鍾進氷汁和鷄卵成者, 味甘而淸爽可口。禮畢而森山茂去, 而復至言: ‘皇上有命, 修信使歸路, 入御花苑游觀而去, 使我伴行作主人。’ 余曰: ‘鄙人多病小游覽癖, 然旣有貴皇上特旨, 當歷路暫賞而去矣。’ 森山茂告先去料理。余隨而出, 至所謂御花苑, 乃皇城中皇宮門內苑也。滿地芳草, 樹木參天, 時有溪水洄渟, 駕以長橋, 平衍幽敻, 亦自可愛, 逶迤至最深處, 森山茂在焉。余曰: ‘今日卽鄙國國忌日也, 所以日昨之以今日行禮趦趄者也。禮雖勉强而行, 至於游賞, 則不可, 然旣有貴皇上特旨云, 故恭身到此, 旣到此見公矣, 只此告退, 可謂公私合矣, 盛意如何?’ 森山茂曰: ‘公言是也! 小歇, 此一盃酒論懷, 可無妨也。’ 遂對椅而坐。森山茂曰: ‘旅館孤寂, 何不出而游, 少紓鬱懷也?' 余曰: '鄙人性本習靜, 無甚鬱寂, 所以無心游玩也。' 森山茂曰: '泄泄終不知我苦心, 誰爲公恣耳目之娛也? 如今兩國是一家耳, 鄙國四向皆水, 所以外憂之至, 抵當不得, 有今日之擧, 而不可一任受制於人, 故務盡富强之術, 多置兵先利器, 到今兵精糧足, 器械一新, 庶可藉手禦侮。念貴國山川之險, 可謂愈於鄙國, 然猶多傍海, 則外憂之至, 其何以辦備捍禦乎? 所以吾輩之縷縷以游覽爲言者, 周察軍制, 美者化之, 一也; 審視器械, 利者移之, 二也; 歷探俗向, 可采者采之, 三也。歸貴國的確立論, 圖所以富國强兵, 唇齒相依, 以防外憂, 區區之望也。' 余曰: '感謝感謝。貴國盛意, 非不知也, 今番之行, 亦非不欲携幾個才藝之人來, 制度焉口以貫之, 兵器焉手以仿之, 以至俗尙焉耳目以倣之, 而只緣兩國許多年疑阻之餘, 幸有春間之擧, 則今日急務, 不可不蚤自來謝, 而六個月後, 必有貴個之來, 故我朝廷期欲先此修信, 摠摠治行, 實無暇念及于此, 且鄙國成規, 先信義而後事功, 所以今番之行, 專修舊信爲急先務, 而鄙人亦自山裏措大, 見聞不曠, 才識茂如, 雖手把器物, 終日摩挲, 實不知何者利而何者鈍也。一行隨員, 亦皆以謹拙自持, 苟無得罪者爲準, 則其亦類乎鄙人而已也。雖日日游而日日賞, 徒形役耳, 無所益焉。今且竣今日之役, 歸後爛商, 亦於貴個之來, 更加確議, 極擇聰明才智之士, 送來請益甚好, 亦不必以使命爲準, 只如渡海已例, 亦自無妨也。若或學而不得其妙, 請借貴國工匠, 去造幾個有用之器械, 亦自有餘, 何必苟循游賞之戒, 猝猝塞責, 無得於己, 而辜負盛意也? 所以游賞一款, 今且置之, 以待他日可也。' 森山茂曰: '公言亦可。' 因盛言自家兵精糧足, 無復懼外憂之意也。' 余曰: '貴國旣如此富强, 外憂之至, 宜無藉手於我, 而猶且惓惓可念, 盛意之攸在我朝廷, 亦豈不諒此至意也? 但鄙人無才, 實不可卒乍有得於游賞之際矣。幸望無少疑阻, 事事指教, 鄙人當銘心鏤肺, 歸報我朝廷也。' 森山茂又曰: '每與貴國商辨, 支離拖延, 無一下卽決之事。我國則不然, 爲利於國, 則上下心斷然行之, 無所持難也。六個月後, 細節之定, 亦無甚難事, 而若或如前遲延, 則令人沓沓也, 寧不難哉?' 余笑曰: '我國規模, 元自如此, 非如貴國之有專權大臣, 大臣不得斷行, 況小官乎? 所以小達于大, 下稟于上, 不得不有許多遲延也。且小心謹愼, 不從不恣, 自是我國一副素規, 則公等他日之役, 難保其事事聽從, 此則預爲諒會可也。概言天下許多事, 亦豈可盡如我意? 貴國有言, 吾未必盡從, 我國之言, 貴國亦未必盡施, 此則大率然耳。' 久坐憊甚, 遂起身肅揖而返。" △對馬州舊島主宗重正, 使通官送言于正使, 戀戀有舊誼, 欲一次來見云, 故先送訓導, 謝其款意, 留啣而來。△【外務省權小丞古澤經範、十二等出仕巖田直行、三等書記生奧義制, 以接件官, 晝夜來居于館所, 傳語官二員, 分日輪直焉。】

**十一日辛丑**。早陰晩晴。通官來言於正使曰: "自外務省別送大神藥一隊, 以爲消寂之方云。" 出坐于坂障之內, 使戱之於外處, 大抵如我國傀儡鰲棚之支流也, 有六人荷二櫃而來, 布席於地三間許, 開櫃而安於床上。一人出鼓而叩之, 鼓則腰長而圓, 不過一圍也, 枹則長可六寸許, 其頭之擁腫處大如栗, 而裹以紅氈; 一人擧鉦而撞之, 以銅爲大楪, 而內有層齒, 以竹撥扣之, 鏗鏗有聲; 一人吹短篴, 長爲六七寸, 圍爲大拇指, 若然出響以指壓之, 所以鼓動出神者也。一曰獅子戱也, 一人出獅子假面, 蒙之而立, 一人從後而蒙其文被, 前人之兩足爲前蹄樣, 後人之兩足爲後蹄樣, 或起而或走, 或顧而回旋, 或開口而嚼物, 丹舌捲舒, 或搖耳而伺聽, 金睛圓轉, 或伏而跐足, 或蹲而刷毛, 天然活物, 須臾披楦而出, 兩人竝立者也。二曰弄枹戱也, 一人突前而拜之, 以雙枹擲空, 以手承之, 少焉以三枹騰空, 纔到手而在手者飛上, 眩如雨下, 而無一落地, 間間一人, 奉鼓而立于傍, 則弄枹者, 瞥然槌之, 作雷鼓勢, 此拳法之熟也, 纔畢而拜而退。又一人拜而前, 三曰弄毬之戱也, 有物不輕不重, 團如鵝卵, 裹以紅旗, 先以兩箇擲而承之, 繼以三箇向空擲上, 或渺入半空, 或宛轉丈許, 東走西躍, 無一遺漏, 或故爲落地, 而激上數尺許, 便已在手, 或落于頂上, 或落于面上, 而畢竟受手乃已, 此其眼力之捷也, 纔畢拜而退。又一人拜而進, 弄枹小許, 弄毬小許, 又進一技, 四曰轉傘之戱也, 張小雨傘而立, 以紅毬擲空而下, 以繖承之, 圓轉於傘之腰, 毬轉之遲速, 在於繖揮之緊漫, 或轉于繖之簷, 居毬之半, 而終不落地, 或跳騰于空, 而落在繖, 則眩轉不已, 如是而已, 又以畵鍾投諸空, 而以傘承之, 其轉運之形, 與毬無異, 又以寸許彩木耑投空, 而承之以傘, 周流上下, 跳轉不止, 若生蟲之迅走焉, 向畢而遂以傘柄, 竪于頂上而行, 又以傘簷橫立于鼻梁, 蹈舞而橫行, 摺傘而拜, 拜而投之, 前者弄毬之人, 荐進而拜之。五曰累器之戱也, 以尺餘長竿, 橫薄板於竿腰二層, 板之近端處, 嵌而爲圓穴, 竿之頭以鐵爲燈臺形, 而疏越之, 遂以竿本立於唇上, 而傍人以畵鍾二箇授之, 則受而分昇於下層兩端板嵌上, 又以二鍾, 分昇於上層板嵌中, 又以一箇鍾, 安於上頭, 飜身迴繞, 而更以薄板, 加於竿頭鍾上, 使之不偏, 又取一鍾, 加於其上, 更取薄板, 橫安於鍾上, 爲十字樣, 又取兩鍾, 分置於板之兩頭, 如是纍積三層焉, 吹笛而盤旋於席上, 又以枹倒承於竿本, 以竹籤之尖端, 支立於枹頭, 而口含籤之稍, 闊頭聳身摑掌, 少不傾仄, 臬臬然危乎高哉! 遂次第收下, 放之床上, 鼓鼓一匝納頭, 而前退者轉傘之人, 又拜而前進, 打鼓枹, 須頃之間, 更呈一技。六曰彩籐之戱也, 以長竿三尺許, 爲二層彩棚, 兩端懸孑孑之綴旒, 或爲方席結鞘, 或爲流疏香翺, 而下層以黃藤結籐, 圓可二握餘, 長可數尺許, 通其兩端, 稍內而向上穿窾空, 最上層立兩鐵柱, 而上安燈盞小臺樣, 森然而喬, 坎鼓鏦鉦和篴助神, 手舞足蹈, 俄然聳肩, 揮竿而行, 以左手擲兩紅毬, 以盞臺雙擎, 少焉毬飛空中, 以下層籐窾承之, 毬從兩頭通闊處跳出, 受之以盞臺, 又連以窾孔受之, 回回不已, 轉轉不墜, 擧手一彈, 竿柱之有物纏束者, 翩然自開,乃兩箇畫扇也, 蝴蝶花卉, 燦爛便面, 更以一條十字竿柄, 揷于上竿之尾, 下竿之腰, 設一座佛龕形, 上層疊奠畫楪, 分四方而安之, 又以長竿, 承中竿之底, 高擎而行, 高可三丈有裕, 又以尖竹籤三四寸者, 接下竿之本, 横含口中, 或手接而走, 滿竿危怖之物, 固自如也, 少焉取次扶出, 棄于床上, 便打鼓數刻, 折腰而出, 俄而弄枹之人, 揚揚而入, 以數竿尺柱, 手以一鍾盛水盈盈, 伏之于小板上, 置諸竿頭, 植于頤上, 爲婆娑舞, 水無點滴輕攏, 數頃以其水, 移灌于稍闊之楪, 仰坐于竿頭木板上, 踴躍不濺, 旣而飜身大轉, 楪中之水, 亂飛如梨花之雪, 此乃撒水而爲第一戱也。一破落戶樣子人, 番番在傍, 如癡如慧, 或受侮、或暴恕, 隨戱隨嘲, 如我國之助倡也。助倡者, 忽又蒙獅頭而進, 進退顧眄, 有如初筵, 而置毬於席, 俯仰窺伺, 期欲攫取, 而不能得者累矣, 末乃收呑紅毬, 蹶然而起, 莞爾而脫, 此乃呑毬而爲第八戱也。一齊當前磬折, 收聚納櫃而出, 果是一時劇戱場也, 若使卻邵堯夫觀之, 則可賦一篇護藏圖詩也, 笑矣乎笑矣哉! 各賜團扇二面、摺箑二柄, 以博一粲。

**十二日壬寅**。早陰晩雨。行公宴于遠遼館。【距此十里在西南境。】正使與兩堂上官, 各乘車馬, 略率騶從, 往赴焉。公卿以下儐使, 已先待于此。△大政大臣三條實美。△參議兼外務卿寺島宗則。△參議兼司法卿大木喬任。△參議兼陸軍卿山縣有朋。△參議兼工部卿伊藤博文。△議宦井上馨。△外務大輔鮫島尙信、海軍大輔河村義純。△宮內大輔萬里小路博房。△敎部大輔宍[4]戶璣。△特命專權公俠森有禮。△式部頭坊城俊政。△內務小輔林友幸。△相與敍禮畢, 列卓而坐, 進飮食單子於使行之前, 以一片厚紙榻出, 細楷紙頭橫書曰: "紀元二千五百三十六年六月三日, 御饗應獻立。△一。汁, 鳥製。△一。魚, 鯛蒸煮。△

4 "宍": 원문에는 "寅"으로 되어 있으나, 인명에 따라 "宍"으로 고침。

一。鶉煮冷。△一。牛, 脊肉蒸燒。△一。羊, 腹肉油燒。△一。青物, 野菜五種合。△一。同, 生木實蒸煮。△一。酒, 氷製。△一。七面鳥蒸燒。△一。菓子, 菓氷製。△一。同, 石花菜寄物。△一。同, 五色寄物。△一。同, 大形二種。△一。同, 小形數品。△一。氷菓子數品。△一。食事治飾, 付數品。" 使下屬連進不已。擇乾淨饌品十五器, 送于館所, 少選又進飯羹及美膳十餘種。歸路宮本與浦瀨, 同乘正使馬車, 森山同乘訓導車, 古澤同乘別遣車, 願與同觀博物院。盖設院於平野數萬間, 區分天下各國, 自冠裳衣履, 至于多少産作, 自草木禽獸, 至于微細魚蝦, 竝以類聚, 無物不存, 所以廣其聞見, 坐致俗尙也。略略歷覽而還館。△夕飧, 自正院【前之大政府】知委, 進排於留館諸人, 饌品爲十五器, 盖公宴之餘, 欲接待遠人 故也。△夜深後, 外務卿以書簡一度、譯漢文一度, 送來于正使, 以濟州人【誤以義州知之。】李元春, 乘筏捉魚, 爲風所漂濱死之境, 爲英國船人所拯救, 而領事官送致于外務省, 故欲其率, 往還其故土也。正使答書深謝而遣之。

朝鮮修信使金綺秀貴下。外務卿寺島宗則。【上下合封處, 着圖書。】

以書簡致啓上候陳ハ昨年十月貴國平安道 義州人李元春ト申者洋中ニ漂流スルコト數日至難至危ノ際ニ方リ不圖英國船オスカワイル號ニ救助セラレ以テ再ヒ天日ヲ拜スルヲ得タリ我北海道 函館在留同國領事官ヨリ轉メ本年一月我東京 英國領事館ニ送達ス蓋シ前後六ケ月間救護至ル所啻ニ衣食ノ恩ノミニ非サル也貴弊兩國尋交成熟ニ至リ候ニ付同年四月同公使ヨリ右漂民元春儀拙者ノ手ヲ經テ貴國へ轉還致シ呈候様照會ヲ得卽別紙通及往復候抑航海者ノ漂到及ヒ危難ノ境ニ臨ム有ルヲ見ハ之カ愛護ヲ加へ之カ救恤ヲ施スハ天下ノ通法萬國ノ通義ニテ固ヨリ其國ト通好ノ有無ヲ不問然則英船ノ救護英官ノ顧恤モ亦其愛性ノ通義ニ出ルト雖モ數月ノ久キ恩義並ヒ至ルハ豈感激セサ

ルヲ得ンヤ此漂民ヲ貴下ニ付セントス貴下宜シク此意ヲ諒シ以テ還領セラルヘシ而シ英國政府厚誼ノ致所貴國ニ在テ同國ヘ相當ノ謝辭可有之儀ニ候ヘハ歸國ノ上ハ貴政府ニ於テモ必ス安ク本業ニ就カシメ候儀ト信シ疑ハサル所ナリ此段併テ得御意候敬具。明治九丙子年六月三日, 外務卿寺島宗則, 圖書。

朝鮮修信使金綺秀貴下。

茲照會者, 貴國平安道 義州人李元春者, 昨年十月, 漂泛在海洋中, 困厄數日, 偶際英國船遠須加惟留號航過, 爲所救助, 由在我北海道 函館港 英國領事館, 以本年一月, 轉送在東京其公使館, 頃日貴國, 與我諦約方成, 於是本年四月英國公使, 照會於余曰: "將該民, 由本省還其故國." 其書載在別簡。蓋前後六朔受其愛好, 以得保全性命, 不啻衣食之恩也。夫航海者失路, 漂泊到岸, 及遭颶風, 陷危難者見之, 何人不加保護施救恤? 是天下之通法、萬國之通義, 曾不問其國通好有無也, 則英船救急, 英官愛憐, 自是人世常務, 但其至如數月之久, 不敢忽略, 其恩義豈得無感哉? 今將該漂民, 送附貴下, 爲望貴下, 其諒此意, 以領還焉。且英國政府, 厚誼所在, 便知貴下, 亦應有所謝於英官之辭也。聞之貴國處漂民自有法, 而該民之遭厄也, 是實無疑, 故還其故土, 則貴國其使之安就本業也, 我信之而不容危疑也, 併茲陳之。敬具。

明治九年六月三日, 外務卿寺島宗則印。

朝鮮修信使金綺秀貴下。

日本外務卿寺島宗則閣下。修信使金綺秀。

爲回報者, 貴國送來漂民平安道 義州人李元春, 茲以領受。念其流離顚連, 蒙數朔支保之恩, 非直渠一人受賜, 卽弊國一國之人, 同受其賜也, 感感激激。至若英國之人, 特垂救恤, 死者而活之, 凍餒者而衣食之, 赤子入井, 動心惻隱, 雖人人皆然, 然當之者, 安得不千感萬感? 依戒馳謝, 在所當然, 而惻隱之心, 仁之端也, 英國人當初救血, 特仁人之事耳, 寧或區區望今日稱謝之語也? 只當將此一副感感之心, 銘肺鏤肝, 以爲悠悠之報可也。安知不他時, 英國人有難, 而我國人克加救恤也? 只此佈謝, 欲望下一轉語, 俾英國人, 知我國人之無限感感, 斯可矣。餘外李元春之帶還故土, 使之安業, 則在我者耳, 何至過勞感念也? 於此於彼感激無已, 諸希照亮。敬具。丙子五月十二日, 朝鮮修信使金綺秀印。

是日分送正使私禮單于各處, 令掌務官、乾糧官兩軍官, 率通官及通事一員而領去, 留啣而來。

外務大輔處私禮單物種。△皮封書"奉呈外務大輔閤下。"

白綿紬五匹。△白苧布五匹。△各色詩箋紙五軸。△色圓扇十把。△各色筆五十柄。△眞墨三十笏。△豹皮二令。

贈外務大丞。白綿紬五疋。△白細苧五疋。△各色詩箋紙五軸。△色圓扇十把、各色筆五十柄、眞墨三十笏。△豹皮一令。

贈外務權大丞。白綿紬三疋。△白細苧五疋。△各色詩箋紙三軸。△色圓扇十把、各色筆五十柄、眞墨三十笏。△豹皮一令。【外務權大丞貴下。】

贈外務權小丞。白細木五疋。△白細苧五疋。△各色詩箋紙三軸。△色圓扇十把。△各色筆三十柄。△眞墨十笏。

贈外務奧三等書記生。白綿紬一疋。△白木棉三疋。△白細苧三疋。△色圓扇五柄。△白綿紙三卷。△各色筆三十柄。△眞墨十笏。【着啣圖書。】

贈外務浦瀨三等書記生。白綿紬一疋。△白木棉三疋。△白細苧二疋。△色圓扇五柄。△白綿紙三卷。△各色筆三十柄。△眞墨十笏。

贈外務巖田十二等出仕。白綿紬一疋。△白木棉三疋。△白細苧二疋。△色圓扇五柄。△白綿紙三卷。△各色筆三十柄。△眞墨十笏。

贈外務中野六等書記生。白苧布二疋。△白木棉三疋。△色圓扇五柄。△白綿紙三卷。△各色筆三十柄、眞墨十笏。△眞梳一同。

贈荒川六等書記生。白苧布二疋。△白木棉三疋。△色圓扇五柄。△白綿紙三卷。△各色筆三十柄。△眞墨十笏。△眞梳一同。

贈生徒十一人。【此是假傳語官。】各白苧布一疋。△白木棉二疋。△白綿紙三卷。△色摺扇五柄。△眞梳五箇。△色筆十柄。△眞墨五笏。

贈外務小錄水野【稱公。】虎皮一令。△白綿紬一疋。△白苧布二疋。△色圓扇二柄。△白綿紙二卷。△眞梳一同。

贈島田醫官。虎皮一令。△白綿紬一疋。△白苧布二疋。△色圓扇二柄。△白綿紙二卷。△眞梳一同。【着奉使之印】

贈尾間迎接官。虎皮一令。△白綿紬一疋。△白苧布二疋。△色圓扇二柄。△白綿紙二卷。△眞梳一同。

贈鳥谷船長。白綿紬一疋。△白苧布二疋。△白木綿二疋。△色摺扇三柄。△色筆十柄。△眞墨五笏。

贈驛遞大屬小杉。白綿紬一疋。△白苧布二疋。△眞梳一同。△色摺扇三柄。△色筆十柄。△眞墨[5]五笏。

贈船格四十名等。各白木一疋。△色摺扇三柄。△眞梳三同。【封皮船格，着奉使之印。】

贈舊島主。【宗重正】虎皮一令。△白綿紬五疋。△白細苧五疋。△白木綿十疋。△詩箋紙五軸。△色圓扇十柄。△色摺扇二十柄。△眞梳三同。△色筆一百柄。△眞墨三同。

浦瀨、中野、荒川別給。白綿紬六疋。

迎船等外三名、旅館等外三名處。各白苧布一疋。△白綿紙一卷。△

---

5 "墨"：원문에는 "梳"로 되어 있으나 양사에 맞추어 "墨"으로 고침。

摺扇五柄。△封皮。石川、原、本次、太田、小野、今井。

延遼館使喚十八名處。各白木棉一疋。△眞梳三個。△摺扇三柄。

【着啣。】

各遣官留啣而還。纔數刻必躬到呈啣, 若或有有公事, 則遣家臣, 留啣于館所, 兼呈家臣之啣, 盖其國俗然也。

**十三日[6]癸卯**。晴。對馬舊島主宗重正, 辰刻來館, 與正使移時話懷而去。午刻井上馨齎刺而來, 過晡穩話而去。概言其曾在江華時, 懇懇語到者, 而"貴國永興浦口, 自我北海道, 相距不過爲二晝夜之頃, 而曾緣俄國之屢次窺覦, 故欲其兩國無事, 請其開館, 而貴國以陵寢所在, 畢竟不許, 則雖不敢固請, 而近日仄聽庫頁島上多峙糧械, 未知其意所在, 而爲慮則誠不淺也, 是故自中國, 曾有通奇者, 切爲貴國而然也, 且我國之欲設關於永興浦者, 欲使我國知其先發制人者也, 而亦復奈何云云。" 其大意可量也。△外務省權小丞來館所, 【古澤經範】穩話移時而去。以客地饌需之難, 故歸後送一單子。牛肉二百斤。△鷄一百羽。△鶩一百羽。△生魚一百尾。△葱一百本。△蘿葍一百本。△菜蔬一百束。△不得已排日受之, 以爲廚房之用。△偶觀《朝野新聞》【如中國《塘報》每日刊行。】曰: "適マ獨リ幣宅ニ在禿筆ヲ書スレハ時ニ行人奔テ報朝鮮人ノ通行ナリト筆ヲ投シテ起チ急ニ臨街ノ玻璃窓ヲ開キ望一見スレハ銀座公街行人忽チ往來織ルガ如シ幾隊ノ查公棒ヲ揮フテ叱一聲靜カニ往來ヲ警喚スレハ左右人定テ整然排列ス恰モ看ル一隊ノ騎兵塵ヲ蹴テ驅ケ之カ前導タリ是レ我カ大政府遠人ヲ懷柔スルノ厚キ虎賁ノ驍騎ヲ惠賜レテ之ヲ送迎セラルルナラン時ニ聞ク清風忽チ奏樂ノ響ヲ送リ來テ洋洋トシ途ニ載ツ鞨鼓銅羅ヲ交ヘテ胡弓喇叭ニ和シ加之ニ笙ト笛

---

6 "日": 원문에는 없으나, 문맥상 누락된 것으로 보여 첨가함。

ト八音相協セテ急ナラス緩ナラス喧喧嘈嘈タリ漸ク近イテ之ヲ看レハ其人緩帶長袖偉帽斜ニ攲ツ徐徐タル禺步ハ遲ニソ緩優妓ノ八字ヲ踐ニ似テ蚯蚓ノ乾泥ヲ這フト一般次ギニ一乘篌輿ヲ肩ニシ擔夫十餘名中ニ高貴ノ一官有テ端坐肅然タルハ彼ノ正使金綺秀氏ナラン續テ貴官十餘名ハ幾輛人力車ニ駕シ相驅テ陸續タリ其風俗ノ古雅質樸ハ恰モ支那人ノ往古ノ畫像ヲ見ルガ如ク純然タル東洋緩慢ノ氣風ヲ存セリ此日ヤ天氣炎ヲ吹キ溫暑人ニ可也故ニ看客群聚道路ニ咽塞セリ嗟呼我ガ神功皇后ノ三韓ヲ威慴セシヨリ殆ド既ニ數千年又豊臣氏ノ鷄林ノ八道ヲ蹂躪シ彼專使ヲ修セシ以來爰ニ三百餘年也然ルニ今ヤ我ガ明治皇上盛德ノ光被スル所更ニ前時ニ十倍シテ煌々タル文勳功ヲ玆ニ收メ彼亦深ク聖化ニ感動シテ遙ニ舊誼ヲ尋ネ禮ヲ俎豆ノ間ニ執リ一時殺伐ノ懔氣ヲ掃除シテ雍々穆々ノ交誼ヲ厚クシ其介ノ修使ハ呦々鹿鳴ヲ賦シ來リテ銀座街上ニ彷徨タルハ蓋シ聖世ノ隆況ヲ補綴スル一場ノ美觀タラズヤ予儕今現ニ其來使ノ儀粧ヲ目擊シテ深ク感喜シ情ニ耐ヘズ焉ゾ之ガ一篇ノ祝詞ヲ贈セザル可ケンヤ時適マ此ノ行粧ヲ觀畢レバ柱辰戞トシテ午後ノ一時ヲ報ゼリ明治九年五月二十九日記之銀座街　山梨圓。"

**十四日甲辰**。晴風。森山茂來要游觀, 訓導、畵員及竹尊、荒川而去, 先觀紙幣寮, 設爲機括回旋之際, 一邊織金絲簾, 一邊浸楮瀹紙, 一邊曝乾陽火, 一邊細刻錢樣, 一邊榻出弊面, 一邊刀裁規矩, 幹事之人坐運, 右踋隨處皆應, 集得造化, 莫此爲甚也。轉向衆樂園, 此是游閒公子繁治之所, 而蕭洒板屋、明粧靚餙之美姬、香樽茶床、列于花樹之下, 其嬌態可掬, 子美所謂畵圖省識周肪肥者, 豈謂是歟! 又進本願寺, 卽前日朝鮮修信使之寓館也, 佛舍荒凉, 居僧凋殘, 殆近蕪廢矣。更到淺草寺, 可三里許也, 樓閣宏麗, 道場之內, 百貨湊滙, 遊客如海。日本人廣賴者, 居於西林精舍, 沈思三十年, 作諸般奇器, 如電線吸水叩火動雷之類, 可謂神工, 而年可五十餘, 永使後世給祿嗣業云。有一賣花堂, 嘉卉珍木, 制形奇怪, 或植於土, 或種於盆, 盆皆花磁, 大者如甕, 小者如勺, 無慮數萬本, 銀海眩搖矣。

**十五日乙巳**。晴。早行望賀禮于外庭。是日點閱軍兵於敎場, 自外務卿以下, 屢日要與觀光, 不可固辭。朝飯後, 正使及隨員, 一齊序行, 人力車從外務省等待, 近十里挾長濠而南, 歷大木橋, 橋頭立木牌, 書曰"馬場先場", 入大板門, 以鐵條數寸之廣、數丈之長, 密着廣頭釘, 濠上斲石築城, 城上纍土平, 均種連抱矣。入門行里許, 夾長柵而南, 至戟門外, 下橋及車, 步行草場數百彳亍, 有坐椅十餘箇, 皆露處于曝陽之下。外務大輔、權大丞及陸軍卿諸員, 亦來會。步兵着白衣、白帽, 各持一銃, 佩一釰, 四四爲隊, 隊以四十爲一總, 總爲五十, 分南西北而立, 隊各有長, 總亦以一騎兵導之。吹小笛一聲, 北軍齊下序立于中, 隊長一號, 而兵皆戢左手, 又一號而皆拔釰, 又一號而皆鞘釰, 又一號而皆蹲坐, 又一號皆放砲, 連放十餘砲, 而聲出如一, 又號而皆起立, 又一號而南向而西迤, 滾如雲馳, 漾如波漲, 纔到信地, 雁行序立焉。南軍之前, 一騎馳上, 步軍皆隨而北上, 隊總之數, 亦如北軍, 進到于中, 坐起拔放, 俱合前例, 一齊東逶, 而北上序立畢。在中小隊, 或蹲而放砲, 或臥而放砲, 如是者數頃, 又吹小螺, 在南之騎兵, 一齊挾銃佩釰, 總首北驅, 燦若雲錦, 周回於北墻之下分立焉。南墻下餘軍, 相向放砲, 煙暗如霧, 又一號而在南之旗騎, 【上紅下白。】一同北馳, 迂回西走而東向立焉。俄而南北軍, 皆相向馳入, 舞釰如飛, 於焉西馳而沿南, 一字擺開, 如偃月形, 一齊放砲, 纔畢, 三隊礮車, 下懸四輪, 前駕兩馬, 中坐二兵, 後輪上僟收之中, 安一座大碗, 口上坐二兵, 載火藥樻于前軫, 至場中, 突騁一匝, 分三處而連放十餘礮, 雷響震地。稍南地, 又有人挽小礮車爲兩輪, 應放五六砲, 此是上下山阪出入溪間之用也。草場四方, 可二馬長, 而每朔練組洋槍大陣法於此二次, 而今日所點爲六千名云。罷陣餘, 要與同往外務省小歇, 進茶訖行午飯, 飯後與竹尊、兵房、禮房、畫員, 同往博物館, 通官中野之所懇導也。到門前下車, 通官照數, 致錄於守門官, 入一門, 則花木滿庭, 區以別灌, 鋤者主之, 各遮欄而牌, 分數十人, 圭門榜曰“什物館”, 回折通途, 各分諸國, 小者盛於大櫝, 間隔而覆以琉璃, 四壁皆玻瓈, 軍物、産什、冠服、車仗, 無物不存, 甚至於人之枯骨、牛馬之骸, 俱收竝畜焉。周行數百步, 有門而中斷, 從小板橋而入焉, 榜曰“動物館”, 大自龍虎, 小至蚤蠅, 皆精乾如生, 映琉而看, 宛如活動。又出一門, 可數間許, 有門對立, 榜曰“植物館”, 萬穀之種、百藥之材, 間間充積, 或其稀者, 木之株、草之葉、穀之蕙、花之葉, 件件備在焉。又出一門, 東南而望, 榜曰“鑛物館”, 金銀玉石珊鑌之類存焉。出而北上, 榜曰“農業之館”, 犁耰鉏耙、龍車鰲鎌之屬積焉。稍西而有工技館, 鉅斧之大、錐針之細儲焉。迻北而有織物館, 錦緞之屬、機杼之巧疊焉。漸北而有生物館, 猩猴之啼舞、孔翠之翩翾、三足狗之狺囓、雙角鹿之盤旋, 象虎之咆哮、鸛鶴之鬆毿, 白鳥啼于架, 赤兎睡于圈, 其鵂鶹鳧雁, 見人甚馴焉。凡物物各書紙牌, 寫以某國某物而表之, 今日人只通十七國, 故物故未博, 將次第相通於西洋三十六國、南洋三十七國, 然後奇物大備云。逐自北門出, 人車已待于此, 馳以還館。△正使自外務省還發, 隨通官之前導行行, 移時紆回不止, 假量爲三四十里之頃也。中路駐轎, 招通事而大責之, 通事亦初行者也, 信而從行, 盖通官聽外務省指意, 屢要游賞, 終不肯焉, 故乘便瞞過轉導于閭坊之間, 欲其誇耀富强之形, 而亦使日人男女, 觀其威儀者也。雖若厚待, 而受侮多矣。纔還館捉入通事兩人, 猛棍五度, 其通官面如土色, 屢欲懇救, 而不能得未敢進候於正使數日。

**十六日丙午**。自曉雨注, 向午始晴。通官來告, 以有釜山船便云, 故正使裁給一簡, 辭意概言, 留館日子, 似不出一望內外間外, 今月念二三日間, 將自此回船云。出付于外務省矣。自公務局譯文曰: "東萊府傳到書翰一封領收, 將付明日船便致達事。" 宮本小一, 屢懇於正使, 願一枉顧, 不得已乘馬車, 與從官四人往之, 則家在五十里之外, 第宅雖不侈大, 而極其精洒, 入門則有麥田數十頃, 桑柘蔭翳, 種茶一區, 極其香洌, 升其外堂, 主人下階迎之, 敍禮畢, 招出其子, 使之拜現, 年方十一, 文筆俱玅, 少焉一老翁出拜于正使, 正使雖不知何許人, 而揖以答之, 宮本平坐不動, 言於正使曰: "是我父親。" 正使曰: "年今幾何?" 曰: "今齡六十四。" 正使曰: "僕居遠方, 不知誰某, 坐而相迎, 誠甚悚慢。" 宮本曰: "我國則異於貴國, 坐而點頭。" 亦云: "敬禮幸勿勞念。" 俄而一老婆, 從內門出來, 背後有未滿四旬之婦女, 亦隨到直前恭拜, 正使亦揖而答之。宮本: "老夫人是我母親, 在後之人是我內子, 而尊客儼臨, 不可不供膳, 故如是致敬, 幸勿怪焉而已。" 酒進肴登, 老嫲必躬自點檢, 使兩頭丫鬟奉之而前, 盡其精豊。俄而漢醫淺田宗伯[7]號栗園字識此、文士栗本鋤雲、外務大丞鹽田三郎及田邊太一, 皆來到坐定, 琴師山勢云者, 携琴而至, 彈奏數曲, 四人觴詠交錯, 皆以草書寫詩以呈之, 正使和以酬之。酒半酣, 有女師跡見氏號花溪年五十餘, 聞使行之會于此, 亦率女弟子六人而來。花溪自幼少時, 善於文墨, 不事産業, 專心索處, 敎授後進, 卽席寫呈一絶: "扶桑深綠映鷄林, 喜見高人航海臨。彤管縱令乏詞藻, 可無新句表微忱?" 其筆法亦練熟焉。旣而欽衽而跪曰: "願得尊客之詩, 永爲山門之寶。" 正使卽步其韻, 而和之寫給, 大喜珍藏矣。遂命其女弟子, 各寫呈大字, 或"龜龍"、或"鳳麟"、或"飛雲"、或"花香", 而四娘合畵墨牧丹, 揮毫如神, 使人叫奇, 皆貴族之女, 一曰從一

7 "宗伯" : 원문에는 "伯宗"로 되어 있으나, 인물명에 따라 "宗伯"로 고침。

位忠能卿孫女, 號曰光花, 年方九歲; 二曰正三位博房孫女, 號曰花香, 年方八歲; 三曰正五位公義妹, 號曰花州, 年方八歲; 四曰從五位勝達娘, 名曰棲子, 年方七歲; 五曰正四位象治郎娘, 年方九歲, 號稱花桂; 六曰跡見花山, 卽花溪之養女, 年方八歲, 其言語動止, 擁容綽約, 其櫛縱錦繡, 淸楚婀娜, 皆絶世女士也。花溪更畵一大梅, 古奇勁瘦, 能得九分格價也。甘蔗之糕、汨薰之飯、菁苽之菜、枇柑之菓雜然而前陳。向曛而散歸。

**十七日丁未**。晩雨。外務省官員, 因舌官, 願與共觀海軍省制度。午間正使以下諸員, 偕往到海軍省, 在十餘里東南浦上, 營壘極其雄威, 本省長官及外務省大輔、大丞、權少丞亦來會。少憩樓上, 引至一廡, 生徒數十人, 各持器械, 或畵傢閣, 或畵樓船, 一師授規, 群少應手, 無絲毫差錯焉。又引至一處, 生徒數十人, 年可十五六者太半, 纔踰十歲者居三之一, 皆列椅開卷而坐, 一人稍老大者, 當頭而卓坐, 諸生或咿唔焉, 或靜觀焉, 書則《瀛環志略》《水利新書》《海國圖志》《農業兵誌》等書也。又至一處, 諸生數十, 環坐長椅, 而案展挱紙, 手執濡筆, 而一人獨立于椅東, 手持一冊, 高聲誦傳, 則諸生一齊寫, 去所以考其能否也, 盖自官給廩敎導者也。 轉到浦口上, 建一大屋, 倣巨艕而塗以白紙以鐵, 其中列置大椀口七坐, 海軍長暗號一聲, 兵士十五人, 飛也應令, 椀機左右各七人, 分立, 機之後一人指麾, 曳椀機前推而進, 椀口所指處板門開, 而海色連野, 以細繩從後彈之耳, 火自起大放一聲, 少焉又仿更試之, 粧藥倍于前, 納焇十五斤, 後却前進, 倏如風雨, 響若晴雷, 遂起身旋導至圭浦, 此是掘地, 濔廣可數千步。 造火輪船, 而泛於水面, 擧帆下碇, 迅赴一號焉。移坐于浦之北小堂, 試放水礌砲, 有數人以暗繩布於波底, 自岸上運機, 埋火于繩端, 須臾之間, 聳浪飜空者, 再聚雨忽濺, 此盖因舊制也。 旋卽出門, 隨員皆冒雨還館。 正使赴井上馨之約, 宮本大丞亦來會。至二更量雨甚, 乘馬車還館, 路傍立高柱懸琉燈, 通衢照映, 盖言藏煤油于地下, 引氣上乘, 則雖至多年, 晝隱夜明, 省費不鮮者耳。上集天造, 下竭地腴, 人工之至巧, 世運之所使歟! △遊賞歸錦町館【館在錦町十二目地。】偶題: "盡日蜻蜓款款飛, 獻奇呈巧古來稀。千壺繪彩開洋畫, 萬國聲聞走雷機。女塾尚餘男塾敎, 陸軍何似海軍威? 花鶴啼下靑楓樹, 也識遊人苦憶歸。" △日國公主喪逝, 徹樂三日云, 故館所開閉門吹打, 姑爲停止。

**十八日戊申**。或陰或雨。自宮本所送畫員于館, 自正使以下, 各令寫照分藏一本, 永無相忘爲要, 太抵其法出自泰西, 而使人整冠帶坐于椅上, 頭不欹而身不偏, 畫員以寫照鏡, 【外植琉璃, 內塗水銀。】粧匣置于三足凳上, 蒙黑氈被, 從匣之後孔而透看焉, 去椅可數間許, 引人影而着諸鏡, 移榻于紙面, 則毫髮不差矣。△夕外務卿, 以三層饌榼一坐、二層饌榼一坐, 具水陸之味, 送于館所, 以贊宴需。

**十九日己酉**。晴夜雨。飯後, 對馬縣前太守宗重正, 來與穩話, 請使行一枉, 午後正使率正官四員而去。宮本大丞及文士增田貢·龜谷行、書畫女【皆仕族之婦】晴湖·晴嵐·靑翠, 或吟詩, 或布畫, 極歡而罷。龜谷詩曰: "聞說漢廷能擧賢, 追隨書記盡翩翩。薰風綠樹三旬客, 勁楫長帆千里船。釖佩光搖釜山月, 絃歌翔湧武城烟。相逢相別如春夢, 諒得行篋詩幾篇?" 增田詩曰: "隣邦交誼若金蘭, 渡海輶軒盟不寒。應記扶桑新典制, 耐看殷商衣舊冠。認成叔向生風采, 坐想鄭僑披肺肝。鴨綠江流助文勢, 筆端浩蕩湧波闊。" 宮本【號曰鴨北散人。】詩曰: "夏木千章翠欲流, 躍魚樂處鳥翔酬。漢城他日想陳迹, 記所深川前對洲。" 皆依韻和之。

**二十日庚戌**。晴。午後森山權大丞, 請使行私宴于第, 文士及妓樂存焉。向曛還館。惟四正官參焉。△三等書記生奧義制, 日來筆談, 多有所得。余問曰: "孔夫子之廟, 沛於國都, 尊奉歟? 郡縣皆有之歟?" 答曰: "鄙國自吉備氏、菅氏以來, 如源性窩、林羅山, 皆爲儒宗, 故伊藤維貞、物無競諸人, 彰明於一世矣。近日歐米之學術大熾, 以富强爲主, 家家絃誦之聲, 愈盛於前日, 而所業書, 海學、農學、兵學之流也, 至於孔孟之書, 則一齊却步, 此是世道之變, 而日變一日者也, 至於起居禮節, 尙用聖人之法, 而天下萬國, 靡然風從, 惟貴國尊尙聖人之道云, 甚盛甚美, 而其於富强之術, 似未如也。" 余曰: "不然。聖人之道, 何嘗以錢穀甲兵爲無用之事乎? 奮以武威, 揆以文德, 故古昔聖帝明王, 誕撫四海, 化洽八紘, 何必捨正路而取捷徑也?" 奧曰: "挽近以來, 技巧漸盛, 多少干戈弓釖, 鑄以爲利械, 斲以爲鉏犁, 雖聖人復起, 必不可安坐而治也。" 余曰: "公言世道之變, 此果一變, 而歐米之術, 皆譯傳以聖人之文字, 則泰西之人, 似亦知聖人之尊, 而日月所照, 竝又一變, 則地玖所載, 豈不盡爲聖人之方域乎?" 奧曰: "理或似然, 而千百年後之事, 何可豫必也? 其大意如是焉。" △奧書記: "自號曰九皐, 貯得古今書畫甚富, 而無敍文, 幸爲僕勿憚著作之勞, 且有書巢, 扁曰後樂居, 蓋爲一箴以結平生之好也。" 余屢不得辭, 略綴以應之書畫帖, 敍曰: "海行凡五千餘里, 長門·周防之明秀、神戶·相模之雄富、橫濱·品川之鉅麗, 神與境邁, 對景可畵, 意其有魁梧之士有思乎其間, 而一日九皐 奧公, 訪余于錦里寓館, 筆話訖, 長揖而言曰: '吾裒輯古今書畫, 奄成一廚, 而恨無舒實, 盍爲我賁一言也?' 余不覺起敬, 斂襟而前曰: '有是哉, 先生之好古而好新也! 書以暢其情, 畵以紀其境, 雖千萬里之遠, 而置諸尺咫者有之, 千百年之久, 而便如隔晨者有之, 是以從古有志之士, 癖于此而有得焉。苟究其源, 河之圖、洛之書, 亦不外乎是也, 豈徒怡心悅目而已而止哉? 不佞亦嘗遊意于斯, 恣行鷄林、鵠嶺之間而采風焉, 遠過鴨綠、燕薊之外而訪蹟焉, 倥然無所一得, 歸臥桂山之下, 則依舊是蕭凉冬炵者耳。今此日東于役, 適足以畢夙生之願, 而遇先生於逆旅者, 豈偶然乎哉? 語曰: '君子千里同氣, 小人隔陌異俗。' 寧或以俗之異而氣不同者也耶? 不揆鹵莽, 書此以歸之, 深愧畵蛇之添, 而見笑於大方者, 庶幸爲視遠猶近之符劑也夫!" ○後樂居箴。先憂而憂, 憂必爲樂, 先樂而樂, 樂反爲憂。典謨吁咈, 戒存兢業, 稼穡艱難, 終享屢綏。江湖魏闕, 戀結子牟, 是以六丈, 爲第一流。有猷有守, 不忮不求, 心乎慥慥, 大哉優優!

**二十一日辛亥**。早陰晩晴。自陸軍省遣權小丞, 請踐日前之約, 使行一齊進去, 而余以微愼不與焉。先往本省, 略視兵機, 次到造兵所, 縣一大輪於門外, 其內設數十間廣寮, 而上棟傍壁, 皆懸大中小輪, 門外之大輪一轉, 而寮內之輪, 一幷回旋, 間以長革彈輪, 而隨以應機, 鍛者鍛, 雕者雕, 鑽者纘, 削者削, 準者準, 凸者、凹者, 圓者、矩者, 不費人力, 動括裁成, 須臾之頃, 造制不差。又轉向小[8]石亭, 老木清泉, 曲曲可賞, 前後左右, 無非兵庫, 鎗砲之屬, 所在充盈。行午饁於亭上, 珍海錯精豊登盤, 此陸軍卿之所接待也。亭之北有一廟, 瓦桷淨洒, 金碧炫燿, 乃尊奉伯夷之所也, 未知緣起之如何, 而慕仰清風而然歟! 又有兵學寮, 壯者馳馬試釼, 揆銃放砲, 少者讀書習字, 劃畵量尺, 各趁其能焉。旋行數里許, 至工學寮, 工部卿伊藤博文, 已先待于此。製作之度皆聚焉, 而莫不以火輪應用。凡鑛山之器、鐵道之械、燈臺之用、電信之巧、營繕之技、水陸軍裝、天儀地範, 悉資用於斯, 神造鬼工, 難以形測, 而皆以西人爲師, 日東之學其術者, 可十之七八云。又導而至工部, 亦以綺繕美釀待之, 此工部卿之所度供也。盖前後卿丞之私宴, 悉遵上命而爲之者也。晡後遂還館。

---

8 "小" : 底本에는 "十"으로 되어 있으나 명칭에 따라 "小"로 고침。

**二十二日壬子**。晴。自外務省有書, 卽出送宮本小一講定節目之事。

外封後背書: "朝鮮國修信使。金綺秀貴下。外務卿寺島宗則。"

以書簡致啓上候。 然ハ貴國禮曹判書へ宛タル別簡一封貴下ヨリ御通達有之度候。右ハ外務大丞宮本小一ヲシテ貴國京城へ前往セシムルノ事事有之候。依テ貴下御心得ノ爲簡中ノ漢譯文臺通ヲ添付シ致候。敬具。

明治九年六月十三日。外務省寺島宗則。朝鮮國修信使金綺秀貴下。

譯漢文。○玆照會者。致貴國禮曹判書之別簡, 敢煩貴下遞達, 書意非他, 外務大丞宮本小一前往貴國京城一事也。另錄送其封內譯漢文, 以聞知於貴下。敬具。

明治九年六月十三日。外務卿寺島宗則。印。

朝鮮國修信使金綺秀貴下。

又有一封書, 乃外務卿以宮本出往朝鮮 京城之意譯文於禮判事也。

譯漢文。壹葉。

玆爲照會者。我朝廷, 以外務大丞宮本小一, 爲理事官, 前往貴國京城, 有所辨理, 卽據修好條規第十一款內, 預經揭載, 更議立通商章程, 約束兩間人民, 且條規內, 應補添細目, 以便遵照也。貴朝廷, 亦使貴官有權可決定者, 會接面商, 則幸甚。敬具。

明治九年六月十三日。大日本國外務卿寺島宗則。印。

大朝鮮國禮曹判書金尙鉉閤下。

是日舌官來告曰: "向者輪船之在於神戶者, 因外務省十八日指揮, 今曉來到, 而解貨可數日, 載炭可數日, 上船公宴在於念六, 將以念七回程。" 云云, 而宮本大丞之出來, 知在不遠, 故送訓導, 致其委曲, 則理事官之發行, 自今日算計, 爲十九日爲定, 則以我曆閏五月初十日也。不駕火輪, 只乘軍艦徐行, 抵沁都直達京城爲計, 而豫料使行之復命, 俾無窘跲云云。第觀下回矣。△書記石幡貞, 來要筆話, 居未幾出《江南八景圖》, 請其題品, 余辭而不獲, 且吟寫詩曰: "名湖七百水如藍, 積氣連空泛斗南。不趐朝曛千萬象, 又看寒月半山含。【洞庭秋月】三江之水聚湘湄, 屈子千秋怨有詞。不盡皇、英斑竹恨, 況是霏霏細雨時?【瀟湘夜雨】涔陽落木響蕭蕭, 微風乍起漲作潮。一曲相將何處奏? 斜陽紅斂去帆遙。【遠浦歸帆】雲間斷續有如無, 寒響低回下碧湖。問爾攸居何處是? 平沙漠漠展新圖。【平沙落雁】岷山下流注清淝, 漆色同雲隱暮暉。無計嗅惺漁子夢, 冷簑不覺六花飛。【江天暮雪】樹木陰森疊嶂連, 浮屠高出暮雲邊。分明也有請鍾發, 回首尋聲坐漠然。【烟寺暮鍾】似烟非霧市聲喧, 嬰扆游光接海門。欲使寰區眞面露, 林端一抹射朝暾。【山市晴嵐】汀蘭垂葉荻花秀, 麂眼籬邊蟹舍開。無限夕陽應有恨, 閒人端合捲綸回。【漁村落照】" 手不停筆, 簌簌書下, 旣畢石幡沉玩移時曰: "此果公之宿搆歟?" 曰: "非也。" 曰: "然則何如是之敏給也?" 曰: "倉卒酬應, 何足掛眼?" 曰: "我粗解文字, 故每從高友追逐, 而如弊國之士安井息軒之博識、重野安繹·川田毅等之文章、荻原秋岩之名筆, 皆擅步一世, 而或有製作繕寫之役, 則尋思頗久, 始乃應接, 而其藻萃之清新、筆法之雅活, 比於公未及, 十分之三四也。" 曰: "自卑而尊人, 固是禮也, 而過獎踰分, 則人必不信。" 曰: "僕非爲面諂也。弊國自學術一變以後, 都不務學, 只餘此三四人, 而終不收拾, 故荒蕪然也。" 曰: "此等文墨之士, 可有結交之道耶?" 曰: "此輩人年皆七旬, 或留京下, 或遊方外, 放迹於江湖、山林之間, 故未易逢也。至於秋岩, 則年又最高, 不能操觚者有年也。" ○正使致書於外務卿曰: "行期旣以念七日爲定, 則凡幹指揮, 皆豫爲辦備, 俾無臨時窘束。" 云云。日人不能先飭者, 或恐疑其欲使遠客遄歸待書發令故耳。

**二十三日癸丑**。晴。午後正使以下, 往拜太學, 距館西行六七里, 有外門, 門內有短柵, 從柵門入又有門曰"入德門", 至內重門, 榜曰"杏壇", 至正殿, 扁曰"大成", 皆行禮于階下, 直上看審, 則孔夫子以塑像面南, 而妥爲大龕, 龕內別設高龕而享之, 以兩對香爐、香盒, 稍前廣龕之內, 列以四聖位塑像, 左顔、曾而右思、孟, 房內廣可數十間, 東壁揭伯程子、張橫渠、朱夫子影幀, 西壁揭周[9]濂溪、叔程子、邵康節, 而我國東溟先生金世濂, 題六君子贊, 而着圖書於其下, 盖東溟通信之行, 適値寫眞而然歟, 抑或隨後而惺其未遑歟! 懸四層架於三壁, 貯書甚備, 自十三經以下, 至于近世述者之文, 屬於儒道者, 皆尊閣之, 前面以琉璃幃之, 壁塗以漆, 庭種以樟, 而但恨無劬經之士也。出中門而稍西, 有昌平館, 此是開成學校也。學校長出而迎之, 從板門入長廊, 生徒百餘人, 一從教授之指授, 一邊讀十代歷史, 一邊讀兵農學等書, 又迤至一廊, 生徒亦隨指繕寫, 齊一無違, 又至一處, 盈尺之宮、環玖之國, 各操規矩而畵出, 皆年未滿弱冠, 而不吳不詿焉。其茶糕等屬, 皆預備而供進焉。俄而校長大島文九, 呈一篇詩曰: "極知天意福蒼生, 二國和成尋舊盟。奉命鷄林朝發鷁, 觀光蜻域晚張旌。【日本本名豐秋津, 改以蜻蛉國, 又改今名。】兩間萬物覃恩化, 四海一家皆弟兄。竊樂有朋來自遠, 同開奎運餙昌平。" 又以《開成學校一覽》三冊及《聖廟四面全圖》一匣呈之, 盖冊是諺錯, 圖是洋搭也。將欲旋車之際, 校長固要遍觀女子師範學校, 屢辭以他國男子不可相近於女學也。校長曰: "我國仕宦家婦女, 皆入學于此, 而凡各諸國之使, 莫不觀光, 以爲恒禮。不必若是牢謝。" 三四懇乞, 遂不得已入焉, 則長閣透明之中, 女史一人, 專椅東坐, 女徒數百, 整整列床, 分坐南北, 女史言一出口, 讀者齊讀, 寫者方寫, 較若畵一, 而不計年齒之多寡, 月課日試, 以寸藝之敏鈍, 定其坐次之上下云。墨

9 "周" : 원문에는 "西"로 되어 있으나 인명에 따라 "周"로 고침。

泉女史, 獻柱聯一對, 筆法極妙; 耕靄女史, 獻畫本一雙, 【一本山水, 一本梅花。】繪格亦奇。又轉至一處, 男訓導一人, 據床而坐, 年可五十餘, 鬢髮皓鬖, 口以授敎, 羣少女徒, 一齊起立, 更一呼而一齊拜揖, 又一呼而一齊定坐, 讀與寫皆如法焉。懸地玖圖于壁, 安地 玖機于牀, 一女史一號, 而衆女徒俱以長籤, 指某國某界, 毫無長弟, 天文軍機, 亦如之, 其練習之規, 悉合科程, 而大與聖人之敎, 相爲弁髦, 最恨廡無陞後學之從享, 庠無讀先聖之遺經焉。迫曛還館。○贈奧九皐詩曰: "天旣生幷世, 盍居一域中? 良辰文酒席, 談笑永相同。" 又曰: "蒼蒼雲樹遠, 渺渺海帆開。賓雁秋應到, 尺書倘寄來。" 九皐和詩曰: "蘭契旬餘久, 未彈筆話中。 歸期休草草, 何日更相同?" 又曰: "君家何處是? 吾住旭街中。千里雖殊域, 音書數相同。" 又曰: "多年蟠錯路, 一鼃豁然開。修好從今後, 頻頻互往來。" ○宗太守送黏飯二樻、淸醪一甀, 以供行中一餐。

**二十四日甲寅**。晴。念六餞宴, 以臨行棼忙, 進行今日云, 故正使以下皆赴會。歷路入元老院, 此是親王爲長官, 而其下卿丞, 每會而議政之所也, 故有議長、副議長、議官之職。外門內有庶民議會之所, 其內又有卑官議難之所, 其內又有卿丞議定之所, 又其內有長官議決之所, 所以聚合朝野之議, 俾輔國政, 參贊軍計者也。坐定進茶糕, 又獻本院前後圖二片。須臾更起身, 至遠遼館。自大政大臣以下, 相關於我國事者皆會, 而惟宮本小一及森有禮, 適有故未參焉。俄而酒進樂作, 技工蒙假面而獻舞, 方丈和酣味而築臺, 比諸迎宴, 器殺而品侈也。晡後還館, 以床桌之餘, 這這封送, 盖從由前之例焉。撓未躬進, 只叙耳聞。

**二十五日乙卯**。晴。宮本大丞, 使舌官日前送語, 要與相見於是日矣。適因貴主葬事, 因公未暇, 故不得接見, 而且有使事之在前, 禮不可無謝, 因致書曰: "久仰高名不啻雷灌, 而來跧近地, 未承淸誨, 其所悵恨, 不能自已, 何幸往者轉存定期, 指教準擬, 今朝趨篷門屛, 適緣公幹之棼務, 不遑應接云, 故姑縮齎剌之禮, 益切頌轄于中, 仄聽賢胤相貌明秀, 工業勤篤, 欣愛之私, 詎以遐邇而有間也? 庸將菲物, 畧表裏曲, 命使照領, 勿孤懸相, 未知若何? 行期在卽, 拜際隨濶, 統希尊體若時百祿, 繼以星槎利涉萬綏。不備下照。○神奈縣令野村靖、議官黑田淸隆, 昨來參宴, 故以用餘土物, 隨在修禮而送之。○晡後自外務省, 遣伎童三人, 俾供消寂, 三童頭着鷄毛冠, 面蒙紅裿, 一童年可十五六, 立撞細腰長鼓, 彪言而倡之。二童年纔十一二, 數三次翻身踴躍, 如我國才人様。少焉揉背撐腹, 反身倒首, 首出股下, 而姑無恙以兩足兩手, 森然跂立, 便成四脚様, 而一童飄然登立於腹下, 手舞足踏, 有若平地上, 渠雖誇技, 觀者齒酸, 其餘皆倣燕京戱者之流也。命使麾之。○《日本名山圖繪》三冊、《賴襄山陽遺稿》三冊、《梁緯星岩集》十一冊、《博物新編》一冊、《香港新聞》一冊, 嚮者自宮本所送來, 以資破閑之娛, 故畧徹首尾, 今始照數還完。○自今夕至再明發程, 一從日人支供, 盖迎送始終, 示以款待者也, 膳品視前比例矣。且使行到館後, 不計上下, 若有病而治療, 則入用藥物, 幷自政府筭計報給, 我人雖欲償價, 牢不應焉。

**二十六日丙辰**。晴。昨日致書, 又宮本大丞, 時送白硾紙[10]五束、彩筆五枝、眞玄五笏、色摺扇五柄、菓子一封【胡桃、實栢子。】矣。今朝委伻代謝, 以寒暵針一機、□□[11]一壺送之。○午後回書契及回禮單到來。外務卿寺島宗則回禮物目錄。一。蒔繪重箱二組。○一。白絽一匹。○一。革文匣二個。○一。扇子一筥。○一。磁盃二筥。

---

10 "紙" : 원문에는 "地"로 되어 있으나 문맥에 맞추어 "紙"로 고침.

11 □□ : 원문에 비어져 있다.

外務大輔鮫島尙信目錄。一。銀裝太刀一振。○一。硯二面。○一。墨二十挺。○一。筆二十五對。○一。烟箭三管。○一。《左傳輯釋》一帙。○一。《瀛環志略》一帙。○一。《博物新編》二帙○一。《萬國公法》二帙。○

外務大丞宮本小一目錄。一。泰平紙裝壁六十枚。○一。《日本學校訓蒙圖》一揃。○一。小箱二附。○一。飯茶碗十五個。○一。墨蓮茶碗五箇。○一。磁皿二個。○一。日本刀□[12]口。○一。《左傳校本》一部。○一。《拙堂文話》一部。○一。黃縮一反。○白綿縮二反。○外務權大丞森山茂目錄。一。白縮緬一卷。○一。銘刀一口。○懸鏡一面。○一。硯一面。○烟草岱二個。○一。烟竹五箱。○一。炷香五個。

對馬舊島主宗重正目錄。一。描金鞍具一部。○一。《論語徵集覽》一部。○一。緋綃一匹。○一。象牙象頭扇二握。○一。紋紙三百張。

權小丞古澤經範目錄。一。《言志四錄》一帙。○一。《古文孝經》一帙。○《內外一覽》一帙。○一。紋紙二色五百枚。○一。小刀各色十挺。○一。大筆一對。○東錦繪一函。○一。日傘三柄。○一。兩傘三柄。○一。革提囊一箇。

禮判回書啓譯漢文【又有諺草一本。】

玆爲照復者，接到貴國丙子年四月公幹。貴國今以禮曹參議金氏爲修信使，派遣本邦，續修舊好，倂寓向者，我特命全權辨理大臣，前往貴國之回謝等之事項，具照領矣。盖兩國之有交誼，爲年旣久，而一朝契闊，情味漸疏，今貴國速派信使，來臨弊邦，信使亦鄭重逑使命，斡旋周至，大爲暢序交懽之地，兩國之欣幸莫大焉。我皇帝陛下嘉尙之，特旨延見，寵遇殊深，信使復命之日，閤下此事必應有忻悅，此所我之信而不疑也。玆賀貴國雍照，幷祈閤下之福祉。敬具。

---

12 □ : 판독할 수 없는 글자라 비워둔다.

大日本國。明治九年六月十七日。外務卿寺島宗則。印。

大朝鮮國禮曹判書金尚鉉閣下。

一。蒔繪行廚一個。○一。陶器花瓶一對。○一。色紗五卷。○一。色絹十五疋。○一。海金絹五疋。○一。烟管三對。○一。烟草袋三個。○一。寫眞帖二冊【一。《日本東京全圖》。一。《江華城池全圖》。】不腆土宜哂收。是年月日，外務卿，姓名。

禮參譯漢文【又有諺草本一。】

玆爲照復者，接到貴國丙子年四月公幹。貴國與弊邦，一葦可航，鄰交有舊，日久而信使間絶，經六十餘年，兩國情誼漸乖離。本年我辨理大臣，前往貴國，重修舊交，建立新盟。貴國亦速派遣信使，以寓修謝之意。我政府接遇之詳畧，今不敢贅焉，唯其平素傾慕之念，得此時觸發，聊盡在我之分，是貴使信亦所了知也。盖兩國交際，自是益親密可期而待，兩民幸福莫大焉。臨信使開發，聊酬貴意。敬具。

年月日。外務大丞宮本小一。印。外務權大丞森山茂。印。大朝鮮國禮曹參判李寅命閣下。

一。等繪行廚一箇。○陶哭花瓶一對。○一。色絹七疋。○一。海氣絹三疋。○一。烟管三對。○一。烟草袋三箇。○

不腆土宜，哂收是祈。年月日。職姓名。

大政府所來別獻回禮目錄。○一。刀一口。【環刀未漆】○一。漆哭六個。【硯匣、層亟。】○一。薩摩陶花瓶。【彩花數尺。】○一。筆五握。【二象牙、一木邊、二竹邊。】○一。赤地錦一卷。【大文厚織。】○一。紅白絽二疋。【厚而夾】○一。甲斐色綃十二疋。【各色淺深】○一。越後白綿布十二端。【如苧紗。】○一。越後生縮布十二端。【微黑色。】○一。奈良白曝麻布十五疋。

【如白𦀌苧布。】

修信使所贈政府回禮目錄。○一。馬鞍一領。【金餙】 ○一。陶器香爐一對。○一。精好織二卷。【鞏而廣。】 ○一。烟管一對。【白銅】 ○烟草匣二箇。○一。扇一柄。【牙餙】

黑田長官回謝目。○花瓶一對。○烟草七箱。○日前所贈者, 白苧布五疋、白木綿十疋、白綿紙十卷、色摺扇三十柄、色筆五十柄、眞玄三同、白淸一斗, 而其報禮, 甚草率也。

別遣堂上嘉善大夫賞禮單目錄。○一。刀一口。○一。縮緬一疋。○一。烟管一對。○一。烟草袋二箇。○一。扇一對。

別遣堂上嘉義大夫賞禮單目錄, 同上。

兩上判事, 各有禮物目錄。○一。烟管一對。○一。烟草袋二箇。○一。扇二對。

書記、畵員、軍官、伴倘, 禮物目錄。各一。烟管一對。○一。烟草袋二個。○一。扇一對。

鄕書記、禮單直四名, 各烟管一箇。○一。烟草袋二箇。○使奴子、通事六名等, 各烟管一箇。○一。烟草袋一箇。△通引以下, 吸唱、軍奴、樂工等四十五名, 各烟草袋一個。○扇三本。○轎軍十名, 各烟草袋一介。○扇二柄。

外務省餞別時, 卿丞皆言於正使曰: "此去神戶港, 不可不滿載石炭, 以爲往來之用, 則可費二日濡滯也。 幸須歷觀大坂城而往爲好也, 相距不遠, 且有間隙, 幸勿虛過。" 正使曰: "使客將出, 行期且促, 難於游觀也。” 曰: “此地則曾前貴國使臣往來之處也, 何必持難也? 已有上旨, 指揮該府, 使之供億也。” 使曰: “若到神港, 遲滯經日, 身又不疲, 則徐當更思而圖之矣。” 還館後, 外務卿送一書簡, 譯漢文曰: “玆照會者。貴下歸道, 所駕之船黃龍丸, 發橫濱, 至神戶港, 碇泊可必二晝夜間, 以積載需用煤炭及雜具, 望貴下不徒過, 其時間汽車一瞥, 到大坂府, 有覽觀我造幣寮也。蓋貴於交隣者, 不啻使聘往來而已。兩國人民, 將以有無相通, 長短相補, 互利益其國, 則不可不賴貨幣媒妁, 而貨幣者, 各國各異其形, 實質亦不均同, 唯其相比較照計, 以成締盟國弘通之便焉, 故各邦與否, 則視貨幣良否如何, 可以兆之。今貴下幸來辱, 則視睹我邦注意鑄造錢貨, 或將有所信認, 是我邦所大望於貴國也。 在貴下職掌上, 豈得不亦所應用意哉? 此一行徑先大坂府地方, 無有碍行路, 望敢枉駕, 若夫途次事宜, 須本省護送官員協辦也。敬具。年月日。外務卿” 云云。修信使答書曰: “玆仰覆者。俄旣面誨, 今又書諭, 懃懃懇懇, 以交好之地, 洞然無間。察其風土, 觀其俗尙, 習其器機, 聽其議論, 以至城郭、山川之險夷、政令民物之利病, 無不使之知之, 感佩無量, 銘之心肺, 貴國盛意, 何可忘也? 申戒神戶留滯之間大坂城玩遊一事, 謹當奉依, 而但恨鄙國規度有方, 不敢踰越, 他日貴价之枉屈也, 凡百羞涉萬萬, 不能親切無間, 如今日貴國之待鄙人也, 縱或海量之, 隨處存便, 安得無預爲之不安者乎? 玆敢披露, 萬乞保重, 洳此順候。敬具。年月日。修信使。” 云云。

是日一行衣籠及廚房什物, 皆先期出送于橫濱, 幷自外務省知委, 皆車輪而舟搬, 致之于汽艦。○晩後, 正使至外務省告歸, 卿以下延接致殷勤, 手傳其天皇別禮單訖, 卿委曲爲言曰: “貴行修信, 委婉鄭重, 深所感歎, 而我朝廷深意所在, 公可以諒之耶?” 使曰: “貴朝廷盛意, 庶幾可以揣度矣。” 卿曰: “一强國之自立, 不如二弱國之相依。今我國之與貴國, 一葦可航, 可謂唇齒之之邦也。若痛癢相關, 有無相藉, 憂患欣戚, 矢心同之, 然後可以有濟。貴行歸朝後, 亟告貴朝廷凡百事, 爲無少芥滯, 以爲萬萬世永好之地, 豈不美哉?" 使曰: "盛意至此, 深感感, 當依戒歸告我朝廷, 而但我國謹守拙約, 不通外交, 所以凡事樸實, 無奇技妙藝可以爲人出力者, 則倘無一分藉助於貴國, 而徒望貴國之藉助於我矣, 豈非愧恥之甚者也?" 卿笑曰: "豈有是也? 此皆公之過謙耳。" 遂數語告別而起, 至外歇所, 大丞、權大丞, 追出告別。宮本曰: "吾且奉使往貴國矣。凡事周章斗護, 專恃於公矣。" 使曰: "公行之來吾人之所, 甚幸矣。至於鄙人, 則適玆承乏, 有今番之行, 而古人所謂'如我者流, 車載斗量, 不可勝數'者也。位卑言輕, 不足有無於我朝廷, 則其何以有益於周旋之際耶? 但公雅量高致, 凡事周便, 必能善其終始, 是所區區之望也。" 遂與別而歸。○回禮單物種, 自外務省, 送工匠爲外樻, 以草補空而搬運。

**二十七日丁巳**。晴。早起整頓行李, 巳刻起行, 馬車、人力車, 已待于外, 徐行十里, 至新橋鐵道寮, 登樓少憩, 騎兵九對、傳語罷還, 而輪車已成矣。半刻之頃, 至九十里鐵道關, 下車登樓, 吸茶舒氣。自關外乘人力車, 行五六里, 入會議社, 先進茶果, 次進溫麵, 休息之間登嵬樓, 自下至上, 架木爲蠡殼形, 回旋而登, 歷短梯三層, 至最高處, 假量爲數百尺, 中懸兩鍾分東西, 穿兩窾而懸垂, 到中層而止, 各爲機括, 隨時自打者也。最上尖高處, 外設危欄柤, 容一人之着足, 立而南望, 則橫濱大海, 浮浮連天, 臨浦富屋, 鱗鱗撲地, 而各國之館, 樹以標幟, 如米國, 則靑質而以白斜界中, 紅縷裁縫, 爲米字樣; 英國, 則上錯靑紅方文, 其三分二則橫連靑紅, 長紬間架, 而爲面端隨縮絞飄以爲脚者也; 法國, 則以紅白兩色間以連幅者也。市肆繁麗, 帆檣簇泊, 東京物貨, 皆由此而注匯云。俄而乘小車到津頭, 駕片舟上雲艦。古澤少丞、奧書記, 皆因政府指揮, 將送到于橫須駕七十里, 點檢舟艦之堅疏, 然後可以遠餞貴价云云。正使屢度辭謝, 終不回去, 共與登船, 晡際已泊橫賀水環港口, 小開洄浦三面, 岸上開海軍制作寮, 汽艦之造, 皆在此地, 其他懸物長鉤, 掘地旋箭, 在在可效。○ 申後雨作, 古澤及奧生, 皆下陸而去。海軍省官員, 請見于正使, 欲示以軍機之製, 而辭以疾不見。

**二十八日戊午**。徹夜雨大下, 至朝不霽。兩官不能固請下觀, 而古澤及奧生, 冒雨而來, 各各敍別而歸, 盖繾綣之意、惆悵之色, 溢於言外矣。奧生辭去, 更寄一絶於余及菊人矣。○ 未刻將行船, 傳語生徒四人及府屬二人, 下陸不來, 送艇四覔而不得, 盖湎于酒色, 不記行期, 而自外務省必有大罰云矣。遂衝雨擧碇, 已當申刻, 出自港口, 夾山而左轉, 行四五十里許, 雨捲風起, 一直前進, 纔出大洋, 風勢益猛, 日已昏黑, 汽桶奏嘯, 水輪亂噴, 巨浪欺空, 茫無涯畔, 舟中之人, 莫不眩倒, 玻瓈盃鍾, 瑠璃燈壺, 以至床卓椅籠, 東走西馳, 隨觸破碎, 板上鐵索, 磨幹如霹靂, 房內陶甎, 周流如彈丸, 至夜深船師、格工, 惝恍失序, 走告曰: "如此風濤, 近古少罕, 不得不退行于依山處, 以爲下錨住憑之道。" 正使曰: "任自行止, 俾爲捨危就安之事, 可也。" 時余猶定神, 詣上房飮壓驚, 酒數盃論安心話一遍, 兵房軍官, 尙有赳赳之態, 屹然立床下, 而餘外則非徒我行中, 以至傳語官及房慰輩, 皆顚沛於傾洞枕上矣。過子刻稍尋近處山留住云, 故問之曰: "自橫須賀發船, 直行二百七十里, 而遭風半宵退行, 爲二百六十里, 而北距橫賀側路三十里, 此去武臧州 東京, 不過一百二十里之間也, 是乃安房州之北、相模州之南也。雖云留碇, 而波蕩之勢、號怒之聲, 徹曉不止, 發行二晝夜之頃, 纔到三十里, 令人可悶也。"

**二十九日己未**。朝陰晚晴。廚房之屬, 不能收拾精神, 向晚始借爨於日人廚房, 略略行飯, 而諸人以歐氣, 不能下箸, 稍幸正使與余, 努餐三分之一。巳刻, 船長告以行船, 余出往問之, 則風雨針稍稍正立, 將於午刻, 可卜風宿波穩耳。遂拔錨上舷, 張帆掛棹, 少焉日光穿漏, 浪花起滅, 一瞬之際, 歷伊豆之界, 挾大島而右曳燈岩之下, 北望富士山頂白雪擧流雲, 西看紀伊境上翠岑如旅髻焉。午以風勢之逆, 下帆前進, 終夜不停。

**三十日庚申**。晴, 風微逆。早起問海程, 曰: 夜過遠江州之險濤, 今當伊勢初界, 而此去神戶, 不滿一千五百里云。午後風少止, 晡間挾紀伊州之大島, 岩石巉秀, 船出其間, 細雨乍下, 斜陽漏輝, 口占一絶曰: "層濤過盡始明山, 焂忽群峰一瞬間。岩邊小艇漁人集, 帶雨忙忙打網還。" 縹緲疊嶂, 連絡于千餘里者, 皆紀伊之境也。夜深始寢, 舟行不止。

**閏五月初一日辛酉**。朝雨晩陰。早行望賀禮于甲板上。是日辰初, 舟泊神戶港, 霏微不絶。是地西兵庫而東神戶, 皆有縣令管攝之。兵庫縣令神田孝平, 使人送言於舌官, 要請使行下陸, 將以外務省指揮, 欲觀大坂城造幣寮, 而正使以口中熱腫, 不能强作。向晩以杉液酒一桶、肴品一榼送之行中諸員, 亦以桶榼, 分供中下官, 則或三幷盒、五幷盒均饋焉。○舟泊神戶港放吟。欃欃雲幔搩搩風, 蒼茫天地指彈中。玄櫂初停朝日上, 舟人唱罷滿江紅。○火輪之用, 最藉石炭, 而自江戶載來者不贍, 故依外務省公文, 兵庫所在石炭, 以津船運致, 移載于汽艦, 小如拳者, 大如礎者, 可數三百石, 自此往還釜山之資用者也。○申後, 自外務省電信來到曰: "南陽、仁川、江華右三項中, 須據切近地方, 取路京城, 以此直告于訓導前事。年月日。宮本大丞電致意。" 盖理事出來時, 路程預爲導達者也。

**初二日壬戌**。晴。朝飧後, 正使率六隨員, 略備鹵簿, 下神戶浦, 上會社樓, 申刻還爲上艦, 午飧自本縣庋備焉, 因爲留碇待曉將發。

**初三日癸亥**。晴。丑初燒煤起行, 早登甲板, 北備前而南讚岐, 山勢媽娜, 村容靜邃, 漁舠商船, 連絡於烟波之上, 麥阡稻壟, 鱗錯於雲林之間, 庶幾超塵樂志之土, 而岸夾長洲, 帆掛順風, 始覺經危而就安, 遵陂而獲平者也。過備後州, 而海色漸大, 日景向曛, 船行益駛。

**初四日甲子**。晴。卯初舟泊于赤馬關, 朝飯後, 正使以下乘津船, 出永福寺少憩, 以茶麵待之。午後還爲登艦, 少選發行, 明朝可抵釜山故耳。○自橫須賀離發後, 奧九臯以詩寄之曰: "送子三韓去, 寧憚百里遙? 欲知離別意, 換淚雨蕭蕭。" 以書謝之, 次其韻而送之曰: "橫賀暮雨, 雲海渺茫, 古人所云'丈夫非無淚不洒離別間'者, 若在此境, 果不知作何語也? 際拜瓊章, 陡地慰沃, 有如披白覩靑, 而一倍離依, 振觸于中, 仰想去留, 做得一般, 敢問旋駕之餘, 起居百福? 耿往微忱, 溯洄莫量。僕伊日申刻開帆, 約行數百餘里, 夜深風掣簸颶轉甚, 舟中多少人員, 擧皆暈倒不省, 酒壺、茶鍾, 東奔西碎, 其所危怖, 篙工之所罕觀云矣。就中稍幸者, 惟信使與不佞, 大耐定精, 朗誦《中庸章句》一遍, 頓覺胸次之不亂, 遂退行徹曉, 還到橫河三十里之地, 日纔出而浪少息, 至巳初旋又戒行, 穩到于馬關, 而可謂生平劫運喫過乃安者也歟! 明早可抵釜山港, 父母之國, 看看漸近, 私心喜幸, 庸可旣乎? 謹步瑤韻而萿之, 言不盡意, 還激忡悵, 統希星槎, 以時利涉, 兩國太平, 重圖會面, 略此敬具。朝鮮曆丙子閏五月初四日。某拜宮本大丞安節, 不敢號探而嗣後, 層溟萬里, 穩稅輶車, 實是顒希者耳。詩曰: '我去君來別, 渾忘道路遙。蒼茫橫賀港, 適値雨聲蕭。' 其二曰: '證交元有道, 世級豈云遙? 欲許知心竗, 鮑、叀與管、蕭。' 其三曰: '纔經風濤險, 不愁萬里遙。倘知萊浦上, 暮入客帆蕭。'" ○行止任船。船長鳥谷保, 明於海學, 且長門州士族也。庸表往還共濟之誼, 贈以一絶。“九萬長空積水明, 輪機時轉帆風輕。知君妙算推天造, 六合中間信意行。” 船長大喜來謝曰: “行與明公, 結不世之緣, 而從從今以往, 思公不見, 則當開讀瓊篇, 以爲萬里顔面也。” ○重入永福寺, 寫贈墨華法師一詩。“山如參列水如油, 路舍深洋下別洲。也識禪家緣業重, 金波樓外再停舟。” ○申正行舟, 風勢少蕩, 至亥刻出大洋, 駁雲漏星, 獰風截海, 船中什物, 碎破無餘, 房內人員, 衒歐益甚, 冒行三百餘里, 寸進不得。船長使舌官, 送言于使: “行姑請退船。” 數刻之頃, 還到赤馬關六十里之地下碇, 而搖搖盪盪, 愈不止焉。傳語官以船長之意請曰: “前此橫須賀, 浪費五百六十里之水程, 今日馬關, 又費五百五十里之水程, 如是遷延, 甚爲未安。與其留此而搖盪不已也, 不如遵海而南依島而下 則此去對馬州, 可八百餘里, 自對馬島至釜山浦, 可四百八十里, 雖若迂路, 其所危險, 差勝於直絶水宗而取近也。” 遂任其行船。

**初五日乙丑**。風勢愈逆, 過筑前州, 夾壹岐島而右轉, 倚艙一望, 令人整衿, 日已過午, 而未得行朝飯。至未正, 抵對馬島府中前港, 雖放錨而立, 掀飜不住, 始大卓布, 禁轉方架而蓐食, 渴腸冷餐, 幷失口味, 混如黑酣之攪夢, 相慰黃色之浮面矣。少焉解下從船, 擺列小艕, 一齊下陸, 至以酊庵, 庵是我宣廟時, 玄蘇之所住, 而及其來使也, 以其丁酉生也, 故特賜以酊之號, 而前堂篇曰“燕鴻室”, 此是法師所居, 而每年遞改, 秋以爲程, 故有是額焉。後堂迂回處, 安金粟範像, 卓面竪發願牌, 以金字鐫之曰 “朝鮮國王萬萬歲”, 金佛之左傍, 坐一木像, 乃玄蘇之後身也。今則寺觀荒凉, 只有數三緇徒而已。猝聞前導之聲, 男女老少, 闐咽街巷。入禪門各定房舍, 爲留宿之計焉。一行支供, 自外務省立站人進排。送接官浦瀨之家, 在其隔墻, 要與往觀, 盛備酒肴以待之, 水陸諸品, 爲數十餘器, 使婢子行酒。俄而有十二歲兒女, 奉壺善灌, 問之則云是主人之族女也。居無何又有一精妙娘子, 自內而出, 坐於樽傍, 佮俹行膳, 問之則主人之親女, 年今十七, 尙未出嫁, 欲爲觀光, 且接尊客以盡其禮者也。行中諸人, 亦來會序酬畢, 還到宿所, 夜不能安寢, 而北風之力, 達朝未息, 船長來乞, 徐觀波勢行身, 傳語官太半是島人, 故亦勸明曉發程。

**初六日丙寅**。早風晩晴。飯後將登艦, 舊島主宗義和, 卽前太守重正之父也, 送舌官切懇曰: “僕世守此島, 恭奉貴國交隣之事, 于今三百年, 所十載以來, 疑阻之後, 常歎信使之久絶, 意外星槎忽臨陋地, 風波涉險, 縱不勝驚慮萬萬, 而安知不天借之便耶? 幸伏望特賜光臨, 使廢人得以榮生門闌, 則豈非大幸大感者乎?” 正使以下, 不得已歷路往訪其第宅, 雖不豊侈, 可給林泉供養, 遂與敍禮定坐, 其顔貌之俊碩、言論之洪亮, 儘是藩臬世臣也。前進酒菓, 次設餠麵, 晩備飯蔬, 山珍海錯旣盛且潔。出扇及紙, 遍請書與畵, 皆隨技隨應, 無不大悅。向午請入內堂, 此是燕居之所也。築奇石於庭畔, 橫筧注瀑, 而泓爲長池, 種松竹裁花卉, 井井成列, 竹林之下, 別開數間精舍, 貯書燒香, 頗有雅致。其北有神堂, 以石爲門, 高可數丈, 內建傑閣, 扁曰“奉獻”。日本之俗, 以神佛儒爲三敎, 而近自西學之盛, 三敎皆索然矣。隨遵而升內堂, 預設茶菓一盤。坐定, 主人請曰: “僕年今五十八, 有子二十餘人, 有女四五人, 可謂福祿之盛, 而但恨此生, 恐未更聞貴國之樂音矣。今日此會, 甚非偶然, 願聽大風樂一遍。” 遂命奏於庭上, 內外聽者, 莫不大悅。茶罷出外堂將敍別, 以錦一軸、海黃繒一疋、釰一振、名酒四榼、磁畵爐一坐, 進于正使, 以繒一疋、團扇三挺, 各贈於四譯, 以半紙二束、團扇三面, 各贐於六從官。其久枳之餘, 稍舒菀依, 故欣款甚摯, 相與揖別。申刻至艦, 風脚指西。○對馬州改府爲嚴原縣, 隷於長崎, 而永廢太守之官, 只置支廳, 以應長崎參事之時到敷政焉。東武館在舊日府治之東, 我國使命之來, 留住于此, 至鋪溫突, 而六十六年之間, 蕪穢不治矣。萬松院在其西山谷深邃處, 而前日信行多遊衍息偃, 故紀事者, 詑若別界, 尙今歸然焉。海岸寺在以酊之迤南麓, 頗近精洒, 前臨溟涬, 東對巉岩, 可讀可栖也。○宗太守送隷, 回便以茶食菓五百圓、胡桃一橐、彩筆二十枝、眞墨十笏、《童蒙先習》四冊、《啓蒙篇》三冊, 分送於其之子若孫, 【子名東之介, 方十二歲; 孫名直丸, 年方一十。】 略表心乎之愛。○亥初發船, 終夜南行, 直戛佐須浦之下三百餘里, 向曙北上三百里, 出立西望, 我國群峰翠繞船頭, 路出影島之北, 吹螺報信。辰初到泊草梁浦前, 回路竝迂行爲六千六百五十里。○【官職之品、器用之妙、俗尙之略, 備載於《錦館隨筆》。】

**初七日丁卯**。晴。點檢籠卜, 使津船直達于釜山鎭, 而余與數人同舟, 到草梁客舍, 使行以其荒涼, 移住于訓導任所, 賓日軒之西、誠信堂之南。少憩, 釜山僉使, 始爲來見, 中頓訖, 入處鎭廨。午後左水使及萊伯、多大節制, 次第俱到矣。○接見五月初五日家書, 俱爲平善可幸, 仍爲留宿。

**初八日戊辰**。風晴。飯後, 黃山驛人馬, 未及來待, 賃物於人, 替騎於轎, 齊入萊府, 還渡狀啓, 昨已修正, 送于萊府, 夜馳急足, 凡七宿而可達京城云。○自萊府精備, 氈鐵六七器、肉淯四五榼, 送于草梁館, 接待船長及送接官尾間啓治、浦瀨裕【荒川德玆、中野許多郎, 先已落留對馬島。】生徒等, 盖日人嗜此, 而明將發還故耳。○自釜山入萊府喜吟。朝從誠信館, 路達永嘉臺。邊梱戎威壯, 皇華瑞色開。胸中滄海闊, 眼底疊山回。矧是家鄉信, 平安二字來。

**初九日己巳**。晴。機張倅暫來旋去, 以雩癸未撤也。黃山丞亦纔到卽還, 以使行留憩五日, 將率夫馬趁期更待, 有所令飭也。

**初十日庚午**。晴。梁山倅早來脯歸。

**十一日辛未**。陰燠。

**十二日壬申**。陽。午餐各一卓, 別自本府備待, 以替宴需。○ 訓導玄昔運病瘇臥, 其私寓之第, 夕往與別。○ 回禮單糾檢官, 以機張縣監差定。

**十三日癸酉**。晴。飯后離發, 至梵魚寺二十里留宿。黃山丞來同起居, 萊伯以瘇辭, 送兵幕李五衛將鎰, 使之看檢支億。○ 夜起獨坐。境僻禪窓靜, 天低野色平。雲間鍾磬響, 徹宵夢思淸。○ 渡海下屬, 竝日此罷送。

**十四日甲戌**。晴。晩發到梁山郡三十里中頓,【自威安郡添助。】卽發至通度寺, 日已曛黑矣。五十里留宿。

◆ 通度寺

平迤官道接嶙峋, 纔宿禪門雨洗塵。釋迦靈骨千年在, 道伯眞容一幅新。【僧俚曰: "若有大賓宿于此, 則法雨必洗腥羶需供之臭云。" 早餘夜果雨。○ 寺後有如來舍利浮屠塔, 甚宏。○ 申海藏 錫愚氏, 曾以道伯, 寫眞本藏諸佛龕。】

**十五日乙亥**。曉雨一犁。自昌原府出站, 府使閔宗鎬, 亦來待, 朝飯始成於午後, 飯畢卽發, 還到梁山官, 五十里宿。

◆ 雙碧樓次板上韻。【邊賢天 仙田】高閣時相待, 層溟路且周。江分郊勢去, 竹挽歲華留。常供仙吏隱, 不障韻人遊。坐盡東南美, 停盃我思悠。

○到密陽, 足成此詩, 簡寄一齋 魚使君, 鐫揭于樓額, 以其要在踐約也。

**十六日丙子**。晴熱。早發二十里過水門遷, 二十里歷鵲院遷, 年前新設關隘, 自龍堂夾洛東而右之二十里, 至三浪倉中火,【自密陽本府皮】饁罷卽發。本倅元世澈來見先去, 到本府四十里, 宿於椽廳。是日行一百里。

**十七日丁丑**。晴熱。晩上嶺南樓, 樓東凌波閣, 卽正使信宿處所也。與菊人兩亭乘樓船, 沿洄南江。次板上都典校元興韻。樓角靑山水底天, 溶溶水色一樓前。遠隨龍節遊寰外, 閑伴漁翁夢日邊。位置勝區多歲月, 酬供韻士貯風烟。武陵、巫峽尋眞路, 可奈斜陽上酒筵? ○是日仍爲留宿。省峴丞金命基, 以夫馬差員來到。

**十八日戊寅**。晴熱。留。觀察使朴齊寅, 將禱雨於梁山 龍堂津, 以是日過宿于此云, 故乍退程期, 欲其話舊也。晡後道伯簡率入府。

**十九日己卯**。晴熱。晩發先送道伯, 而到楡川三十里中頓, 至淸道四十里宿。是日行七十里。

**二十日庚辰**。朝雺晩陰。二十里入省峴驛衙少憩, 三十里至慶山縣,【縣令李晩昇】中火旋離, 大邱三十里【判官金有鉉】宿。○是日行八十里。

**二十一日辛巳**。朝小雨晩凝陰。慶州府尹金奭鎭方赴任, 來到營下, 以待道伯之還, 而午間專訪旅館, 故晡後往謝焉。正使以暑泄不能起程, 仍爲留連, 使陪行營吏, 馳通於前路, 使之退站。

**二十二日壬午**。風熱。早發十里，渡金烏江，因旱橋涉，又十里歷漆谷邑，府使具光書，東明院二十里中火，自本邑出站。行五十里，擧火入仁同府，府使李觀應，忽謾罄抱。李進士源駿、李硯士源憘從昆季，自星州冊[13]室，專到于此，竟夕穩話，以五鐥酒一矩榼贐之。○是日行九十里。自東明院，遞乘金泉驛馬。

**二十三日癸未**。驟雨一犁。午發至善山府【府使李鎬肅】五十里宿，遞騎幽谷驛。○趙中逸 玉庵，自開寧冊室來見。縣監金洛鎭，致書相問。○【所騎自召村驛等待。】

**二十四日甲申**。晴。長川院【尙州地】四十里中頓，自金山郡出站，郡守徐相祖，躬來支億。尙州牧三十里宿，牧使李承敬，以老病不能馳謁正使。○是日行七十里。

**二十五日乙酉**。晴熱。咸昌四十里中火，縣監趙鍾純，出見于椽廳。飯畢旋發，日極熼屢憩于回縈遷及兎瓶步，炬行十餘里，至聞慶縣六十里宿。○是日行一百里。

**二十六日丙戌**。晴。早發至鳥嶺關三十里，乘肩輿而下，路由左轉，入延豊縣【縣監李容元】中火，自沃川郡分當，郡守洪鼎裕，因雩未出。午後行五十里，槐山郡止宿，【郡守林徹洙】自淸州牧分當，牧使趙乘益，亦因雩書替。○是日行一百里。○金進士昌植、族人櫨壽來見。【連源、栗峯、夫馬，皆來待于延豊。】

---

13 "冊"：원문에는 "策"으로 되어 있으나 문맥에 맞게 "冊"으로 고침。

**二十七日丁亥**。晴熱。早起往拜族兄光普氏于衙東驛村, 飯畢離行, 過訪金進士家, 數酌訖, 到陰城五十里中頓, 【縣監姜漢奎】 自燕岐縣分站, 縣監閔泳大, 亦未來。遂發至無極店【忠州地】三十里宿, 由本邑支應, 牧使李正魯在治。○連源丞金在鼎, 以稅穀差負不來, 栗峯丞朴文彬領到。

**二十八日戊子**。晴熱。平明起行, 歷昆佐【忠州地】十里、長院十五里、陰竹縣十五里中火, 方午旋發, 利川五十里宿。○是日行九十里。○中頓, 自楊根郡、振威縣分站, 夕供, 自砥平縣、陽智縣分站。

**二十九日己丑**。晴熱。昆佐【廣州地】三十里中火, 驪州、龍仁、安山分站, 午發踰廣峴十里, 鳥峴二十里, 乘肩輿而登, 至廣州府二十里宿。○是日行八十里。○【留守尹滋德在京, 判官李錫應在治支待。】

**六月初一日庚寅**。晴熱。飯後登西將臺眺遠, 由南門而出, 渡松坡、三田二津, 至箭串橋, 家兒及廣元、松鶴、萬石, 率轎軍來待矣。少憩卽發, 從興仁門入京。

【영인자료】

# 滄槎紀行

## 창사기행

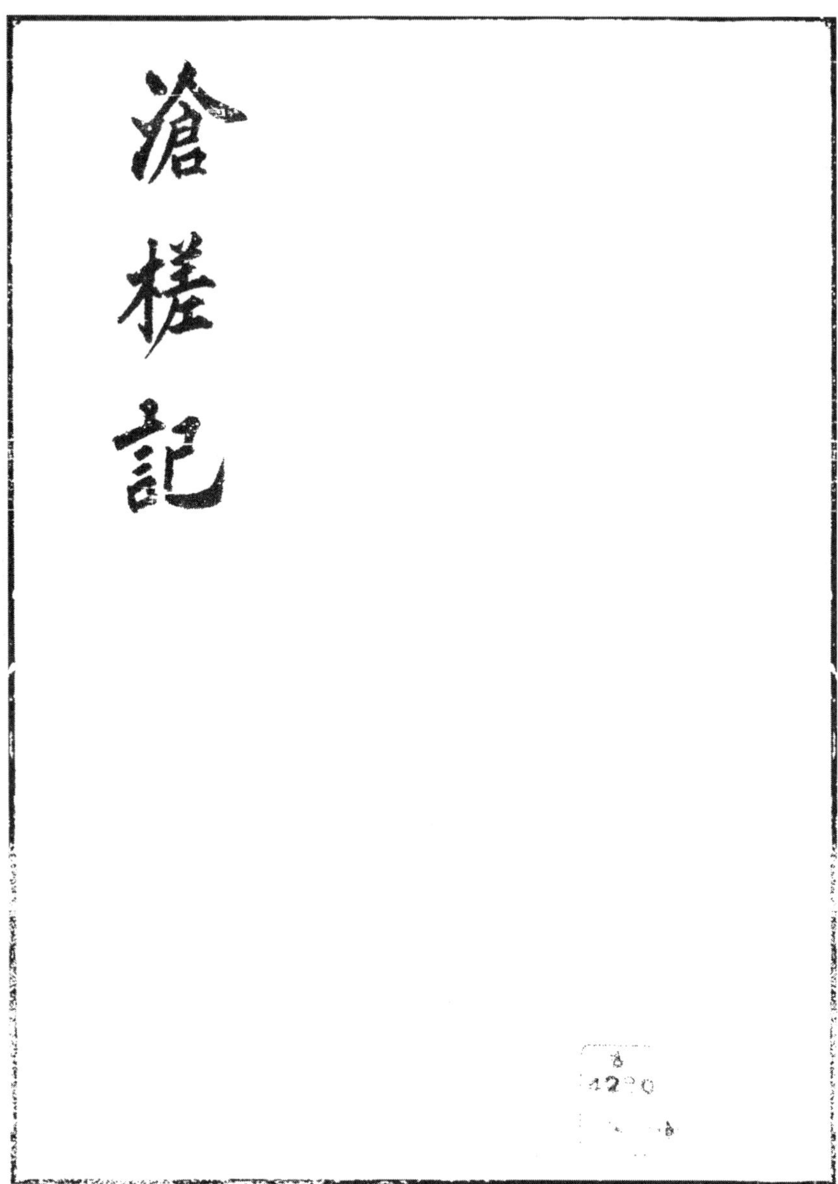
滄槎記

18227

2

滄槎紀行

大朝鮮開國後四百八十五年大清光緒二年即我
聖上御極之十三年丙子也二月二十二日議政府草記向者日本
使船之來專由於修好則在我善隣之意亦宜及令專使以為修
信使啣以修信使稱以應教金綺秀特為加資差下令
該曹口傳單付隨帶人員以解事者量宜擇送而此是
修好後初有之事今番則特以堂上官持書契入送此後
書契依前下送萊府轉致江戶之地事
傳曰允
三月初八日都口傳 啓下
修信正使禮曹參議金綺秀 字季芝 号倉山 延安人 辛卯四月初三日生
伴倘副司果安光默 字聖中 号廷山 竹山人 壬辰十二月二十四日生

書記副司果朴永善 字惟初 號竹尊 密陽人 戊子七月二十二日生

軍官前郎廳金汶植 字景曾 號友蓮 善山人 己酉三月初二日生

前判官吳顯者 字致英 號蓮史 海州人 壬寅五月十六日生

畫員司果金鏞元 字善長 號巖史 首陽人 壬寅正月十六日生

司譯院別遣堂上嘉善玄昔運 字德民 號紫英 川寧人 丁酉三月二十七日生

掌務官上判事玄濟舜 字致華 號韶觀 川寧人 己酉十月二十八日生

乾粮官副司勇高永喜 字子中 號雨亭 濟州人 己酉十一月初二日生

別遣漢學堂上嘉義李容肅 字敬之 號菊人 金州人 戊寅十月十一日生

乾粮監官 金相弼

鄉書記 金漢奎

行中 奴子十一名

鄉書記 邉宅浩

姜益洙
禮單直盧命大
通引洪致肇
朴永浩
小童朴文燦
李章昊
通事金福奎
金應祺
朴淇鍾
金釆吉
及唱奴得伊
令石

刀尺奴章五
敬五
日傘直奴鶴伊
節鉞手朴日成
趙文哲
巡令手陳業伊
朴正奉
喇叭手朴化俊
梁致雨
後陪使令金以宗
金朋植
朴用安

姜光雲

乾粮馬頭 金弘基

廚房使喚 方成玉

朴同伊

李宗伊

金大業

宋萬宗

尹桂安

金性信

熟手 朴永五

樂工 李雲伊 嵇琴

朴春變 短笳

柳尚龍 長鼓
陳長命 短笳
李鍾明 鼓手
金富利 長笛
四人轎軍十名
登船合七十六人

四月初四日乙丑晴 正使詣 闕入侍後奉 朝命書契建節鉞出
崇禮門外舍館傾朝出餞申後離發到果川新院三十里宿昨夜
將三鼓矣厶夫馬自延曙驛等待厶支供自南陽府出站留守府亦
站果川縣監鄭在英未赴任 南陽府使姜潤方在京 厶平卯察訪安懽以禮單領送官夫馬
差使員先行正使皆自本邑支供 出崇禮門口占
廡陛拜辭瑞日邉節旗擁導晩風前振古誰尋江戶路已過
一百十三年
初五日丙寅晴晩發廣州板橋二十里中頓偕興亦爲出站龍仁縣三十里宿是日行
五十里厶午飯自本府供億 朝夕自安山郡出站厶廣州判官李錫應在京 安山郡守金鳳均在邑 龍仁縣令洪頤 普鎭直樂院
過豊德川
木覓山光遠樂生野色開狄雲興楊水歷歷望中來
初六日丁卯晴陽智縣監李敎象四十里中頓利川出站府使金晳根在邑竹山六十里宿府使朴…
陽城縣亦爲出站

憙安城出站郡守洪淳肯在邑 振威縣亦爲出站 是日一百里

初七日戊辰朝晴午抵陰竹昆佐倉小雨驟過四十里中頓 砥平縣亦爲出站 本倅洪鍾萬在邑〻治在東三十里 自驪州出站 牧使洪晩植在邑 飯後逾遞罷人馬 自忠清道連原驛等待者也 連原丞金在鼎以夫馬差使員來見向晩晴遄至龍安驛四十里宿 自忠州本府出站 牧使李正魯在邑 是日行八十里

陽竹途中

逶盡三春始聽鶯 短長亭柳慣人行 樂聞舊捲臨蹊野 烽燧高臺出石城 陰崖晩覺花香動 夜雨新添麥氣生 倦步遲〻來詩境 不須頻唱勸馬聲

初八日己巳晴晩發待秋院少憩至忠州牧五十里宿淸風李上舍秀鳳權上舍選權碩士潚來見 忠州大邑也故幷自本邑支供

過達川入忠州

江草菲〻江水平 彈琴臺下去無聲 收拾兩南滂湃氣

安排流峙大都戍

燈夕拈韻會賦于製錦堂

滴滴山光漠漠田中州詩境入無邊于役奇遊當此夜如来新浴又今年九千里外層湞路廿四橋頭泛酒筵清風滿袖人初到直待燈沉坐曉天

初九日庚午陽温晩發從楡洲步踰偉項嶺二十里至安保驛三十里宿舍館鋪陳在延豊本邑縣監李容元夕餐自槐山郡支供郡守林徽洙朝飧自清安縣備進縣監趙𡺕三倅皆出待于站是日行五十里

過水頭邊

穿岸仍通步架嵒或作家滿山紅躑躅自啟春華

初十日辛未晴晩行過冷泉店乗肩輿踰小鳥嶺至鎮南门少駐仍下交龜亭觴咏於龍湫之上遞乗慶尚道幽谷驛馬到聞慶邑

四十里日纔晡矣止宿自此以下皆自本邑支供

　乘肩輿逾鳥嶺感吟

咿軋籃輿度翠皐登々漸覺眼前高嗟哉欲免吾身若短息

長喘任汝勞

天時人理互相推據險摧強此地宜至今丹月江聲咽可惜將軍

見事遲

　從倉山信使登交龜亭

主屹山前路行々境轉幽龜交曾起樹龍去但餘湫関阨由天設

峙儲是國謀却嫌絲管鬧波聲繞林浮

十一日壬申朝晴晩霾逾新院峴二十里過回淵遷東有兎翔步至幽

谷驛郵丞金顯默二十里中頓後仍發從長田郊渡甘巖川尚州人吏支待

于此距幽谷十里餘至小坪三十五里始入龍宮界逢儀到邑可五里許止

宿是日行八十里○趙祭奉小雅性憲適過于此来見話別○今日
中火自善山府出站(府使李鎬甫在邑)夕朝自本縣供億(縣令洪岐周)
十二日癸酉陽辰刻發行踰朱德峴十里至牛盤是兩邑分境也十里
達儀兩抵醴泉郡前有觀稼亭後有快賓樓定館老吏廳二十里
與主倅洪用周叙戚是日行四十里○主倅以(散脯一横蹲柿一帖猪肉一缸)贐行
館夜忽聞快賓樓樂歌聲寫呈上价
剪梅三疊鮮離愁絲竹洋々繼夜遊可羨快賓樓上月皇華
春色管風流
十三日甲戌陽平明發行十里渡高平川醴泉倅出餞于此至
豊山驛四十里中頓仍復起行到省峴地界延逢而進入安東
府四十里夕會于凌超樓主倅洪鍾大以盃酒相歎晩歸始宿○
是日行八十里

十四日乙亥燠日出起行共上价與主倅登映湖樓觀舞訖各賦校上韻一篇向午而發到日直驛三十里中頓旋發二十里踰烏夜峴二十里入義城縣(縣令朴奎東)○開寧郡守金洛鎭專伻致書以雙襪相遺○義城倅以白紙八束簡紙百幅周紙十軸贐之

映湖樓次板上韻

周覽烟霞歲月多霧區歷数廢無加練沙曠野悠揚水護郭脩林隱映家此地常分名士守何人昔種鎭山花漸開宵次從茲始前路將浮萬里槎

十五日丙子晴晩發至青路驛店少住與主倅話別義興邑五十里(縣令閔泳學)日已晡矣中頓旋起行十里餘轝(大)督抵新寧四十里(縣監金友根)夜已三鼓矣是日行九十里

十六日丁丑陽平朝理行抵永川郡(郡守李鶴來)四十里宿靈山縣

監金鳳洙 昌寧縣監李敏性以出站來到咸昌縣監趙鍾純
以禮單物種料檢官來長水丞閔致億松羅丞金濟正以夫馬差
使員來河陽縣監李文鉉省覲丞金命基以叙別而來
十七日戊寅晴以故例休憩留連道伯朴齊寅方有慎未得來餞慶
州密陽蔚山義城各送妓設宴於朝陽閣余以儒素不參于筵

朝陽閣宴集日寄館孤吟

大野中開山四低高樓飛出西川西朝暉初上桐華蘖留待
千年瑞鳳棲
刻羽流商午影斜香風簾角酒生波粉鉛代甲鴻門宴陸
海行艘漁父歌
人聲如海擁金樓爭覩威儀昔未休旅館寥寥徒想像使乎
儒雅足風流

十八日己卯晴平朝離發阿火店三十里中頓密陽府出站府使元世徹尚未赴任向鷹入慶州府五十里宿府尹李敦相未還是日行八十里○寧海府使李正弼遠來(距邑二百里)餞別于東京

東京懷古

往蹟何徵茫山園水自長野談傳八帷國氣閱千霜林密懸鷄殼臺高出鳳凰春花多少在立馬惜年芳

十九日庚辰陽晩發到仇魚傳舍五十里蔚山地中頓星州牧出站(距邑三百里)牧使李禝鉉來待多日以燒酒十罎散脯五斤三層別扇十柄尾扇十柄壯聯紙十軸簡紙一百幅贐行飯後旋發抵蔚山府五十里纔到兵營城下列炬而行過太和樓入宿所是日行一百里○主倅張錫龍其之諸舊鶴城士人趙觀植在壯遊亭下準擬歷訪日暮未果纔解裝已而在座矣○左兵使鄭完默依近式其正使廿禮

而去

二十日辛巳晴風晚發夾太和江而右轉過龍堂至西倉六十里宿

自清道出站郡守趙晃夏距邑二百二十里躬來供億山訓導玄昔運迎謁

使行于此午後自釜山專步日本人金助領流船申時量到泊

二十一日壬午風晴燠晚行整班而進入東萊六十里宿府使洪祐昌本府支供

二十二日癸未朝陰晚陽留自午至明朝梁山郡供億郡守魚允中先

期稼待山舍館定于監運廳山蔚山倅以四種藥百幅簡贐行

　日本國船上約條先到

我四月十日接到

貴國東萊府使洪公丙子三月十五日單簡及玄訓導條陳書現令

貴國爲派修信使於我邦要貸用我火輪船乃使在本館尾間書

記生貴

貴書馳往東京以轉啓我
朝廷朝廷深喜
貴國之速有此擧也卽發遣火輪船一隻搭載接伴外務官員
數名旣已到
達此港矣貴信使啓行日時惟任其便若夫在船及京地旅館等
諸項一切要需覼縷于別簡幸勿勞貴意敬具
在釜山大日本公舘 長代理
明治九年丙子五月十四日 外務四等書記生山之城佑長
第一條
艤火輪船黃龍號應貴信使一路航行之需如其煤炭諸費悉
係我政府辦不須貴信使雇賃
第二條

本省派外務少録水野誠一外務七等書記生尾間啓治負荷
貴信使一行旅航事務

第三條

外務六等書記生荒川德滋同中野許多郎及生徒十一名負
荷通譯及延接事務

第四條

旅館設在東京第四大區錦街第二街一番地今豫附館圖一枚

第五條

船内厨饌一切自我供給之是為船内一竈同炊其費用難辨主
客也莫煩貴慮

第六條

軍醫員一名在船内

第七條

船到馬関兵庫兩港數時間碇泊以療航客之憊此時上陸間
行或投旅舍灌浴梳髮攝養具有準備

第八條

船由横濱港上陸滊車一鶩前往東京到該港另有外務官
員辨理貴信使入京之鹵簿

艦內規則

一艦內各房定有上中下等級須聽艦長指示各就其室

一艦內切戒火燭須小心注意吸烟亦有時有處非就其處則雖有
時不得吸之非得其時則雖就其處不得吸之嚴禁房內蜜鑽燧吹吸

一每室必有燈限時消滅故秉別燭出入亦為所嚴禁

一艦內設有厠圊非就其處不可濫尿溺

一艦内禁濫吐唾要於唾壷或艦外而吐
一盥漱有場使水一切於其處禁他所汜濫
一水火夫行船極為劇甚不可近切傍觀或妨張網轉舵之事其
或誤觸汽罐戕鐵鎖入器械場則害及其躬
一甲板上禁快譚壯語艦内過晝夜戍牌亦然莫喧聒亂運艦號令
一甲板上限逍遥步趍之處禁限外隨意步趍
一喫飯有處所有時限必有一齊同食不得隨意各自就席若
其疾病有不能出房室者則告情蓐食亦無妨
一艦内有不許乘客進人之處切戒勿強迫濫過
一所帶有之行李物品須付之監督員收藏若其或有火藥易
爆發或脆弱易腐則之物則要詳明其性質以便特殊收藏但其
朝夕必需物料或坐間不可須臾離之打包小籠置之房内亦無妨

一會食時禁飲酒若酩嗜之者於房内就卧寢時飲少許亦無妨若使酒
狂躁紛譁違者以犯禁論
是係般客搭載禁例士君子一見知了無敢犯之若其僕隷不可
不揭示切戒玆譯述以告敢煩諸君丁寧告戒豫防一般之患

明治九年四月

詿違罪目

一狹隘小路를乘車馬ᄒᆞ야馳走ᄒᆞᆫ者
一夜中의無提燈ᄒᆞ야挽諸車ᄒᆞ고又乘馬ᄒᆞᆫ者
一無斟酌으로疾驅車馬ᄒᆞ고使行人障碍ᄒᆞᆫ者
一挽人力車者强勸乘車ᄒᆞ야且過言ᄒᆞᆫ者
一置馬車及人力車卜車於往来處所ᄒᆞ야妨害行人或橫牛馬於
街口ᄒᆞ야妨碍行人ᄒᆞᆫ者

一投棄往來禽獸之死者或汚穢之物者

一以沐浴家로爲生業者戶口開放하야或樓上不垂簾者

一家屋前面掃除하야或不潑汚水한者

一婦人이無謂로斷髮한者

一卜車及人力車輳合之時의妨碍行人한者

一掃除大小便不蓋糞桶하야搬運한者

一以羈亭으로爲生業者不記止宿人名하야或不爲進告之者

一破毁街衢号札及人家番号姓名票并其所標招牌者

一妨喧嘩爭論及人之自由外且爲應驚愕噪鬧者

一戲消滅街衢常燈한者

一依踈忽하야拋流於入汚穢物及石礫等者

一通行田園種藝之無路處하야又牽入牛馬者

一於往来道路로放尿於非便所處者

一於户前으로向往来하며使幼稚爲大小便한者

一并挽卜車及人力車하며妨碍通行者

一誤放牛馬하며使入人家者

一使鬪犬하며且戲令噬嗾人者

一飛揚巨大紙鳶爲妨害者

一乘醉하며戲放車馬往来者

一打擲窓户하며攀墻하며徒出顔面瞰視行人且嘲弄者

一用三尺以上之長綱으로牽馬한者

一折遊園及路傍花木하며或害植物한者

一於道路及人家의셔強乞錢兩或爲強賣者

二十三日甲申 晴留供億自機張縣措辦郡守李曽宇来待し 但單

物種齊到于此本倅躬自點檢分服裝載

二十四日乙酉晴留訓導與乾粮官先下釜山整備措畫

東萊運廳館明得洛奇知趙承宣秉穆 除北青府使賀寄

一絶兼致舊使君洪眉軒淳學聊供博粲

邸狀覽過眼忽青 蓬山咫尺桂山青〻烟日起青華室新北

青勝舊北青

因翠香善才寄裴此山

木犀前路是蓬萊底事孤館夢徘徊未信金陵千里遠聲

明寄與翠香來

二十五日丙戌雨留飯后主倅請一行宴遊向暮還館

二十六日丁亥晴午後一行下釜山二十里宿以僉使林百鉉夜與語懷

二十七日戊子晴曉頭四更一點行海神祭于永嘉臺〻前築壇設位版

行祀厶祭官厶初獻官上使金　亞獻官別遣堂上李

終獻官上判事玄　典祀兼奠幣官高　進幣官兼書版官

兼司尊畫員金　大祝伴倘安　執禮書記朴　祝史

兼進酌官軍官金　齋郞兼奠酌官軍官吳　贊者

謁者本校儒生厶皆以有揚黑團領行事

笏記

謁者引獻官陞自南陛點視厶謁者引獻官出就門外位厶大祝奉位

版就卓子上厶書版官寫大海神位厶謁者引初獻官奉書厶大祝奉

安于神座厶謁者引初獻官出就門外位厶謁者引大祝及諸執事入就

壇南拜位向北西上立厶四拜厶鞠躬厶拜厶興厶拜厶興厶拜厶興厶拜厶興厶

拜厶興厶平身厶詣盥洗位厶各就位厶司尊詣洗爵位洗爵拭爵厶置

於篚捧詣尊所置於坫上厶謁者引三獻官入就位厶謁者進[illegible]官

之左白有司謹具請行事厶退復位厶四拜仝上厶行奠幣禮厶謁者
引初獻官詣盥洗位北向立厶搢笏厶盥手帨手厶執笏厶謁者引
獻官陞自南階詣神位前北立厶贊者唱跪厶搢笏厶三上香厶進
幣官以幣篚授初獻官獻官執幣獻幣以授奠幣官奠于神位
前厶執笏俯伏興平身厶仍降復位厶行初獻禮厶謁者引初獻官
陞自南陞詣尊所西向立厶執事者擧冪酌醴酒祝史以爵授醴厶
謁者引初獻官詣神位前北向立厶贊者唱跪厶搢笏厶進爵官以
爵授獻官獻官執爵獻酌以授奠酌官奠于神位前厶執笏厶俯伏興
厶退北向跪厶祝進神位之右東向跪讀祝文厶俯伏興平身厶仍降
復位厶行亞獻禮仝上厶行終獻禮仝上厶贊者曰飮福受胙厶行飮福
禮厶謁者引初獻官陞自南陞詣飮福位北向立厶贊者唱跪厶
奠幣官進初獻官之右西向立以酌授獻官獻官受爵飮卒爵厶

大祝西向立以俎授献官献官受俎以授進幣官進幣官受俎降自南陛
出門△執笏俯伏興平身△引降復位△献官四拜在位者皆四拜仝上△祝進
撤籩豆△献官四拜仝上△望燎△謁者引初献官詣望燎位北向立△贊者
詣望燎位西向立△祝以篚取祝版及幣燎火△奠幣官奉羊豕黍
稷飯降自西陛乗船出海上沉水△謁者進献官之左白禮畢△謁者
引献官出△謁者引祝及諸執事俱復壇南拜位△祝以下皆四拜仝上△
謁者引祝及諸執事以次出△執禮贊者謁者就壇拜位四拜出

按舊例神位版無還安埋安之明文故或恐瀆屑自初献官以下
辭神之後大祝奉位版與床褓就望燎位序立燒火成燼後
以淨巾收取其灰炭出海水上浮之

祝文

維光緒二年太歲丙子四月壬戌朔二十七日戊子修信使折衝將[illegible]午龍

驤衛副護軍金綺秀敢昭告于 大海之神 伏以天一滙精泰平之溟廣渊拓基富温沛亭容國之紀環我東屏芳津于役六十六年彼衆不驚善隣有道乃 命專价于和之島曰汝綺秀往修舊好特簡在心竣還宜早豹蠢龍節拜 恩俶裝維夏必盡諏吉過彊貿彼流艦馭風有方便非敢占惟㑽是蔵小大從邁朝蕆而夕信書在函糗粮載橐旌旆悠揚金鼓止作篙師袖手蒲帆加額棧輪一轉層濤萬里迢遞扶桑帆前尺咫蟠雨霪霪矣海瀰瀰鷗順鷗嬉其直如矢祥飇徐動駭浪不興濤退徹張瘴收雲蒸視遠猶近濟我徒蒸腆蒙神賜 王靈是憑較迈如往原濕靡盬夙齋率籲勿憚勿懼牲腯酒馨籩豆淨具練日柬璋璋雅雅使事無膺敢不夙夜期措遲速化乎懷柔從今伊始庶無悔尤識明蘄 歆靈其垂休尚饗

二十八日己丑晚陰夕雨○行公宴于客舍大廳左水使梁桂華設主
席于西南修信使分賓位于西北漢學堂上掌務官盡貞少南而東
之左右軍官伴倘稍北而東之書記專席于正東各設方丈三卓于
前酒將行奏樂一闋其餘鄉書記京奴子廚屬樂工通事小童
使令吸唱軍牢之流皆環跏而坐各賜一床而訓導與乾粮官方
有事于船上未得參筵分膳而送之云此是公賜之宴故卜定於列邑
選妓於雄府以為勝餞古例然也○多大僉使李南輯以私禮上來
開雲萬戶劉鼎鉉以隣誼頻到豆浦萬戶李重鉉叙客懷甚欵
蔚梁兩山太守亦以餞別次遠來而梁山倅以松竹酒一瓶藥脯十斤
白練紙十束贐之○籠卜皆先期入送于船上只驗標牌
二十九日庚寅朝雨晚晴任置馬鞍於釜山僉使吏房朴時璉換乘轎車一
齊起行使臣乘雙轎具威儀萊伯點起大軍門御次本鎮々將々亦

精倘行伍為後殿過草梁入設門 遂下新草梁設帳幕於守門外火休津頭結方舟建幄布席屯船數百皆繫繂以待之日方午先登義船節旗鼓吹導前而行六号許抵中流亂艦之下升自層梯到甲板上東西竪䉶帆中立烟筩帆間掛引氣布幟高半帆而下徹中層以筒索緊綴東頭各設運轉諸具猶鐵懸于鷁頭兩傍梢內而建精洒一屋行船官居之懸指南盤樹銅輠如繅車㨾將運則測向先導者也西頭立吸氣金筒頭尾台分兩欵隨風轉向如蔦臺㨾稍外而植大時標匣以金銅面以琉璃將行則測候相應者也船長二百尺以我國布帛尺每間四尺爲定廣二十五尺皆鍊鐵飾外周欄于四邊以鐵索周綴于欄內甲板奧隅處以相牽制植大鐵輠于東帆之外繫以收放鐵索俾爲進退猶頭者也左右分橫板梯高懸以從船四隻於南北歡甬之則緩繩而徐下泛于水面置水桶十餘于東西所以汲清泉也上張大布帳廣與船齊所以庇船適其雨暘者也布帆則驗風而高下號旗則白邊而紅中比

其外様也迎接官皆欣迓於船腰從甲板中呀開處入為踏梯扶欄而下向西而回轉則各有房舍正使專處一房其次伴倘書記合居一間而架坌上下長與身齊高使頭縮向外穿圓穴以玻窓開閉前有一板門壁帖方鏡下懸小卓以琉璃貯水而安之其南隅餙一小閣貯匜于其中灌盥水盥之從閣中欵處注之則水直築底而下之房內以油粉塗之鋪褥于房摺毡衾于褥上下設紋罽釘蠟臺于在壁貼鍮鉤于右壁隨房俱然也其次軍官二員居之上房之越邊別遣堂上掌務官居之其次訓導[illegible]乾粮官居之其次畫員與伴倘一員居之其頭環轉處迎接官一行居之下餙帳而別之中間空闊處設長卓而外安夾牀于兩邊所以會飯而相對者也西頭置大灰板與唾壺數坐所以聚而吸烟者也向東而有小門門外中官居之如伴人鄉書記之流也又其外下輩居之如房奴軍手之輩也設廚房于烟筩之近處貯釜鐺于底板之下層而醫官一員自江戶釋送[illegible]之于

上房之側所以護一行而調治者也○迎接官四員自外務省差送少錄
水野誠一六等書記生荒川德滋金助改名中野許多郎七等書記生尾間啓
治外務附屬原吉也太田芳也今井孝衛奴子二名海軍中軍醫嶋田脩海
省病夫二名內務省驛遞權大屬小杉雅三掌禁察一行者也古官十一人
吉副喜八郎吉村平四郎淺山顯威武田甚太郎黑巖清美武田邦太
郎大石又三郎阿比留祐作津口貞助任永琇三中村庄次郎船長一人
鳥谷保格軍四十名合六十五人也其迎接官四人與正使揖而答其辭勞以
遠來相迎之勤皆曰有何難事遂整頓坐卧處時當申正吹角告以發
船黑烟騰空火輪連轉隱如雷動瞬息之頃過絕影島艦針指丑挾五六
島而左之南望對馬島群峰蒼翠出沒自此艦針指辰巽至亥刻船過對馬州之北距釜
山四百六十里向夕風浪必作艦艇搖蕩上下諸人多被眩迷且吸石炭之烟失色生顛
翻嘔逆顛卧竟夜不省人事而惟正使與李翁人朴竹尊吳判官及余尚無恙焉

上船口占

草梁館外儀官艇歌吹喧闐近千天火輪一轉長風起萬里扶桑注眼前

五月一日辛卯晴尙曉假寐昧爽而起東望尖峯出沒於波面問是何州山也曰長門州赤馬關之山也 前日赤間關改今名 繞日出到泊于關前洋分乘小舟直入于永福寺設香卓于外廳淨界行望賀禮訖還入于正房一行眩暈之餘狀皆神精皆頹憩宿進午飡以小盤具饍而進選洞裏學童使之擧行盛飯羹于紅楪 小如我東中鉢 奠菜于砂楪充滿于鉢疊炙于鍾以平楪承菁醬果而置于中勸燒酒一杯喫飯一器〻空則小童以平盤承器而退量其多少以次進之羹美餐亦如之朝夕支供皆自日本進排申時量自迎接官所告以電氣信通報于江戶云〻戌時量已有回報一行〻止從便爲之電線者自西教之行有此沿沿海屢萬里皆沉銅筒設機括繩于其中書其事某

條繫于繩而引之使相回旋瞬息之頃可傳萬里之奇是故三時之間通江户六千餘里之信也房皆板突不以土石前面玻字窓塗以至薄之紙而風不透間架設獐子三隅為上中下行人分宿之所西轉而有法堂安佛像于龕龕上帖小金塑前懸香卓緇徒五六人居之齋室掛觀世音畫帖傍寫唐吳道子筆轉而東有淨室法師居焉後有浴室前有鐘樓牓曰金波樓別遣兩堂上與數人上門樓召樂工奏數闋閭里男女簇擁樓下雜遝觀光莫不懽欣晡後率通事從諸人登後園杉木參天桃竹相間鄭蜀映山紅蘇鉄一名番蕉花草之品整整列植焉自層磴而上至頂上塚碑數千森森列立蓋人民歸化者埋瘞于其下而上安石獸竪碑而銘之曰某郡某姓居士某姓某姉所以標而鎮之也寺之道場隨処皆然乃國俗也西望大刹名曰龍興閭閻撲地田土沃腴馬關二十里週界之內户為三萬寺為五十而户皆以商賈富饒寺皆因洋教破壞云

屋舍制度如中國村落而我東之倉庫近之矣乙緇徒與居人來乞詩
與畫筆扇子紙本競積于前畫負之揮洒不暇塗沫蜀人之點綴老
而益健能書者書之能詩者詩之試以消受法而其實重遠人之墨蹟可
驗也余作一絶予寺僧大觀法號者詩曰永福山前闘勝區曇雲彗月淨
千秋曺溪一滴無量水去作滄溟萬里流諸人匝坐之中有一人眉目清
炯動止安詳見余而頗有親昵之意叩其姓名官職乃山口縣官源張
輔也本是源氏而七年前有大更張以後并去本姓改賜複姓今爲
高島氏他姓亦皆如是號曰九峯文筆極佳時正使寫一篇揭
于壁曰錦帆無恙赤間津萬里吾行不世因此事何曾來夢想屬懸
永福寺中人必馬九峯寫一絶要余呈正使詩曰錦帆直發釜山津奉
使扶桑結舊因休道烟波千里濶天涯亦作比隣人余亦次贈一首
駕海東來問去津文章邂逅豈無因信息從今千里近夢長作

意中人九峯覽詩大喜更以一篇致謝征帆且憩赤關津萍水結緣
文章因硯海一泓剩詩墨不妨明日夢中人正使又和之眉隱盈々口
角津鵝来文字儘奇因浮生逢別秖增悵他夜相思夢裡人余復續
和以贈悠々四海託無津兄弟從今證風因簡在一泓知不遠年々此路有
行人九峯極爲致謝且曰屬意懇摯願乞正使爲額筆贖致其情
曲於正使乃以九峯二字一心如水四字書以傳致九峯益稱感激
余曰半日文緣隔壁相聞何不一次進候於我正使也答曰我非迎接官
也且有外務省幹事之人安得任意進接耶余知其有禮不得强焉
向暮告以還衙期以明早再見而去ム夜深擁衾而寢冷氣砭身朝
起飮松竹酒一杯便覺舒恭○翌朝將上船九峯来與話別 自釜山至馬關八百里
初二日壬辰晴蓐食後分乘小艇上汽艦點照行李訖仍行午饗奠方凡
于長卓上飯湯沉菜清醬而已自萊府造備饌榼一部以爲遠將之具也未

時量簇船(盤針指卯)迫暮過向浦自馬關左右青山挾水森立閭海以進波勢穩
東夜深安眠向曉少雨歷碌鳴於甲板上風力忽勁身搖夢覺起覘
琉窓茫然如鴻濛之初闢
初三日癸巳晴盥櫛訖出立於上板則雨氣初收朝旭始昇長門諸
峰髻行于北邊周防群山帶繞於南嵲鹿老小島浮在波面漁村尖屋
簇羅浦上北望安藝州境林泉精秀黃麥滿田蒼松架屋縹緲乎無
一點刼氣殆有似乎放船於鴨鷗亭下而望水落望月諸山令人不覺望
美之思油然而生矣午刻舟過小豆島之南(針向寅卯)南望杉松欝密城郭隱
映間之乃高松城也申刻(針向丑寅)舟過播磨州之南〻海道之北波面快闊東望翠峰
低繞是淡路州之境也路出七島淡如島之間(針指午丁)風帆浪舶競出夕陽之外或載柴
荻或載魚鹽或刈麥而積之包什而細之皆契活事也行數時頃(針指辰巽)此去神戶盖
百餘里云船上偶占一律曰日夜浮〻上下天臘襟許與步虛仙播塵境繞

長洲北淡路山低暮靄邊黃麥滿田秋已熟翠杉分巷屋相連竪舟皆
動心先定此地吾生大覺圓成刹風勢少蕩卯辰對向子初到泊于神戶浦口地
繫南海道之五畿攝津界也一稱兵庫縣自馬關至此一千七百里
初四日甲午晴曉起四望西南則波光接天東北則人家撲地朝飯後
各乘小艇具威儀出神戶北港屋宇稠疊從里門而入鐵戟周遮爲籬中
以鐵絡穹然聳高爲數丈門中懸一坐琉璃燈行進數三十步有虹霓小門
踏碧板層階四五十級而上上開一棧塗以白菱埒前面三壁以玻瓈設
兩板門平分四間而隨間皆然以淡黃草書屛備之下布雜紋氍毹
正使房安一坐高足圓盤覆以緞旃以丈餘大甕揷菊花石竹之屬中
奠方桌一坐貯福字糕紅白黑糖茶食細紋紅白卷餅進茶罐及鍾以
俟其啜行中各房亦設兩桌隨人負之多少皆列交椅從東邊軒門而下
層梯亦如之稍北而開廣廠花卉之屬列於庭畔其西又有精舍多少

問之則乃商人會司之所云此港人戶不過萬餘而俱是富饒樓閣相望
爲進午餐自日本支供飯羹各一鍾生鮮炙及醬菱茸松茸湯尾膾一楪有生
菁菜苦蕣一撮水菸五六尾沉於醋醬沉菸及蔔尾具爲一楪道味魚
一尾烹而和麵使精明火炮行酒々後諸膳隨量連進有飯菓生薑軟
筍漬紅一本黃橘二顆生茸一拳而已厶向午兵庫縣令神田孝平來而請
謁于使臣使臣使堂上官傳言曰我方少憩于此而初無公事之相關則私
與相見似不穩當云々縣令唯々而退使本縣大屬鼓城昌實齎刺而問
候大屬磬折而立使臣舉袖而揖大屬使通事致辭曰遠來勞苦故縣
令送卿問安云々譯以答之曰如是勤問不勝感謝國事攸重行人無事
云々大屬遂拜受而去向晡使掌務官率通事及日本傳語官持刺只書掌務官姓名
往謝于縣衙々官方以使行船隻檢察事出浦邊而本縣十四等出仕中
敬直書刺答之曰縣官適因幹出他將以此語代爲告稟云々縣令和務

于開門之側曰朝鮮使行今夕將宿於港閭里燈燭一倍另飾以爲供
翫之具云云及其還大船自初昏至曉村燈熒熒緻繩懸燈爲竹葉形
者五處船上亦奏鼓吹以表其知○在會社樓上男女觀光者如堵於其
下而洋人與漢人往往相雜抱負洋孩皆以商賈事或爲往來或爲留
連云兵庫港前火輪船有十四隻其標幟有三色旗前青中白末紅
者英國之船也上紅下青中嵌而白者俄國之船也又有純白純青者西人
之別幟也漢人則皆隨洋舶來與周旋而白質而紅點或中爲圓點或中連三點者皆日本
之船也洽爲七八隻焉○會社樓見萬國公報大清國事四月十三日高麗欽
差帶領隨員及附屬五十餘人前往日本國東京住劄云日本國事前之
臺灣今之高麗兩事皆緣前例候屬之類所始然無不遵循國之所
議新例惟望國家勿謂更換新例之中猶有舊制未全改定爲
難但須儘力改換想我國君民官貫無不樂從也且佩刀者奉新

例將所佩之刀全行棄之似有永享承平之樂也又有一條曰日本國家革故鼎新無事不宗西法此誠悅之深而信之篤也欲即其所改之西法而歷述之有不堪枚舉者矣茲又知日本通書亦遵西歷按日本舊歷與中歷不甚懸殊其停工之日每逢月之一六日為限定之期今悉日本自本年為始改造西法於禮拜日停工真可謂善變者矣夫西人所厚望於日本者望其能善變也日人出洋返國覩見西法富強其國故慕之效之欲為富強計耳其改用禮拜日停工不更上一層哉但西人於禮拜日停工係聽傳教者宣講聖經也日本向崇佛教近知全屬虛無杳渺不足為憑欲出幽谷而入光明世界可嘉之至故西人傳教一事非但全無阻禁且可卜其信從也〇神港艇上占韻共賦蓬瀛咫尺庶幾登涉、羈懷也自勝環渚蒼森千挺帆徹宵星散萬家燈銀漢喬松人共在金陵荷桂地相能望華聾海今如古圖文秋翁

過此曾○縣令使市人進生梨蜜柑枇杷實(色黃而小如覩桃)一筥籠受之而均

分於艇中

初五日乙未風陰夜時發艇(針向卯)行百餘里便為大洋四無懸山蓋太和州

之南也風勢似不甚大而艇艦搖蕩過於前日西海道也當午(針向寅卯)艦勢大

搖人多眩卧疊前韻呈上价倏如其下忽如登住此人皆眩不勝物情四海

歸迷鏡緣業三生悟轉燈搖蕩夢魂無適可浮況身世自然能靜倚

篙窓黃卷在先師座上侍顏曾○申刻(針向寅卯)舟過近江州之南南極浮

雲之濤從此抵美國為一月程北望環屏之峯乃八幡彥根之山也前此

舟楫絡繹不絶矣至是而無一葉艒可知其巨浸而依山港口略有小

艕焉北尾上立四五丈燈臺白如遼塔所以驗照往來之艇也

初六日丙申晴自夜半始入紀伊之南洋日出登甲板而望焉四方浩渺之中兆天

一髮青山若存若亡是紀伊州之初境山云風浪大起徹夜不寐寂其中訓導與

上判事頓無省覺自昨晡勺水不入口顔脣不振而其次乾粮官禮房軍官皆暈不能起下隷之屬不能擧行者十八九稍幸正使與余大耐到此耳辰時(針向寅卯)此爲遠江州之南洋也風濤益險四望無一拳之山千里無一片之帆可量其行路之難而廚房之屬皆以水疾不堪炊飯遂借爨於日人廚房上使與余及竹尊兵房別遣奈於食堂馬下屬則通引洪致肇使令漢甲僅僅顛倒應役餘皆昏倒不省矣○申刻(針向寅卯)午饍尚未炊緣於水疾故借食於日人廚房而纔四人對卓馬飯後出坐甲板上北望御江之御前崎橫亘於四五十里其顛有燈臺白立海險灘之濱以此標之國規也纔移時驗河州之初境始露有山縹緲出沒百餘里之外者富士云酉初東望淺山若存若亡者伊豆州之界而今夕可過此而江戶只餘五百里云酉正舟過伊豆燈臺之南波面有巨巖四五處或如屋宇或如笋篸而黑立又其南大巖周可十餘里立燈臺於其巔置人家數戶運柴粮以繼給永守燃燈之役云艇

出兩歲之間戊亥之量風浪大起簸揚轉甚酒壺茶鍾圓行船中人皆衒暈益甚夕與正使漫作僊談瑣說以為鎮擾之資為子初始歇就睡舟過相模州之南灘勢之艱險從古有名故商舶漁檣皆不由此云

初七日丁酉曉頭雷聲隱隱電光燁燁雨下如箭須臾少捲而已到寅初船泊于武藏州之南橫濱之港此去江户東京為一百里陸路也自神户港至橫濱港合為二千四百里晨朝飯後乘小艇一齊向東南岸而下陸行里餘入會議社樓(人力車已待令于津頭)此樓亦二層而屋宇俊雄分四處暫住行茶訖又進黃糕一楪蜜柑生梨一器葛粉飲一椀居無何即發三里許(又各乘人力車而行)至鐵路閣門為三重高為二層上設飛閣皆塗以白色有上中下等待令之所外務省三等書記奥義制傳語官浦瀨裕迎候于此語意勤摯上使以下分序各乘火輪

車從鉄路而轉上餙如屋子樣間々帖琉鏡炭烟一起十二從車一時俱
走山川草木星奔電馳一瞬之頃至品川人家稠密市肆雄麗前臨
大海々色接天水面往々設墩臺四五處前日閱白屡與洋人水戰
時所築者也前行至新橋(自横濱至此爲九十五里)不過四刻之頃也正使下輪車
乘六人轎具威儀而徐行從官皆乘人力車行十餘里屋舍相連歷
記爲開歷十字街者三處過二層楼者千餘不計男女漢人洋人磨
肩接踵駢闐道傍兵士八對乘馬前導海軍數百持白棒擁路而
行至延遼館(前日大藏卿所居之處一名冨小路館)自上房至隨員所住皆布雜紋氍毹每間二人對居各
有壁帳皆有書冊數帙或壯悔堂集或瀛環志或西醫畧論等
書也以爲進飯極其精豊爲公路傍歷記曰藥種曰和漢洋海
軍會議所曰御茶所曰針問屋曰人相曰畫本雙紙問屋曰氷水
曰蕎麥曰和漢洋明教所曰文明堂曰茶曰太曰酒所曰小賣茶曰小賣

爲曰萬桐油曰西洋服裁縫屋曰西洋御禮服裁製曰千金美娃問屋本家曰各國會定所曰活字曰萬國新聞曰貸布曰貸金曰和漢洋議定新聞曰廣文院書林曰博物志曰農業雜志曰金丹曰救死回生靈應丹曰農業三事曰寫眞畵舖曰砂糖曰牛肉御舖曰鍾標曰畀曰鮮曰陽傘曰靴子曰帽子曰馬車曰人力車曰火輪車曰船曰函館曰柩材曰筆曰墨曰唐紙曰硯此等之屬皆寫于紙而揭之不可殫記山自橫濱至神奈川品川田園相望牟麥污邪仟佰整整無一偏側傍栽梨柰之不皆成一字規矩有度水田則方秧針抽綠翻畊灌沃田界皆竹木密揷而曲折成籬人家署有草屋俱以木柵齊肩周遮不可踰越百餘里布電機銅線八條十步立一柱四層爲鐵椿子掛繩若有急奇則書其事于紙看之于綠則頃刻之間走現于所至之處互相通信者也山入館所居無何外務少丞古澤經範齎刺請見正使換着禮明冠鶴氅衣出坐于接見所

(在處所之南) 小丞發拜正使揖而答之分交椅而坐小丞曰駕海萬里利涉至此誠極
萬幸而不至大段勞頓乎使以通官浦瀨裕答曰(浦瀨裕即前日最助之改姓名也) 使事之
來所以重兩國之好不敢言勞而屢承迎問今又躬存不勝感謝云云小丞曰
三百年講和之餘繼修舊誼這間必有他公幹之可商確者也幸須一一言之
則當善爲周旋矣且書契中傳致必也擇日舉行爲好云云使曰今番
則所以答江華貴國使行而修其舊信也別無他公幹而如有可言
之事則先公後私爲宜明日巳時量當躬往外務省相接後使訓導
傳呈書契矣丞曰然明日外務卿及大輔大丞權大丞當來待于
本省矣堂上官二員上判事一員隨行爲好云矣訓導曰上判事
有二員而只以一員帶去恐非得當例云云丞曰然則正官四員外
更勿帶領而來爲可云云以是爲定焉入館後有約條
代言 自外務省所送

一府内人家極為稠密最畏失火故雖令監卒日夜巡警旅館内外亦請
貴客各自戒愼

一旅館傍近若失火則從火勢所向接遇官誘導以避之即淺草本願
寺芝金地院是其轉寓之所也

一貴客若有一時感冒及心思不佳等則必須速告其情以請醫察使
豫有醫官之備

一時漸溫熱若房内不潔則或恐障害貴客之健康故使房直時
時入室洒掃莫訝其唐突

一貴客出遊雖使通辯導者導之若不要之則不必跟隨任意出遊固
無妨也車馬亦然欲乘則乘指顧可辦且夜間徜徉市街亦一奇慮
導者之勞而不敢出者非接遇官本意也

一貴客出遊或恐迷于路岐故豫附木牌記以旅館所在若失路啓

迫則以是牌示警察官譏官懇切指示以無過
許杖
但府內設有警察官無處不廵視譏官則着紺黑色服持三尺
一市街無處不設廁圊以便于路人且人民家屋中亦各設之故前不於
其處屎尿
但市街廁圊塗之以白粉縱七八尺橫三尺乃至六七尺
月 日
初八日戊戌曉雨朝晴正使率正官四人往外務省使堂傳呈書契
大朝鮮國禮曹判書金 尚鉉 呈書
大日本國外務卿 大人 閣下
維時首夏清和伏惟
貴國雍熙

本邦輯寧均堪雖誦
本邦之與
貴國隣誼懇欵盖有三百年之舊則唇齒攸依心膽相照固其宜
也忽因事端彼此疑阻抑亦遐叟之地傳聞之言何能保無差爽迺者
貴國大臣航海辱臨
本邦亦遣大臣迎接於畿沿鎮撫之府談晤歷日辨理精詳積歲含蘊
一朝開釋何等快活何等忻幸惟我
聖上深念舊好之續修
特派禮曹參議金 前往庸寓回謝之義尚鋊祗承
寵命謹將尺幅陳告大義庶幾
照領欣慰無斁恭希
若序保愛以

副遠懷不備

丙子四月 日

禮曹判書金尙鉉

禮曹判書之章

光緖二年四月初二日

啓

別幅

虎皮二張○豹皮二張○雪漢緞二疋○白綿紬十疋○白苧布十疋○白木綿十疋○各色筆五十柄○眞墨三十笏○憑付隨負畧伸菲儀

哂收是望

丙子年四月 日

禮曹判書金尙鉉

禮曹判書之章

光緖二年四月初二日

啓

大朝鮮國禮曹參判李寅命 禮曹參判之章 呈書

大日本國外務大丞大人 閣下

維夏始熱緬想

台候鴻禧溟海隔遠傳聞易訛兩相疑阻屢閱星霜每念

隣交舊誼不勝慨歎何幸

貴国大臣來與

本邦大臣洞析明辨無復留碍有若蘭畹雨收風定而其臭固自如

也今奉 朝命

特派禮曹參議金綺秀以寓修謝之義從玆敦宿契而訂永好懽忻

已肅此不備仰惟

照亮

丙子年四月 日

禮曹參判李寅命 「禮曹參判之章」

別幅

豹皮二張○青黍皮十張○雪漢緞二疋○白綿紬十疋○生苧布十疋○白木綿十疋○各色筆五十柄○真墨三十笏○憑付隨員畧伸菲儀 哂収是望

丙子年四月 日

禮曹參判李寅命 「禮曹參判之章」

正使至外務省少住外廳只許入別遣堂上二員兩判事不許混升而到接見處所則外務卿寺島宗則大輔鮫嶋尚信大丞宮本少一權大丞森山茂權少丞古澤經範相與施禮坐定之卿使浦瀨傳語於正使曰遠涉風濤不瑕有損乎使答曰奉 君之命修二国之好安敢以涉海為難乎大輔大少丞

亦各以次寒暄又慰存兩堂上亦如之宮本杏山曰貴國中大官近果泰平
耶使曰然宮本曰僕曾往江華讀知貴國事矣今行若有難事須通奇
于僕則當極力易周矣使曰今番只以答前使修舊好而已似無别般
至難之事而如有相確之端則當即議及矣且使事之竣還似不至多日
濡滯則伊間可有種種奉晤之道耶卿曰萬里海程勞憊想多幸須
幾日休息從容遊覽俾從瞻賤未知何如使曰供億之精新行遊之紆
緩誠感感意而惟我 聖上継好講誼之謀敦送使臣於年久未
遑之餘故凝佇日深為使臣者祗以充竣使事為程限而至若流覽
等事特暢我私懷也雖十日之近可以從容則從容從容猶静緩之意也一朔之
遠不從容則不從容也卿與丞皆曰使事似無壞久之慮而遊陟暢情惟公
所意則似安於為主之心也使曰第當如戒矣訓導以書契傳致杏山圻織
而閑呈於大丞々々則閣櫃而納之於卿々々覧之是時障外列坐大丞七八人小丞

亦如之而不敢紊觀焉禮畢使臣出外廳大丞亦隨而出與玄濟庵叙話
都舊面而迎送頗款摯焉外務省在都城內四年前宮闕失火尚未改繕
國君方移住十里外赤坂(在城西紀州界)離宮云自館所至省為十里許使行初以直路
而往及其還也導以迂路盖欲夸美也今當日午後宮本少一及大山巖以
回謝次至館舍焉正使與訓導正衣冠出接見所相與施禮分坐畢訓
導與浦瀨坐並間宮本曰今番之行雖無拜見我皇上之禮然我皇上特
欲接見意下如何使曰鄙人來時初無國書則實無拜見貴皇上之禮
也所以未承我 主上之命也則鄙人之擅自行禮不可也宮本曰不然我皇上
有聞信使之來許日以待之故俄已以使行來到之意奏達則我皇上教以
不日接見矣奈何使曰貴皇上軫念鄙人自遠方來特有此曠絕之禮鄙
伏不勝感激鄙人亦何可一例固辭謹當依教行拜見之禮矣宮
本曰四年前皇城失火近移皇居于赤坂地距此可十里而遠矣尋見

之禮不可不預定日子以爲奏達之地可也再明何如訓導答曰再明卽五
月初十日我國之忌日則再明行禮似不可也浦瀨曰然則明日何如訓
導曰我國之法尤重坐齋日也明日亦不可浦瀨曰貴國之法吾亦知之今
後罷齋有何不可官本曰我皇上方行出巡矣聞信使之行期有日期
欲接見後動駕初以去月念五乘船日子較量使行入京日子入京後
卽爲接見以接見後日動駕擇日頒示矣及聞行期之差遲又特
收回頒之令更擇以我國曆六月三日卽再明後二日也今不可以遷
就矣奈何使曰貴皇上特命旣如此感激不盡再明旣是鄙國
國忌罷齋之日則早晩何擇爲謹當依戒行禮之矣大丞曰行禮時不
得不有節次服色貴國之法何如使曰鄙國之法有大除拜則以黑團領
肅拜於闕內閤門外若有入侍之命則以紅團領入侍于便殿之坐南向
則至殿上廳端東向行曲拜單拜禮由殿之夾門入或伏于御榻前或

伏于御榻稍遠處有下詢言語必起伏而對之使之退則退〻時至於曲拜
處又行曲拜而出若奉命及他行出去入來時只以紅圓領肅拜于閤
門外若入侍則如前入侍例也貴國節次則如何宮本曰當爛漫商確
奏達酌定後仰報節次矣使曰肅拜之地遠近入侍之行與否當依脩
示而至於行禮之節當以相見我主上之禮相見貴皇上矣此意須諒會
焉宮本曰唯〻森山曰我國〻法各國使行之來必歷謁八省卿〻不見只
呈名帖而歸例也再明行禮後改日即行此禮可也使曰此未曾行之禮
也森山曰此各國通行之規也何不可之有且曾前通信之行亦見閣
老者亦有此例也使曰通信前例吾亦知之但致國書于關白處館守
幾日受回書而歸而已也若或見閣老此不過朋友尋訪今不可為例
也且鄙國羅麗以来事大交鄰皆有謄錄只幹本事而已無他私交書
於近日年使之至中國也只幹事于禮部一處札畢而歸未嘗遊謁

于各部各省證左照然令此之行奉我 主上之命直詣貴外務省謝春間貴价之行而已未聞有他省歷謁之命則今此擅行他禮鄙人之所不敢也森山曰各國之使一例歷謁已為規例今此信使之行各省之卿依例待之則外務省亦不可以口舌解也各省卿若皆見之則可以行之乎使曰此則不然鄙國〻法謹拙成規不敢有擅便之事今不可以擅行此禮也今貴國之於鄙國復修舊好永以為好則二國無異一國也鄙國之謹守拙規貴國之所知也庶無強其所不強且今番之來專靠貴省之周遮回護則各省從或有言貴省之善為說辭俾無是非之端鄙人之所深望也願而公厚恕焉森山曰姑且商量圖所以方便也宮本曰公之入我境也所見所聞無可怪可笑之事乎使曰平生家食一日駕萬里之海闊蕩之是怵搖蕩之是懼船之不閑况恤耳聞見之可怪可笑乎但時上甲板身雖動盪而長風破浪亦足暢我胷

懷是則可喜也及其下陸見宮室之美市肆之殷可認貴國之豐
盛是又可賀也并不見其有可恠可笑之事也宮本笑曰衣服之制舟
車之用似不無可恠而可笑也此果可喜可賀之事耶使曰曾見信行
所記畧有所得於貴國制度之間上衣下裳寬大真率板屬茅圍趺
雅精密一見可認貴國衣服宮室之舊制苟見此則心乎愛之未知其他也宮本
曰非謂此也近製之衣服宮室皆洋製也日本人心本自輕薄見人新樣思
物必愛之而欲之也故任其所好姑與之習焉而已且臨陣乘船非此衣莫可
所以姑從其製度此又不得不然者也使曰便利器具固然之事而公言衣服
宮室姑從民之所好而許之云吾且仰嘲可乎公等之服既是洋製則公等亦
有所好而爲之者歟因大笑宮本亦笑曰此皆不得已也不有趙武靈王故事耶
貴國衣製亦豈無隨時而變者耶使曰鄙國衣製未之或変也鄙國始
祖康獻王與明高皇帝並立而衣服製度一從明制于今五百年未

貴賤分等定規未之或變也官本曰我國四面受敵又非貴國之比也所以苦心爲此者表裏山河苟得無失焉而已吾國亦豈樂爲此也固咄嗟久之使曰無傷也前言戲耳貴國之苦心爲此者業已仰揣無甚見外前言固善謔也森山曰時々出遊器械之利焉而制度之便焉而習之公其圖之也如今兩國須相愛護公其視之苟欲效而習之也吾輩當竭力貢一得毫也使曰甚感々々古諺云利器不可以示人今貴國非徒示之幷欲其效之可認於我國有別般愛好而亦可認大國之風泱々乎渢々乎也甚感々々游觀之事第當隨隙圖之以無負勤注之意也遂相與肅揖而散外務卿來館外留卿而去禮也

初九日己亥晴申時量自外務省送公文一度書簡一度所以奉達赤坂行宮先定拜見日子者也外面書

外樴合封處着日本國外務省圖書
上下各一

朝鮮修信使金 貴下

外務卿寺嶋宗則

譯漢文 内有長簡
印摺楷書

慈照會者貴下以修信使来我東京卽恭奏我
皇帝陛下陛下深嘉之特 旨準貴下謁見我六月一日午前十一時
須昇赤坂皇宮爲之告示敬具
明治九年五月三十一日　外務卿寺島宗則 印
朝鮮修信使金綺秀　貴下

以書簡致啓上候然ハ貴下今般修信使トシテ　御來著ニ趣我
皇帝陛下ヘ及奏聞候處滿足ニ被思召候依テ特別ノ
叡思ヲ以テ貴下ヲ御引見可被成旨被仰出候条来ル我六月一日午前十一時赤坂皇居ヘ御參内可被成候此段得御意候敬具
明治九年五月三十一日　外務卿寺島宗則
朝鮮修信使金　貴下

修信使以華簡答書外緘寫 外務卿 閣下
伏蒙尊駕光降繼以華函傳到公文一度謹當依此趨走特此端指
切感誦謝此順候
五月初九日 修信使金綺秀 肅圖書
遣掌務官送別獻物種於外務省所以轉達于赤坂宮者也△雪漢
緞五疋△虎皮五令△豹皮五令△青黍皮二十張△白苧布二十疋△白綿紬
二十疋△白木綿二十疋△綵花席二十張△鏡光紙二十卷△黃蜜三十斤 自
外務省受之而有信標焉△入館後至此日上下所供自日本進排
初十日庚子晴辰刻正使著有揉黑團領烏紗帽乘六人轎整儀而行喇
叭吹以前導軍令也樂工設而不作 國忌也堂上二員以公故而赴而軍官
二人以私行而隨焉十餘里至赤坂城歷二門而入始下車通官導而進到空廳
外廳惟正使北向四拜禮訖又引而入有廣大一房此其閣門外歇所也先使介

重門審觀入侍處所還出歇所房少憩傳道殿座云而威儀騶走甚備
遂引正使入正堂換着紅團領紆迴而進閤門內行東向曲拜禮又直前而
單拜鞠躬而立公卿以下十餘人着紋繡上服手奉毛兜子次第分立於
東西其闥內一房安寶桌于北壁下有一人被黑貢金繡之衣頭不戴帽
短髮沃若顏充而不豐眼烟而不流額聳而直身頎而揚年今二十五可
量其英明之君也仍退步而出閤檻外又行曲拜還歸歇所俄而外務
卿及大丞權大丞式部頭(猶我國之禮判)大輔諸人隨到舒禮畢有賜饌各一
盤千年餅竹葉糕硯而錫紅白餑及氷卵一鍾以雪糖和鷄浸
氷味極甘而性極冷使入口而臟神許涼猶醍醐湯之屬也堂上官以下皆
令齎持所以重其賜也將出之際權大丞曰使臣同館之路周覽東宗宮苑
之意有上命吾將先往待之宜馳先去正使言於大丞曰如是眷念使遠人詳睹
大內之景誠極感頌而今日適值齋戒沉覽暢叙自有不安于中者矣所往權大

丞所䟽處而致其由而歸矣行六十里許至都城從西門而入當關外而渡
濠濠內週以宮墻如是者凡五重正殿雖經鬱攸而老木參天多少樓台位
置後園或覆以甎尾或以枌片日人以木片蓋屋曰枌或以茅苫百餘步虹橋以銅索權懸
波上千萬間蜂房以金碧輝映天際可詠可觴處曲曲有之以團飯一樻白飯之不[illegible]
食圓板者綺膳一樻使之分嚼療飢因謝而起從梢高處南下品川大洋平鋪眼下
神奈閭閻稠撲地面亦可供玩未到還館所今申到權小丞來請遼館以正
使之勞擷不為進覲使通官傳語曰再明日將行宴禮于遠遼館距[illegible]為十餘里
只與堂上官參會而以馬車迎往所以重遠賓云云每夕以紅燭實瓮以爲燭燃於燈臺又以石炭煙油燃於灯臺以燈心爲炷則兩與[illegible]
信使述言曰辰時詣赤坂見日本皇帝初以黑團領行肅拜禮小歇皇帝引
見入至門限外行曲拜禮趨前立皇帝椅前拱立中身以上面白微黃細而
長眼爛爛有精彩神氣端穆未盡譯奏傳語官告退退時不反身後
步而退至於曲拜處又曲拜而出外務卿大丞權大丞小丞及大輔權

式部大輔(卽式部頭也)宮内卿相揖至一室圓桌椅坐進茶設各樣糖屬琉璃鍾進氷汁和鷄卵成者味甘而清爽可口禮畢而森山茂去而復至言皇上有命修信使歸路入御花苑遊觀而去使我伴行作主人余曰鄙人多病小游覽癖然旣有貴皇上特旨當歷路暫賞而去矣森山茂告先去料理余隨而出至所謂御花苑乃皇城中皇宮門内苑也滿地芳草樹木參天時有溪水洄溥駕以長橋平衍幽夐亦自可愛遠適至最深處森山茂在焉余曰今日卽鄙國之忌日也所以日昨之以今日行禮趦趄者也禮雖勉強而行至於游賞則不可然旣有貴皇上特旨云故恭身到此旣到此見公矣只此告退可謂公私合矣感意如何森山茂曰公言是也小歇此一盃酒論懷可亦無妨也遂對椅而坐森山茂曰旅館孤寂何不出而游少紓鬱懷也余曰鄙人性本習靜無甚鬱寂所以無心游玩也森山茂曰泄泄終不知我善心誰爲出迎手旨之

娛也如今兩國是一家耳鄙國四面皆水所以外憂之至抵當不得有今日之擧
而不可一任受制於人故務盡富强之術多置兵先利器到今兵精糧足
器械一新庶可藉手禦侮念貴國山川之險可謂愈於鄙國然猶多傷
海則外憂之至其何以辦備捍禦乎所以吾輩之縷縷以游覽爲言者蓋
軍制異者化之一也審視器械利者移之二也歷探俗尙可采者采之
三也歸貴國的確立論圖所以富國强兵唇齒相依以防外憂區
區之望也余曰感謝感謝貴國盛意非不知也今番之行亦非不欲携幾個
才藝之人來制度爲口以貫之兵器爲手以仿之以至俗尙爲耳目以徵之而
只緣兩國許多年疑阻之餘幸有春間之擧則今日急務不可不蚤自來謝
而六個月後必有貴個之來故我朝廷期欲先此修信揔揔治行實無
暇念及于此且鄙國成規先信義而後事功所以今番之行專修舊信爲
急先務而鄙人亦自山棗措大見聞不廣才識蔑如雖手把器物終

日摩擎實不知何者利而何者鈍也一行隨員亦皆以謹拙自持苟無
得罪者爲準則其亦類乎鄙人而已也雖日々遊而日々賞徒勞役耳無所
益焉今且竣今日之役歸後爛商亦於貴國之來更加確議極擇聰明才智
之士送來請益甚好亦不必以使命爲準只如渡海已例亦自無妨也
若或學而不得其妙請借貴國工匠去造幾個有用之器械亦自
有餘何必苟循遊賞之戒辭々塞責無得於己而辜負厰意也所
以遊賞一款今且置之以待他日可也表山茂曰公言亦可因厰言自家
兵精糧足無復懼外憂之意也余曰貴國既如此富强外憂之至宜無
藉手於我而猶且惓々可念厰意之攸在我朝廷亦豈不諒此至意也
但鄙人無才實不可卒乍有得於遊賞之際寔幸望無少疑阻事々指
敎鄙人當銘心鏤肺歸報我朝廷也表山茂又曰無與貴國商講
文誼推延無一下即決之事我國則不然苟利於國則上下一心鼓

然行之無所持難也六個月後細節之定亦無甚難事而若或如前

遷延則今人當〻也寧不難哉余笑曰我國規模元自如此非如貴國之

有專權大臣〻〻不得斷行況小官乎所以小達于大下稟于上不得不有許

多遷延也且小心謹慎不從不從自是我國一副素規則公等他日之

役難保其事〻聽從此則預為諒會可也槩言天下許多事每

豈可盡如我意貴國有言吾未必盡從我國之言貴國亦未必盡

施此則大率然耳久坐倦甚遂起身肅揖而退〻對馬州舊島主

宗重正使通官送言于正使慇〻有旧誼欲一次來見云故先送訓導

謝其款意留御而來〻 外務省權小丞古澤經範十二等出仕鹽田真行三等書記生奧義則以接伴官晝夜來居于諸所傳語官二人更分日輪直焉

十一日辛丑早陰晚晴通官來言於正使曰自外務省別送大神樂一隊以

為消寂之方云出坐于坂障之內使戲之於外庭大抵如我國傀儡蠶棚

之支流也有六人荷二櫃而來布席於地三間許闢櫃兩安於床上一人出鼓而

叩之鼓則腰長而圓不過一圍也枹則長可六寸許其頭之擁腫處大如栗
而裹以紅氈一人擧鉦而撞之以銅爲大楪而內有層蓋以竹撥扣之鏗鏗有
聲一人吹短篴長爲六七寸圍爲大拇指者然出響以指摩之所以鼓動出神
者也一曰獅子戱也一人出獅子假面蒙之而立一人從後而蒙其文被前人之兩足爲
前蹄樣後人之兩足爲後蹄樣或起而或走或顧而回旋或開口而嚼物吞吐捲舒
或搖耳而伺聽金睛圓轉或伏而舐足或蹲而刷毛天然活物須臾披植
而出兩人幷立者也二曰耍枹戱也一人突前而拜之以雙枹擲空以手承之
次爲以三枹騰空纔到手而在手者飛上眩如一而下而無一落地間間
一人奉鼓而立于傍則耍枹者瞥然踶之作雷鼓勢此拳法之熟也纔
畢而拜而退又一人拜而前三曰耍毬之戱也有物不輕不重團如鵝卵
裹以紅旃先以兩箇擲而承之繼以三箇向空擲上或渺入半空或飽
轉丈許東走西躍無一遺漏或故爲落地而激上數尺許使已在手或落

于頂上或落于面上而畢竟受手乃已此其眼力之捷也纔畢拜而退又一人
拜而進美花小許美毯小許又進一技四曰轉傘之戲也張小雨傘而立以紅
毯擲空而下以織承之圓轉於傘之腰毯轉之遲速在於織揮之緊漫或
轉于織之簷居毯之半而終不落也或跳騰于空而落在織則旋轉
不已如是而已又以両鍾投諸空而以傘承之其轉運之形與毯無異又
以寸許彩木端投空而承之以傘周流上下跳轉不止若生蟲之延走焉
向畢而遂以傘柄竪于頂上而行又以傘簷橫立于鼻梁蹈舞而橫行
揖傘而拜拜而退之前者美毯之人替進而拜之五曰累罷之戲也以尺餘長竿橫
薄板於竿腰二層板之近端處嵌而為圓穴竿之頭以鐵為燈臺形而蹺越
之遂以竿本立於唇上而傍人以両鍾二箇投之則受而分昇於下層
両端板嵌上又以二鍾分昇於上層板嵌中又以一箇鍾安於上頭翻
身週繞而更以薄板加於竿頭鍾上使之不偏又取一鍾加於其上更取薄板

橫安於鍾上爲十字樣又取兩鍾分置於板之兩頭如是累積三層焉吹笛而髲旋於席上又以杴倒承於竿本以竹籤之尖端支立於杴頭而口含籤之梢澗頭聳身掴掌少不傾仄梟々然危乎高哉遂次第收下放之床上皷々一匝納頭而前退者轉傘之人又拜而前進打鼓弄杴項項之間更呈一技六日彩籐之戲也以長竿三尺許爲二層彩棚兩端懸子々之綴旒或爲方席結鞘或爲流蹠者鞹而下層以黃藤結籐圓可二握餘長可數尺許通其兩端稍内而向上穿竅座最上層立兩鉄柱而上安燈盞小臺樣森然而鶬坎鼓鐃鉦和遂助神手舞足蹈俄然聳肩揮竿而行以左手擲兩紅毬以盞臺雙擎少焉毬飛空中以下層籐竅承之毬從兩頭通澗處跳出受之以盞臺又連以竅孔受之回々不已轉々不墜棒手一彈竿柱之有物纏束者翩然自開乃兩箇畫扇也蝴蝶花卉璨爛便而更以一條十字竿枘揷于上竿之尾下竿之腰設一座佛龕

形上層疊頁畫楪分四方而安之又以長竿承中竿之底高擎而行高可三丈有裕又以尖竹鐵三四寸者接下竿之本橫含口中或手接而走滿竿危峙之物固自如也少焉取次扶出棄于床上便打鼓数刻折腰而出俄而美艳之人揚揚而入以數竿尺在手以一鍾感水盈盈伏之于小板上置諸竿頭植于頤上爲婆娑舞水無點滴輕擲數頃以其水移灌于稍濶之楪仰坐于竿頭木板上踴躍不濺既而翻身大轉楪中之水亂飛如梨花之雪丱乃撒水而爲第一戲也一破落户樣子人嘗嘗在傍如癡如慧或愛侮或暴怒隨戲隨嘲如我國之助倡也助倡者忽又蒙獅頭而進進退顧眄有如初筵而置毬於席俛仰窺伺期欲攫取而不能得者累矣末乃收吞紅毬灑然而起咣角而脫此乃吞毬而爲第八戲也一齊當前磬折收聚納櫝而出果是一時劇戲場也若使卽堯夫觀之則可賦一篇讀藏圖詩也笑矣乎、、、哉各賜團扇二面摺箑二柄以博一粲

十二日壬寅早陰晩雨行公宴于遠遼館(距此十里在西南境)正使與兩堂上官各乘車馬君率騶從往赴焉公卿以下儐使已先待于此△大政大臣三條實美△叅議兼外務卿寺島宗則△叅議兼司法卿大木喬任△叅議兼陸軍卿山縣有朋△叅議兼工部卿伊藤博文△議官井上馨△外務大輔鮫島尚信海軍大輔河村義純△宮內大輔萬里小路博房△教部大輔宍戶璣△特命專權公使森有禮△式部頭坊城俊政△內務少輔林友幸△相與叙禮畢列卓而坐進飮食菓子於使行之前以一片厚紙裲出細楷紙頭橫書曰紀元二千五百三十六年六月三日御饗應獻立△一汁鳥製△一魚 鯛蒸煮△一鶉 煮冷△一牛脊肉蒸燒△一羊腹肉油燒△一青物野菜五種合△一同 生木實蒸煮△一酒 水製△一七面鳥 蒸燒△一菓子菓氷製△一同石花菜寄物△一同 五色寄物△一同 大形二種△一同 小形數品△一氷菓子數品

二一食事饌餚付数品使下屬連進不已擇乾浄饌品十五器送于館所必選
又進飯羹及羹膳十餘種帰路宮本與浦瀨同乘正使馬車森山同乘訓
導車古澤同乘別遣車顧與同觀博物院蓋設院於平野数萬間
區分天下各國自冠裳衣履至于多少産作自草木禽獸至于微細
魚蝦並以類聚無物不存所以廣其聞見坐致俗尚也略略歷覽而還館
今夕飧自正院前之大政府知委進排於留館諸人饌品為十五器蓋公宴之餘欲接待
遠人故也公夜深後外務卿以書簡一度譯漢文一度送來于正使以濟州人誤以義州知之
李元春棄船捉魚為風所漂瀕死之境為英國船人所極救而領事官送
致于外務省故欲其率往還其故土也正使答書深謝而還之
朝鮮修信使金綺秀 貴下　外務卿寺島宗則 上下合符處着圖書
以書簡致啓上候陳八昨年十月貴國平安道義州人李元春ト申者
洋中ニ漂流スルコ数日至難至危ノ際ニ方リ不圖英國船オスロイル號ニ救

助セラレ以テ再ヒ天日ヲ拝スルヲ得タリ我北海道函館在留同國領事官ヨリ轉メ本年一月我東京英國公使館ニ送達ス蓋シ前後六个月間救護至ル所衣食ノ恩ノミニ非サル也貴弊両國尋交成熟ニ至リ候ニ付同四月同公使ヨリ右漂民元春儀拙者ノ手ヲ経テ貴國ヘ轉還致シ呉候様照會ヲ得即別紙ノ通及往復候抑航海者ノ漂到及ヒ危難ノ境ニ臨ム有ルヲ見ハ之カ愛護ヲ加ヘ之カ救恤ヲ施スハ天下ノ通法萬國ノ通義ニシテ固ヨリ其國ト通好ノ有無ヲ不問然則英船ノ救護英官ノ顧恤モ亦其愛性ノ通義ニ出ルト雖𪜈數月ノ久キ恩義並ヒ至ルハ豈感激セサルヲ得ンヤ今ヤ此漂民ヲ貴下ニ付セントス貴下宜シク此意ヲ諒シ以テ還領セラルヘシ而ソ英國政府厚誼ノ致ス所貴國ニ在テ同國ヘ相當ノ謝辞可有之儀ト存候且此漂民遭厄セシハ事實相違無之儀ニ候ヘハ帰國ノ上ハ貴政府ニ於テモ必ス

安ゝ本業ニ就カシメ候義ト信ジ疑ハザル所ナリ此段併テ得御意
候敬具

明治九丙子年六月三日　外務卿寺島宗則　圖書

朝鮮修信使　金綺秀　貴下

譯漢文

茲照會者貴國平安道義州人李元春者昨年十月漂泛在海洋中
困厄數日偶際英國船遠須加准留彌航過為所救助由在我北
海道函館港英國領事官以本年一月轉送在東京其公使館頃日
貴國與締約方成於是本年四月英國公使照會於余日將該民由
本省還其故國其書載在別簡蓋前後六朔受其愛護以得保
全性命不啻衣食之恩也夫航海者失路漂泊到岸及遭颶風陥
危難者見之何人不加保護施救恤是天下之通法萬國之通義曾

不問其國通好有無也則英船救急英官愛憐自是人世常務但其
至如數月之久不敢忽畧其恩義豈得無感哉今將該漂民送附貴
下為望貴下其諒此意以領還焉且英國政府厚誼所在使知貴
下亦應有所謝於英官之辭也聞之貴國處漂民自有法而該民之
遭厄也是實無疑故還其故土則貴國其使之安就本業也我信
之而不容危疑也併茲陳之敬具
明治九年六月三日　外務卿寺島宗則　印
朝鮮修信使　金綺秀　貴下
日本外務卿寺島宗則　閣下　修信使金綺秀
為回報者貴國送來漂民與國平安道義州人李元春茲以領受
念其流離顛連蒙數朔支保之恩非直渠一人受賜即與國一國
之人同受其賜也感〻激〻至若英國之人特垂救恤死者活之一束餘

者而衣食之赤子入井動心惻隱雖人人皆然然當之者安得不千感萬
感依戎馳謝在所當然而惻隱之心仁之端也則英國人之當初救活
特仁人之事耳寧或區區望今日稱謝之語也只當將此一副感感之
心銘肺鏤肝以爲億億之報可也安知不他時英國人有難而弊國人
克可救恤也只此佈謝欲望下一轉語俾英國人知弊國人之無限
感感斯可矣餘外李元春之帶還故土使之安業則在我者耳何至
過勞感念也於此於彼感激無已諸希照亮㩀具

丙子五月十二日　朝鮮修信使金綺秀 圖書

是日分送正使私禮單于各處今掌務官乾糧官兩軍官率通
官及通事一員而領去留御而來

外務大輔處私禮單物種ム安封書　奉呈　外務大輔 閣下

白綿紬五匹ム白苧布五匹ム各色詩箋紙五軸ム色圓扇十把ム

各色筆五十柄厶眞墨三十笏厶粉安二令厶際 年月日 修信使某

贈外務大丞白綿紬五疋厶白細苧五疋厶各色詩箋紙五軸厶色圓扇十把各色筆五十柄直墨三十笏厶粉安一令

贈外務權大丞白綿紬三疋厶白細苧五疋厶各色詩箋紙三軸厶色圓扇十把各色筆五十柄眞墨三十笏厶粉安一令 外務權大丞貴下

贈外務權小丞白細木五疋厶白細苧五疋厶各色詩箋紙三軸厶色圓扇十把厶各色筆三十柄厶眞墨十笏

贈外務奧三等書記生白綿紬一疋厶白木綿三疋厶白細苧三疋厶色圓扇五柄厶白綿紙三卷厶各色筆三十柄厶眞墨十笏 着御圖書

贈外務浦瀨三等書記生白綿紬一疋厶白木綿三疋厶白細苧二疋厶色圓扇五柄厶白綿紙三卷厶各色筆三十柄厶眞墨十笏

贈外務岩田十二等出仕白綿紬一疋厶白木綿三疋厶白細苧二疋厶色

圓扇五柄△白綿紙三卷△各色筆三十柄△真墨十笏
贈外務中野六等書記生白苧布二疋△白木綿三疋△色圓扇五柄△
白綿紙三卷△各色筆三十柄真墨十笏△真梳一同
贈荒川六等書記生白苧布二疋△白木綿三疋△色圓扇五柄△白
綿紙三卷△各色筆三十柄△真墨十笏△真梳一同
贈生徒十一人此是假傳語官各白苧布一疋△白木綿二疋△白綿紙三卷△
色摺扇五柄△真梳五箇△色筆十柄△真墨五笏
贈外務小錄水野称公虎皮一令△白綿紬一疋△白苧布二疋△色圓
扇二柄△白綿紙三卷△真梳一同
贈畳田醫官虎皮一令△白綿紬一疋△白苧布二疋△色圓扇二
柄△白綿紙二卷△真梳一同着奉使之印
贈尾間迎接官虎皮一令△白綿紬一疋△白苧布二疋△色圓扇二

柄厶白綿紙二卷厶真梳一同

贈鳥谷船長白綿紬一疋厶白苧布二疋厶白木綿二疋厶色摺扇三柄厶色
筆十柄厶真墨五笏

贈驛遞大屬小杉白綿紬一疋厶白苧布二疋厶真梳一同厶色摺扇三柄
厶色筆十柄厶真梳一五笏

贈船格四十名等各白木一疋厶色摺扇三柄厶真梳三同 封史船格著奉使之印

贈舊島主宗重正 虎史一令厶白綿紬五疋厶白細苧五疋厶白木綿十疋
厶詩箋紙五軸厶色團扇十柄厶色摺扇二十柄厶真梳三同厶色
筆一百柄厶真墨三同

浦瀨中野荒川別給 白綿紬六疋

迎船等外三名旅館等外三名處各白苧布一疋厶白綿紙一卷厶摺
扇五柄厶封史 石川 原 本次 太田 小野 今井

延遼館使喚十八名處 各白木綿一疋△真梳三個△摺扇三柄 署御
各遣官留御而還纔數刻少頃到呈御若或有有△事則遣家臣
留御于館所兼呈家臣之御 蓋其國俗然也
十三癸卯晴對馬舊島主宗重正辰刻來館與正使移時話懷而去午
刻井上馨齎刺而來過晡穩話而去槩言其曾在江華時懇懇之語
到者而貴國永興浦口自我北海道相距不過爲二晝夜之頃而曾緣俄
國之屢次窺覦故欲其兩國無事請其開館而貴國以陵寢所在
竟不許則雖不敢固請而近日仄聽庫頁島上多峙糧械未知其意耶在
而爲慮則誠不淺也是故自中國曾有通商者切爲貴國而然也且我國
之欲設開於永興浦者欲使我國知其先發制人者也而無復奈何云云其大意
可量也△外務省權小丞來館所古澤經範穩話移時而去以岩地饑需之難故
歸後送一箪子牛肉二百斤△鷄一百隻△鴛一百隻△生魚一百尾△葱一百本△蘿

葍一百本〇萊菔一百束〇不得已排日受之以爲厨房之用〇偶觀朝野新聞（如中国塘報毎日刋行）曰通獨川幣宅ニ在テ禿筆ヲ弄スレハ時ニ行人奔チ報朝鮮人ノ通行ナリト筆ヲ投シテ起チ急ニ臨街ノ玻璃窓ヲ開キ望一見スレハ銀座公街行人忽チ往来織ルカ如シ幾隊ノ査公棒ヲ揮フテ叱一聲静カニ往来ヲ警喚スレハ左右人定テ整然排列ス恰モ看ル一隊ノ騎兵塵ヲ蹴テ馳ケ之カ前導タリ是レ我カ大政府遠人ヲ懐柔スルノ厚キ荒貴ノ驍騎ヲ恵賜シテ之ヲ送迎セチルヘナヲニ時ニ聞ク清風忽チ奏樂ノ響ヲ送リ来テ洋々トシテ途ニ載ツ鞨鼓銅羅ヲ交ヘテ胡弓喇叭ニ和シ加之ニ笙ト笛トハ音相協ヒテ急ナヲス緩ナヲス喧々嘈々タリ漸ク近イテ之ヲ看レハ其人緩帯長袖偉帽斜ニ戴リ徐々タル闊歩ハ遅ニシ緩優妓ノ八字ヲ践ムニ似テ蚯蚓ノ乾泥ヲ這フト一般次キニ一乗ノ籃輿ヲ肩ニシ擔夫十餘名中ニ高貴ノ一官有テ端坐肅然タルハ彼ノ正使金綺秀氏ナヲニ續テ貴官十餘名ハ幾輌人力

車駕ニ相驅テ陸續タリ其風俗ノ古雅質樸ハ恰モ支那人ノ往古ノ画像ヲ見
ルカ如ク純然タル東洋緩慢ノ氣風ヲ存セリ此日也天氣炎ヲ吹キ温暑人
ニ可也故ニ看客群聚道路ニ咽塞セリ嗟呼我カ神功皇后ノ三韓ヲ威
懾セシヨリ殆ニド既ニ數千年又豊臣氏ノ鶏林ノ八道ヲ蹂躙シ彼専使ヲ
修セシ以来爰ニ三百餘年也然ルニ今ヤ我カ明治皇上盛德ノ光被スル所
更ニ前時ニ十倍シテ煌々タル文勲功ヲ茲ニ収メ彼亦深ク聖化ニ感動シテ
邃ニ舊誼ヲ尋テ禮ヲ俎豆ノ間ニ執リ一時殺伐ノ慓氣ヲ掃除シテ雍
々穆々ノ交宜ヲ厚フシ其介ノ修使ハ呦々鹿鳴ヲ賦シ来リテ銀座街上ニ
彷徨タルハ蓋シ聖世ノ隆況ヲ補綴スル一塲ノ美観タラズヤ予儕今現ニ其来
使ノ儀粧ヲ目撃シテ深ク感喜ノ情ニ耐ヘズ為メニ之カ一篇ノ祝詞ヲ贈セ
サル可ラズヽ時適マ此ノ行粧ヲ観畢レバ柱辰晷トシテ午後ノ一時ヲ報セ
リ明治九年五月二十九日記之銀座街山梨圓

十四日甲辰晴風表山茂來要游觀訓導盡貪及竹尊荒川而去先觀
紙幣寮設為機括回旋之際一邊織金絲簾一邊浸楮淪紙一邊
曝乾陽火一邊細刻錢樣一邊搨出幣面一邊刀裁規矩幹事
之人坐運右翊隨處皆應奪得造化莫此為甚也轉向衆樂園此
是游閒公子繁治之所而蕭洒板屋明粧靚飾之美姬香樽
茶床列于花樹之下其嬌態可掬杜子美所謂畫圖省識面
肪肥者豈謂是歟又進本願寺即前日朝鮮修信使之寓館也
佛舍荒凉居僧凋殘殆迺蕪廢矣更到淺草寺可三里許也
樓閣宏麗道場之内百貨溱滙遊客如海日本人屢稱者
居於西林精舍沉思三十年作諸般奇器如電線吸水叩大動
雷之類可謂神工而年可五十餘永使後世給祿嗣業云有一
賣花堂嘉卉珍木制形奇怪或植於土或種於盆盆皆花磁

大者如甕小者如匂無慮數萬本銀海眩搖矣
十五日乙巳晴早行望賀禮于外庭是日點閱軍兵於敎場自外務卿以
下屢日要與觀光不可固辭朝飯後正使及隨員一齊序行人力車從外務
省茅待近十里挾長濠而南歷大木橋々頭立木牌書曰馬場宪場入大板
門以鐵條數寸之廣數丈之長密着廣頭釘濠上斷石築城々上壘
土平均種連抱矣入門行里許夷長栅而南至戰門外下橋及車步行
草塲數百千有坐椅十餘箇皆露處于曝陽之下外務大輔權
大丞及陸軍卿諸員亦來會步兵著白衣白帽各持一銃佩一劒四々爲
隊々以四十爲一總々爲五十分南[illegible]止而立隊各有長總亦以一騎兵
導之吹小笛一聲北軍齊下序立于中隊長一號而兵皆戢左手又一號而皆
振劒又一號而皆鞘劒又一號而皆蹲坐又一號皆放砲連放十餘砲而聲出
如一又一號而皆起立又一號而南向而西迤滾如雲馳漾如波漲縈到信地

鴈行序立爲南軍之前一騎馳上其軍皆隨而北上隊總之數亦如北軍
進到于中坐起拔旋俱合前例一齊東逶而北上序立畢在中小隊或
蹲而放砲或臥而放砲如是者數須又吹小螺在南之騎兵一齊挾
銃佩劍總首北驅燦若雲錦周回於北墻之下分立爲南墻下餘軍
相向放砲烟暗如霧又一號而在南之殘騎上紅下白一同北馳迴回西走而東向
立爲俄而南北軍皆相向馳入舞劍如飛於焉西馳而沿南一字擺開如
偃月形一齊放砲繼畢三隊礮車下懸四輪前駕兩馬中坐二兵後輪上
伐杈之中安一座大碗口上坐二兵載火藥橫于前軫至場中突騁一
匝分三處而連放十餘礮雷響震地稍南地又有人挽小礮車爲兩輪應
放五六砲此是上下山阪出入溪間之用也草場四方可二馬長而無稠練組
洋槍大陣法於此二次而今日所點爲六千名云罷陣餘要與同往外務省
小歇進茶訖行午飯飯後與竹尊兵房禮房書員同往博物館通官

中野之所懸導也到門前下車通官照數致録於守門官入一門則花木滿庭區以別灌鋤者主之各避欄而牌分數十人主門榜曰什物館曲折通逵每分諸國小者咸於大櫝間備而覆以琉璃四壁皆玻瓈軍物產什毬服車仗無物不存甚至於人之枯骨牛馬之骸俱收並畜焉周行數百步有門而中斷從小板橋而入焉榜曰動物館大自龍虎小至蚤蝨皆精乾如生映琉而肴宛如活動又出一門可數間許有門對立榜曰植物館萬數之種百藥之材間間充積或其稀者木之株草之葉穀之蔬花之蘂件件備在焉又出一門東南而望榜曰鑛物館金銀玉石珊寶之類存焉出而北上榜曰農業之館犁耰鉏耙龍車蠶繅之屬積焉稍西而有工技館鋸斧之大錐針之細儲焉遠北而有織物館錦緞之屬機杼之巧疊焉漸北而有生物館猩猴之啼彝孔翠之翩翩三足狗之狺嚯雙角鹿之盤旋象虎之咆哮鸛鶴之氄氄白烏啼于架赤兔騷于圈其鵝鴆鳧鴈見人甚馴

爲凡物〻各書紙牌寫以某國某物而表之今日入只通十七國故物故未傳
將次第相通於西洋三十六國南洋三十七國然後奇物大備云遂自
北門出人車已待于此馳以還館△正使自外務省還發隨通官之前導
行〻移時紆回不止假量爲三四十里之頃也中路駐轎招通事而大責之
通事亦初行者也信而從行蓋通官聽外務省指意屢要游賞終不
背焉故東便瞞過轉導于閭坊之間欲其誇耀富強之形而亦使日人男
女觀其威儀者也雖若厚待而受侮多矣纔還館捉入通事兩人猛
棍五度其通官面如土色屢欲懇赦而不能得未敢進候於正使數日
十六日丙午自曉雨注向午始晴通官來告以有釜山船便云故正使裁給一簡
辭意槩言留館日子似不出一望內外間外今月念二三日間將自此回船云
出付于外務省矣自公務局譯文曰東萊府傳到書翰一封領收將付明
月船便致達事宮本少一屢懇於正使願一枉顧不得已乘馬出從

官四人往之則家在五十里之外第宅雖不侈大而極其精洒入門則有
亭田數十頃桑柘蔭翳種茶一區極其香洌升其外堂主人下階迎之
叙禮畢招出其子使之拜現年方十一文筆俱妙少焉一老翁出拜于
正使〻〻雖不知何許人而揖以答之宮本平坐不動言於正使曰是我父
親正使曰年今幾何曰今齡六十四正使曰僕居遠方不知誰某出而
相迎誠甚悚慢宮本曰我國則異於貴國坐而點頭亦云敬禮幸勿
勞念俄而一老婆從內門出來背後有未滿四旬之婦女亦隨到直
前恭拜正使亦揖而答之宮本老夫人是我母親在後之人是我內子
而尊客儼臨不可不供膳故如是致敬幸勿恠焉而已酒進肴登
老嫗必躬自點檢使兩頭丫鬟奉之而前盡其精豐俄而漢醫
淺田伯㒷號栗園字識此文士栗本鋤雲外務大丞藍田三郎及田
邉太一皆來到坐定琴師山勢云者携琴而至彈奏數曲四人觴詠

交錯皆以草書寫詩以呈之正使和以酬之酒半酣有女師跡見氏稱
花溪年五十餘聞使行之會于此亦率女弟子六人而來花溪自幼少
時善於文墨不事産業專心索處教授後進即席寫呈一絶扶桑源
綠映鷄林喜見高人航海臨彤管縱令乏詞藻可無新句表微忱
其筆法亦慄熟焉既而欽雅而號曰願得尊客之詩永爲山門之
寶正使即步其韻而和之寫給大喜珍藏矣遂命其女弟子各寫呈大
字或龜龍或鳳麟或飛雲或花香而四娘合畫墨牡丹揮毫如神使
人吽奇此皆貴族之女一曰從一位忠能卿孫女稱曰光花年方九歲二曰正三
位傳房孫女稱曰花香年方八歲三曰正五位公義妹稱曰花州年方八歲
四曰從五位勝達娘名曰棲子年方七歲五曰正四位象治郎娘年方九
歲稱補花桂六曰跡見花山即花溪之養女年方八歲其言語動止雍
容倬約其櫛縰錦徧清楚婀娜皆絶世女士也花溪更畫一二八梅

古手勁瘦能得九分格價也甘蔗之糕沮薰之飯菁苽之菜桃柑
之菓雜然而前陳向瞟而散歸
十七日丁未曉雨外務省官員因舌官顧與共觀海軍省制度午間正使
以下諸員偕往到海軍省在十餘里東南浦上營壘極其雄威本省長官及
外務省大輔大丞權少丞亦來會少憩樓上引至一廳生徒數十人各持兜械戴
傑閣或畫樓般一師授規摩少應手無綠毫差錯焉又引至一處生徒數十人年
可十五六者太半幾踰十歲者居三之一皆列椅開卷而坐一人稍老大者當頭而
卓坐諸生或咿唔焉或靜觀焉書則瀛環志畧水利新書海國圖志農
業兵誌等書也又至一處諸生數十環坐長椅而案展抄紙手執儒筆而一
人獨立于椅東手持一冊高聲誦傳則諸生一齊寫去所以考其能否也蓋
自官給廩教導者也轉到浦口上達一大屋做巨艦而塗以白紙以鉄其中
列置大梳口七坐海軍長暗號一聲兵士十五人飛也應令梳機左右各七人

分立機之後一人指麾由械機前推而進械口所指處板門開而海色連野以細
繩從後彈之耳火自起大放一聲少焉又命更試之攄藥倍于前納硝十五斤後卻
前進倏如風雨響若晴雷遂起身旋導至主浦此是掘地爲淵廣可數千步造
火輪船而泛於水面畢帆下旋迅赴一號焉移坐于浦之北小堂試放水礌砲有
數人以暗繩布於波底自岸上運機埋火于繩端須臾之間聳浪翻空者
再驟雨忽濺此蓋因舊制也旋即出門隨員皆肯而還館正使赴井上馨
之約宮本大丞亦來會至二更量而甚東馬車還館路傍立高柱懸琉燈通
衢照映蓋言藏煤油于地下引氣上乘則雖至多年晝隱夜明者貴不
鮮者耳上奪天造下竭地腴人工之至巧世運之所使歟今遊賞歸錦町館(館在錦町)
十二日偶題晝日蜻蜓款款飛獻奇呈巧古來稀千畫繪彩開洋畫東國聲
聞走電梯女塾尚餘男塾教陸軍何似海軍威花鶺啼下青楓樹也識遊
人皆應歸今日國公主長逝徹樂三日云故館所開閉門吹打始爲停止

十八日戊申或陰或雨自宮本所送畫像于館自正使以下各令寫照分藏一本永無相忘爲要太抵其法出自泰西而使人整冠帶坐于椅上頭不歆而身不倚畫員以寫照鏡(外粧琉璃內塗水銀)粧匣置于三足凳上蒙黑氈被從匣之後孔而透看焉去椅可數間許引人影而着諸鏡移榻于紙面則毫髮不差矣山夕外務卿以三層饌榼一坐二層饌榼一坐具水陸之味送于館所以贊宴需

十九日己酉晴夜雨飯後對馬縣前太守宗重正來與穩話請使行一枉午後正使率正官四員而去宮本大丞及文士增田貢龜谷行書畫(當仕於之歸)女晴湖晴嵐青華或吟詩或布畫極歡而罷龜谷詩曰聞說漢廷能擧賢追隨書記畫翩々黃風綠樹三句客勁棹長帆千里脏釣佩光搖釜山月絃歌聲湧武城烟相逢相別如春夢詩得行篋詩幾篇增田詩曰鄰邦文誼若金蘭渡海輶軒盟不寒應記扶桑新典制耐看殷禹衣舊冠認成叔向生風采坐想鄭僑披肺肝鴨綠江流助

文藝筆端浩蕩湯波瀾宮本號日鴨北散人詩曰夏木千章翠欲流躍魚樂處鳥聲酬漢城
他日想陳迹記取深川前對洲皆依韻和之
二十日庚戌晴午後森山雄大丞請使行私宴于第文士及伎樂存焉向曛還館
惟四正官參焉ム三等書記生奧義制日來筆談多有所得余問曰孔夫
子之廟祢於國都尊奉歟郡縣皆有之歟答曰鄙国自吉備氏菅氏以來如
源性窩林羅山皆為儒宗故伊藤維貞物無競諸人彰明於一世矣近日
歐米之學術大熾以富強為主家〻絃誦之聲愈盛於前日而所業盡海
學農參兵學之流也至於孔孟之書則一齊却步此是世道之變而日
變一日者也至於起居禮節尚用聖人之法而天下萬國靡然風從惟貴
國尊尚聖人之道云甚盛甚羨而其於富強之術似未如也余曰不然聖
人之道何嘗以錢穀甲兵為無用之事乎奮以武威揆以文德故古昔聖
帝明王誕撫四海化洽八紘何必捨正路而取捷徑也奧曰挽近以來技丙漸盛

多少干戈弓劍鑄以爲利械斲以爲鉏耰雖聖人復起必不可安坐而治也余
曰公言世道之變此果一變而歐米之術皆譯傳以聖人之文字則泰西之
人似亦知聖人之尊而日月所照並又一變則地球所載豈不盡爲聖人之方
域乎奧曰理或似然而千百年後之事何可豫必也其大意如是焉〻奧書
記自號曰九皐所得古今書畫甚富而無叙文章爲僕勿憚著作之勞置
有書畫扁曰後樂居盡爲一箴以結平生之好也余屢不得辭略綴以應
之書畫帖叙曰海行凡五千餘里長門周防之明秀神戶相模之雄富
橫濱品川之鉅麗神與境邁對景可畫意其有魁梧之士有思乎其間
而一日九皐奧公訪余于錦里寓館筆話訖長揖而言曰吾裒輯古今書
畫奄成一圖而恨無銘贊盍爲我賁一言也余不覺起敬斂襟而前曰有
是哉先生之好古而好新也書以暢其情畫以紀其境雖千萬里之
遠而置諸尺咫者有之千百年之久而使如隔晨者有之是以從古有

耆之士癖于此而有得焉苟究其源河之圖洛之書亦不外乎是也豈
徒怡心悦目而已而止哉不佞亦嘗遊意于斯恣行鴒林鵲嶺之
間而采風爲遠過鴨綠燕薊之外而訪蹟爲倥々然無所一得故
臥桂山之下則依舊是蕭涼冬烙者耳今此日東于役適足以畢
夙生之願而遇先生於逆旅者豈偶然乎哉語曰君子千里同氣
小人隔陌異俗寧或以俗之異而氣不同者也耶不揆固陋書此以
敍之深愧畫蛇之添而見笑於大方者庶幸爲視遠猶近之符劑也
夫○後樂居歳々先憂而憂々必爲樂先樂而樂々反爲憂典謨
吁咈式存兢業稼穡艱難純享履綏江湖魏闕戀結子午是以六
丈爲第一流有猷有守不忮不求心乎慥々大朴僿々
二十一日辛亥早陰晩晴自陸軍省遣權小丞請踐日前之約使行一齊進去而
余以徵慎不與焉先往本省略視兵械次到造兵所懸一大輪於門外其内設

數十間廣寮而上棟傍壁皆懸大中小輪門外之大輪一轉而寮内之輪一并回旋間以長革韄輪而隨以應機鍛者鍛雕者雕鑽者鑽剞者剞準者準凸者凹者圓者矩者不費人力動括裁成須臾之頃造制不差又轉向十石亭老木清泉曲曲可賞前後左右無非兵庫鎗砲之屬所在充盈行午饍於亭上珍海錯精豐登盤此陸軍卿之所接待也亭之北有一廟瓦桶淨洒金碧炫燿乃尊奉伯夷之所也未知緣起之如何而慕仰清風而然歟又有兵學寮壯者馳馬試釰撲銃放砲少者讀書習字劃畫量尺各越其能焉旋行數里許至工學寮工部卿伊藤博文已先待于此製作之度皆聚焉而莫不以火輪應用凡鑛山之罷鐵道之械燈臺之用電信之巧營繕之技水陸軍裝天儀地範悉資用於斯神造鬼工難以形測而皆以西人為師目東之學其術者可十之七八云又導而至工部亦以綺繕美釀待之此工部卿之所度供也盖前後卿丞之私宴悉遵上命而為之者也晡後遂還館

二十二日壬子晴　自外務省有書即出送宮本少丞講定節目之事

外封後背書

朝鮮國脩信使

外務卿寺島宗則

金綺秀　貴下

以書簡致啓上候然ハ貴國禮曹判書ヘ宛タル別簡一封貴下ヨリ御進達有之度候右ハ外務大丞宮本少一ヲシテ貴國京城ヘ前往セシムル二事ニ有之候依テ貴下御心得ノ為簡中ノ漢譯文壹通ヲ添付致シ候敬具

明治九年六月十三日　外務省寺島宗則

朝鮮國脩信使金綺秀貴下

譯漢文○茲照會者致　貴國禮曹判書之別簡敢煩　貴下進達書意非他外務大丞宮本少一前往　貴国京城一事也令易録送其封内譯漢文以聞知於　貴下敬具

明治九年六月十三日　外務卿寺島宗則 印

朝鮮国脩信使金綺秀 貴下

又有一封書乃外務卿以宮本出往朝鮮京城之意譯文於禮判事也

譯漢文　壹葉

茲為照會者我 朝廷以外務大丞宮本少一為理事官前往 貴国京城有所辦理即據脩好條規第十一款内預經掲載更議立通商章程約束兩間人民且條規内應補添細目以便遵照也 貴朝廷亦使貴官有權可決定者會接面商則幸甚敬具

明治九年六月十三日　大日本國 外務卿寺島宗則 印

大朝鮮國　禮曹判書金尚鉉 閣下

是日舌官来告曰向者輪舡之在於神戸者因外務省十八日指揮令曉来到而觧債可數日載炭可數日上舡公宴在於念六將以念七回程云云而

宮本大丞之出来知在不遠故送訓導致其委曲則理事官之發行自今日算計爲十九日爲定則以我曆閏五月初十日也不駕大輪只乘軍艦徐行抵沁都直達京城爲許而豫料使行之復命俾無窘跲云云第觀下回矣公書記石憘貞来要筆話居未幾出江南八景圖請其題品余辭而不獲且吟且寫詩曰名湖七百水如藍積氣連空泛斗南不翅朝曛千萬象又看寒月半山含(洞庭秋月)三江之水聚湘湄屈子千秋恐有詞不盡皇英斑竹恨況是霏霏細雨時(瀟湘夜雨)潞陽落木響蕭蕭微風乍起漲作潮一曲相將何處奏斜陽紅斂去帆遲(遠浦歸帆)雲間斷續有如無塞響低回下碧湖問甯攸居何處是平沙漠漠展新圖(平沙落雁)岷山下流注清泚漆色同雲隱暮暉無許喚惺漁子今冷簑不覺六花飄(江天暮雪)樹木陰森疊嶂連浮屠高出暮雲邊分明也有清鍾發回首尋群坐漠然(烟寺晚鍾)似烟非霧市群喧嬰屭游光接海門欲使衆區真面露林端一抹

射朝暾(山市晴嵐)汀蘭垂葉荻花秀鹿眠籬退蟹舍開無限夕陽應有恨閒人
端合捲綸(漢村落照)手不停筆歎歎書下既畢石幡沉玩移時曰此果公之
宿搆歟曰非也曰然則何如是之敏給也曰倉卒酬應何足掛眼曰我粗
解文字故每從高友追逐而如弊國之士安井息軒之博識重野安繹川
田毅堂之文章荻原秋岩之名筆皆擅步一世而或有製作繕寫之役則
尋思頗久始乃應接而其藻華之清新筆法之雅治比於公未及十分之
三四也曰自卑而尊人固是禮也而過奬踰分則人必不信曰僕非為面諛也
弊國自學術一變以後都不務學只餘此三四人而終不收拾故荒蕪然也曰此等文
墨之士可有結交之道耶曰此輩人年皆七旬或留京下或遊方外放迹於江
湖山林之間故未易逢也至於秋岩則年又最高不能操觚者有年也○正使
致書於外務卿曰行期既以念七日為定則凡幹指揮皆豫為辦備俾無臨
時窘束云云日人不能先傷者或恐疑其欲使遠客遄歸故待書發令故耳

二十三日癸丑晴午後正使以下往拜太學距館西行六七里有外門〻內有短栅從
栅門而入又有門曰入德門至內重門榜曰杏壇至正殿扁曰大成皆行禮于階
下直上看審則孔夫子以塑像面南而妥為大龕〻內別設高龕而享之以配
對香炉香盒稍前廣龕之內列以四聖位塑像左顔曾而右思孟旁內廣
可數十間東壁揭伯程子張横渠朱夫子影幀西壁揭西濂溪叔程子邵康
節而我国東溟先生金世濂題六君子賛而着圖書於其下盖東溟通信之行適
值寫眞而然歟抑或隨後而惺其未遑歟懸四層架於三壁貯書甚備自十三
經以下至于近世述者之文屬於儒道者皆尊閣之前面以瑠璃幛之壁塗以
漆庭種以樟而但恨無勛經之士也出中門而稍西有昌平舘此是開成學
校也學校長出而迎之從板門入長廊生徒百餘人一從教授之指揆一過讀
十代歷史一过讀兵農學等書又迤至一廊生徒亦隨指繕寫齋一無違又至
一处盈尺之宫環玖之国各採規矩而畫出皆年未滿弱冠而不失不誤焉其葊

糕等屬皆預備而供進焉俄而校長大島文九呈一篇詩曰極知天意福蒼生二國
和成尋舊盟奉命鷄林朝發鵠觀光精域晩張筵日本〻名豊秋津改以蜻蛉国文沒今名而聞万
物覃恩化四海一家皆弟兄竊樂有朋来自遠同開奎運餙昌平又以開
成學校一覽三冊及聖廟四面全圖一匣呈之蓋冊是謄錯圖是洋搭也將
欲旋車之際校長固要遍觀女子師範斈校屢辭以他国男子不可相近於
女學也校長曰我国仕宦家婦女皆入學于此而凡各諸國之使莫不觀光以
為恒禮不必若是牢謝三四懇乞遂不得已入焉則長閣透明之中女史一
人專椅東坐女徒數百整〻列床分坐南北女史言一出口讀者齊讀寫者方
寫較若畫一而不計年齒之多寡月課日試以才藝之敏鈍定其坐次之上
下云墨泉女史獻桂聯一對筆法極妙耕雲女史獻畫本一雙一本山水一本梅花繪格亦奇
又轉至一處男訓導一人據床而坐年可五十餘鬚髮皓髭口以授教羣少女徒
一齊起立吏一呼而一齊拜揖又一呼而一齊定坐讀與寫皆如法焉懸地玫圖于壁安地

玖機于牀一女史一号兩衆女徒俱以長箴指某国某界毫無長第天文軍機亦如之甚練
習之規憲合科程而大與聖人之教相為弁髦最恨廡無陞後學之從享庠無讀
先聖之遺經焉廹矄遷館〇贈奥九皐詩曰天旣生并世盡居一域中良辰文
酒席談笑永相同又曰蒼〻雲樹遠渺〻海帆開賓雁秋應到尺書倘寄来九
皐和詩曰蘭契旬餘久未殫筆話中啟期休草〻何日更相同又曰君家何處
是吾住旭街中千里雖殊域音書數相同又曰多年蟠錯路一轟鐵路開偆
好從今後頻〻互往來〇宗太守送粘飯二積清醪一瓻以供行中一餐
二十四日甲寅晴念六餞宴以臨行帑忙進行於今日云故正使以下皆赴會歷路
入元老院此是親王為長官而其下卿丞每會而議政之所也故有議長副
議長議官之職外門內有庶民議會之所其內又有卑庶議難之所其
內又有卿丞議定之所又其內有長官議決之所〻以豦合朝野之議
俾輔国政叅賛軍計者也坐定進茶糕又獻本院前後圖二片須臾起

身至遠遼館自大政大臣以下相関於我国事者皆會而惟宮本少一反森有
禮適有故未參焉俄而酒進樂作技工蒙假面而戯舞方丈和酣味而等
臺此諸迎宴罷殺而品侈也晡後還館以床桌之餘逭々封送益從
由前之例焉撓未躬進只叙耳聞
二十五日乙卯晴宮本大丞使舌官日前送語要與相見於是日矣適因
貴主葬事因公未暇故不得接見而且有使事之在前禮不可無謝因
致書曰久仰高名不啻雷灌而來陸近地未承清誨其所悵恨不能自
已何幸往者轉存定期指教準擬今朝趨造門屏適緣公幹之劳務
不遑應接云故姑縮齋剌之禮益切頫轎于中夙聽賢胤相貌明
秀工業勤篤欣愛之私詎以遐邇而有間也肅將菲物畧表衷曲
命使照領勿孤懸想未知若何行期在即拜際隨潤統希 尊體
若時百祿繼以星槎利涉萬綏不備 下照○ 神奈縣令野村靖識

官黒田清陰昨来參宴故以用餘土物隨在修禮而送之○晡後自外務省
遣伎童三人俾供消寂三童頭着鷄毛冠面蒙紅襦一童年可十五六
立撞細腰長鼓尾言而倡之二童年纔十一二數三次翻身踴躍如我
國才人操步焉揉背撑腹反身倒首々出股下而姞無恙以兩足兩手
森然竝立便成四脚樣而一童飄然登立於腹下手舞足蹈有若平地
上渠雖誇技觀者遽酸其餘皆倣燕京戲者之流也命使麾之○
日本名山圖繪三冊頼襄山陽遺稿三冊梁緯星岩集十一冊博物
新編一冊香港新聞一冊鄕者自宮本所送来以資破閑之媒故畧檢
首尾令始照數還完○自今夕至再明發程一從日人支供盖迎送始終
示以欵待者也膳品視前比例矣且使行到館後不計上下若有病痛
治療則入用藥物并自政府筭計報給我人雖欲償価牢不應
焉

二十六月丙辰晴晡日致書于宮本大丞時送白磁地五束彩筆五枝真玄五笏
色摺扇五柄菓子一封胡桃窠栢子矣令朝委伻代謝以寒暖針一機
一壺送之〇午後回書契及回禮單到来外務卿寺島宗則回禮物
目録一蒔繪重箱二組〇一白紹一匹〇一草文庫二個〇一扇子一筥
〇一磁盃二筥
外務大輔鮫島尚信目録一銀装太刀一振〇一硯二面〇一墨二十挺
〇一筆二十五對〇一烟筩三管〇一左傳輯釋一帙〇一瀛環志略一帙
〇一博物新編二帙〇一萬国公法二帙〇
外務大丞宮本少一目録一奉平紙装璧六十枚〇一日本學校訓
蒙図一揃〇一小箱二附〇一飯茶碗十五個〇一墨蓮茶碗五箇〇一
磁皿二個〇一日本刀圭口〇一左傳校本一部〇一拙堂文話一部〇一
黄縮一反〇白綿縮二反〇

外務權大丞森山茂目錄一白縮緬一卷〇一銘刀一口〇懸鏡一面〇一硯一面〇烟草帒二個〇一烟竹五箱〇一炷香五個

對馬舊島主宗重正目錄一描金鞍具一部〇一論語徵集覧一部〇一緋紹一疋〇一象牙象頭扇二握〇一紋紙三百張

權小丞古澤經範目錄一言志四錄一帙〇一古文孝經一帙〇内外一覧一帙〇一紋紙二色五百枚〇一小刀各色十挺〇一大筆一對〇東錦繪一函〇一日傘三柄〇一雨傘三柄〇一草提囊一箇

禮判回書啓譯漢文 又有謄草一本

逕為照復者接到 貴国丙子年四月公幹 貴国今以禮曹參議金氏為脩信使派遣本邦續修旧好併寫向者我特命全權辨理大臣前往 貴國之回謝等之事項具照領矣蓋両国之有交誼為年既久而一朝契濶情味漸疎今 貴国遣派信使來臨敝邦信

使亦鄭重述使命斡旋周至大為暢序交懽之地両国之欣幸莫
大焉我 皇帝陛下嘉尚之特 旨延見寵遇殊渥信使復命之
日 閣下聞此事必應有忻悦此所我之信而不疑也茲賀 貴国
雍熙并祈 閣下之福祉敬具

大日本国

明治九年六月十七日 外務卿寺島宗則 印

大朝鮮国禮曹判書金尚鉉 閣下

一蒔繪行厨一個〇一陶甆花瓶一對〇一色紗五巻〇一色綃十五疋〇一海
全綃五疋〇一烟管三對〇一烟草袋三個〇一寫真帖二冊 一日本東京 一江華城池
全國 全圖 不腆土宜哂収是 年 月 日 外務卿 姓名
禮參譯漢文 又有謄草本一
茲為照復者接到 貴国丙子年四月公幹 貴国与弊邦一葦可

航鄰交有旧日久而信使間絕經六十餘年兩国情誼漸乖雖本年
我辦理大臣前往 貴國重修旧交建立新盟 貴国亦速派遣信使
以寓修謝之意我政府接遇之詳畧令不敢贅焉唯其平素傾
慕之念得此時觸發聊盡在我之分是貴使信亦所了知也盖
兩国交際自是益親密可期而待兩民幸福莫大焉臨信使開發
聊酬 貴意敬具

年 月 日 外務大丞宮本少一 印
外務權大丞森山茂 印

大朝鮮国禮曹叅判 李寅命 閣下

一蒔繪行廚一箇○一陶器花瓶一對○一色絹七疋○一海氣綃三
疋○一烟管三對○一烟草袋三箇○
不腆土宜哂收是祈 年月日 職姓名

大政府所來別獻回禮目錄○一刀一口環刀朱漆○一漆筆六個硯匣層函○一蒔
摩陶花瓶彩花鼓天○一箑五握二象牙一木造二竹邊○一赤地錦一卷大文學織○一紅白綃二
疋摩西交單斐色綃十二疋各色淺深○一越後白縮布十二端如苧紗○一越後
生縮布十二端微黑色○一奈良白曝麻布十五疋如白練苧布
修信使所贈政府回禮目錄○一馬鞍一領金飾○一陶瓷香炉一對
○一精好織二卷蠻西廣○一烟管一對白銅○一烟草匣二箇○一扇一柄象
餙
黑田長官回謝目○花瓶一對○烟草七箱○目前所贈者白苧布
五疋白木綿十疋白綿紬十卷色摺扇三十柄色筆五十柄真玄
三同白清一斗而其報禮甚草率也
別遣堂上嘉善大夫賞禮單目錄○一刀一口○一縮緬一疋○一烟
管一對○一烟草袋二箇○一扇一對

別遣堂上嘉義大夫賞禮單目録同上
兩上判事各有礼物目録○一烟管一對○一烟草袋二箇○一扇二
對
書記畫員軍官伴倘礼物目録各一烟管一對○一烟草帒二
個○一扇一對
鄉書記礼單直四名各烟管一箇○一烟草束二箇○使奴子通
事六名等各烟管一箇又一烟草束一箇○通引以下吸唱軍奴
樂工等四十五名各烟草帒一個○扇三本○轎軍十名各烟草
帒一介○扇二柄
外務省餞別時卿丞皆言於正使曰此去神戸港不可不滿載石
炭以為往來之用則可費二日濡滯也幸須歷覩大坂城而往為
好也相距不遠且有閑隙幸勿虛過正使曰使客將出行期且促

難於游覽也曰此地則曾前 貴國使臣往来之處也何必持難也
已有上旨指揮該府使之供億也使日若到神港遲滯經日身
又不疲則徐當更思而圖之矣還館後外務卿送一書簡譯漢
文曰茲照會者 貴下故道所駕之舡黃龍丸蒸横濱至神戶港
碇泊可必二晝夜向以積載需用煤炭及雜具望 貴下不徒過
其時間汽車一瞥到大坂府有覽觀我造幣寮也蓋 貴於交隣
者不徒使聘往来而已兩國人民將以有無相通長短相補互利
蓋其国則不可不賴貨幣媒妁而貨幣者各国各異其形實
質亦不均同唯其相比較照計以成締盟国弘通之便焉故各邦
與否則視貨幣良否如何可以兆之令 貴下幸來辱則視瞻我
邦注意鑄造錢貨或將有所信認是我邦所大望於 貴国也
在 貴下職掌上豈得不亦所應用意哉此一行經 先大坂府地方

276 창사기행(滄槎紀行)

無有碍行路望敢枉駕若夫逢次事宜須本省護送官員協
辨也敬具

年 月 日 外務卿 云〻

修信使答書曰玆仰覆者俄既面誨令又書諭懃〻懇〻以交好
之地洞然無間察其風土覩其俗尚習其器械聽其議論以至城
郭山川之險夷政令民物之利病無不使之知之感佩無量銘之心
腑 貴国盛〻意何可忘也申戒神戸留滯之間大坂城玩遊一事
謹當奉依而但恨鄙国規度有方不敢踰越他日貴价之枉屈也
九百蒼濤萬〻不能親切無間如今日 貴国之待鄙人也縱或
海量之隨處存便安得無顧爲之不安者乎玆敢披露万乞
保重泐此順候敬具

年 月 日 修信使 云〻

是日一行衣籠及廚房什物皆先期出送于橫濱并自外務省知
委皆車輪而舟搬致之于瀛艦口晩後正使至外務省告辭卿以下延接
致慇勤手傳其天皇別礼單訖卿委曲為言曰貴行修信委婉鄭重深得
感歎而我朝廷深意所在公可以諒之耶使曰貴朝廷盛意庶幾可以論
慶矣卿曰一強國之自立不如二弱國之相依令我國之与貴國一葦可航
可謂唇齒之之邦也若痛癢相関有無相藉憂患欣戚矣心同之然
後可以有濟貴行歸朝後亟告貴朝廷凡百事為無少芥滞以為万
万世永好之地豈不美哉使曰感意至此深感〻當依戒歸告我朝
廷而但我國謹守拙約不通外交所以凡事樸實無奇技妙藝可以
為人出力者則倘無一分藉助於貴國而徒望貴國之藉助於我矣
豈非愧耻之甚者也卿笑曰豈有是也此皆公之過謙耳遂數語
告別而起至外歇所大丞權大丞追出告別官本曰吾且奉使往

274 창사기행(滄槎紀行)

貴国矣凡事周章斗護専特於公矣使曰公行之来吾人之所甚幸矣至於鄙人則適茲承乏有今番之行而古人所謂如我者流車載斗量不可勝數者也位卑言輕不足有無於我朝廷則其何以有益於周旋之際耶但公雅量高致凡事周便必能善其終始是所區〻之望也遂洪别而敀○四禮單物種自外務省送工一匠為外樻以草補空而搬運

二十七日丁巳晴早起整頓行李巳刻起行馬車人力車已待于外徐行十里至新橋鉄道舘登楼少憩騎兵九對傳語罷還而輪車已戒矣半刻之頃至九十里鉄道関下車登楼吸茶舒氣自関外乘人力車行五六里入會議社先進茶果次進温麵休息之間登電楼自下至上架木為蝸殻形回旋而登歷短梯三層至最高處假量為數百尺中懸兩鍾分東西穿兩窓欵而懸垂到中層而止各為機括隨時自打者也最上尖高處外設危欄粗容一人之着足立而南望則橫濱大海浮〻

連天臨浦層屋鱗鱗撲地而各國之館樹以標幟如米國則青質而以白斜界中紅縷裁縫爲米字樣英國則上錯青紅方文其三分二則橫連青紅長紬間架而爲面端隨縮紋飄以爲脚者也法國則以紅白兩色間以連幅者也市肆繁麗帆檣簇泊東京物貨皆由此而注滙云俄而乘小車到津頭駕火舟上雲艦古澤少丞與書記皆因政府指揮將送到于橫須賀七十里點檢舟艤之堅疏然後可以遠餞貴价云云正使屢度辭謝終不回去共與登舡晡降已泊橫賀水環港口小開洞浦三面崖上開海軍制作寮瀛艦之造皆在此地其他器物長鉤掘地旋篙在在可放〇申後雨作古澤及奧生皆下陸而去海軍省官員請見于正使欲示以軍機之制而辭以疾不見

二十八日戊午徹夜雨大下至朝不霽兩官不能固請下艇而古澤及奧生冒雨而來各各叙別而故蓋繾綣之意惆悵之色溢於言外矣奧生辭去更寄一絕於余及翁人矣〇未刻將行舡傳語生徒四人及附屬二人下陸不來送艇

四毛而不得蓋酒于酒色不記行期而自外務省必有大罰云矣遂衡兩舉碇已當申刻出自港口夾山而左轉行四五十里許兩捲風起一直前進纔出大洋風勢益猛日已昏黑汽桶奏噐水輪乱噴巨浪歎空茫無涯畔舟中之人莫不眩倒玻瓈盃鍾琉璃燈壺以至床卓椅籠東走西馳随觸破碎板上鉄索磨幹如霹靂房内陶甁閙流如彈凡至夜深舡師格工惝恍失序走告曰如此風濤近古少罕不得不退行于依山處以為下錨住船之道正使曰任自行止俾為捨危就安之事可也時余猶定神諧上房飲壓驚酒數盃論安心話一遍安房軍官尙有趑趄之態屹然立床下而餘外則非徒我行中以至傳語官及房廚輩皆顚沛於瀆洞枕上矣過子刻稍尋。山處近留住云故向之曰自橫須賀發舡直行二百七十里而遣風半宵退行為二百六十里而北距横賀側路三十里此去武蔵州東京不過一百二十里之間也是乃安房州之北相模州之南也雖云留碇而波蕩之勢

鷁䳱之拜徹曉不止蓋行二晝夜之頃纔到三十里令人可悶也
二十九日己未朝陰晚晴廚房之屬不能收拾精神向晚始借爨於日人廚
房略〻行飯而諸人以歐氣不能下箸稍〻正使與余勢餐三分之一巳刻
船長告以行船余出往問之則雨風針稍〻正立將於午刻可卜風宿波穩
耳遂拔錨上艙張帆掛棹少焉日光穿漏浪花起滅一瞬之際歷伊豆之
界挾大島而右曳燈岩之下北望富士山頂白雪學流雲西看紀伊
境上翠岑如旅髮髻焉午以風勢之逆下帆前進終夜不停
三十日庚申晴風微逆早起問海程曰夜過遠江州之陰濤今當伊勢
初界而此去神戶不滿一千五百里云午後風少止晡間挾紀伊州之大島岩
石巉秀船出其間細雨乍下斜陽漏輝口占一絕曰層濤過盡始明山倏
忽羣峰一瞬間岩邊十艇漁人集帶雨忙〻打網還繚緲疊嶂連孿
千餘里者皆紀伊之境也夜渡始震舟行不止

閏五月初一日辛酉朝雨晩陰早行望賀禮于甲板上是日辰初舟泊神戶港霏微不絶是地西兵庫而東神戶皆有縣令管攝之兵庫縣令神田孝平使人送言於舌官要請使行下陸將以外務省指揮欲覩大坂城造幣寮而正使以口中熱腫不能強作向晩以杉瀧酒一桶看品一榼送之行中諸負亦以桶榼分供中下官則或三斤盒五斤盒均饋焉○舟泊神戶港旋陰欖雲幔撲撲風蒼茫天地指彈中玄權初停朝日上舟人唱罷滿江紅○大輪之用宸藉石炭而自江戶載來者不贍故依外務省公文兵庫所在石炭以津船運致移載于汽艦小如拳者大如砧者可數三百石自此往還釜山之資用者也○申後自外務省電信來到曰南陽仁川江華右三項中須擇切近地方取路京城以此直告于訓導前事 年月日宮本大丞電致意蓋理事出來時路程須爲導達者也

初二日壬戌晴朝飧後正使率六隨負略備鹵簿下神戶浦上會仕樓申

剋還為上艦午飧自本縣度備焉因為留碇待曉將發

初三日癸亥晴日初燒煤起行早登甲板北備前而南讚岐山勢繚繞鄉村寥

靜遶漁舠商船連絡於烟波之上麥阡稻壠鱗錯於雲林之間庶幾超

塵樂志之士而岸夾長洲帆掛順風始覺經危而就安遵陸而獲乎

者也過備後州而海色漸大日暈向曛舡行益駛

初四日甲子晴卯初舟泊于赤馬関朝飯後正使以下乘津舡出永福寺

少憩以茶麪待之午後還為登艦少選發行明朝可抵釜山故耳○自

橫須賀離發後與九皋以詩寄之曰送子三韓去寧憚百里遙欲知離

別意損淚雨蕭蕭以書謝之次其韻而送之曰橫賀合雨雲海渺

茫古人所云丈夫非無淚不洒離別間者若在此境果不知作何語

也際拜瓊章陸地慰沃有如披白覩青而一悟離愫振觸于中

仰想去留做得一般敢向旋駕之餘起居百福烜達徽恍溯洄

莫量僕伊日申刻開帆約行數百餘里夜泼風掣鐵檣轉甚舟中
多少人員擧皆暈倒不省酒畫茶鍾東奔西碎其所危怖蕩蕩之所
罕覩云矣就中稍幸者惟信使與不佞大耐定精朗誦中庸章句
一遍頓覺胷次之不亂遂退行徹曉還到橫河三十里之地日纔
出而浪少息至巳初旋又戒行穩到于馬関而可謂生平刼運奥
過乃安者也欲明早可抵釜山港父母之國看看漸近私心喜幸
庸可旣乎謹步瑶韵而攄之言不盡意還激忡悵統希星槎
以時利涉兩国太平重圖會面略此敬具朝鮮曆丙子閏五月初四
某拜官本大丞安節不敢稱撰而嗣後層溟万里穩稅輶車實
是顒希者耳詩曰我去君来別渾忘道路遙蒼茫橫賀港通信
兩辞蕭其二曰證交元有道世級豈云遙欲許知心說鯨書与管
蕭其三曰總經風濤險不愁万里遙倘知萊浦上合入客帆蕭○行

止任艇〻長島谷保明於海學且長門州士族也庸表往還共濟之
誼贈以一絕九萬長空積水明輪機時轉快風輕知君妙美推天
造六合中間信〻息行舡長大喜來謝曰幸承明公結不世之緣而從
從令以往思公不見則當開讀瑷篇以為萬里顏面也○重入永福
寺寫贈墨華法師一詩山如篸列水如油路舍渼洋下別洲也識
禪家緣業重金波楼外再停舟○申正行舟風勢少蕩至夜刻出
大洋驟雲滿星犇風截海舡中什物碎破無餘房內人負衡毆益
甚冒行三百餘里寸進不得舡長使舌官送言于使行姑請退
舡數刻之頃還到赤馬関六十里之地下碇而搖〻盪〻愈不止焉
傳語官以舡長之意請曰前此橫渡賀浪費五百六十里之水程
令日馬関又費五百五十里之水程如是遲延甚為未安與其留
此而搖盪不已也不如遵海而南依島而下則此去對馬州可八百餘

里自對馬島至釜山浦可四百八十里雖若迂路其所危險差勝於
直絶水宗而取近也遂任其行舡
初五日乙丑風勢愈迸過筑前州夾壹岐島而右轉倚艙一望令人整
衿日已過午而未得行朝飯至未正抵對馬島府中前港雖放錨而立掀翻
不住始大桌布禁轉方架而薦食渴腸冷餐并失口味混如黑甜之攪
兮相慰黃色之浮面矣少焉解下從舡擺列小艛一齊下陸至以酊庵、是
我
宣廟時玄蘇之所住而及其來使也以其丁酉生也故 特賜以酊之号而
前壹扁曰蕪鴻室此是法師所居而每年遞改秋以爲程故有是額爲
後堂透回處安金粟範像桌面豎發額牌以金字鐫之曰朝鮮国王万
万歲金佛之左傍坐一木像乃玄蘇之後身也令則寺觀荒凉只有數
三緇徒而已縡聞前導之辟男女老少闐咽街巷入禪門各定房舍爲留宿之
計焉一行支供自外務省立站人進排迓接官浦瀨之家在其隔墻要與往

觀盛備酒肴以侍之水陸諸品為數十餘器使婢子行酒俄而有十二歲兒女奉壺善灌問之則云是主人之族女也居無何又有一精妙娘子自內而出坐於傳傍伶俐行膳問之則主人之親女年今十七尚未出嫁欲為觀光且接尊客以盡其礼者也行中諸人亦來會序酬畢還到宿所夜不能安寢而北風之力達朝未息船長來乞徐觀波勢行身傳語官太半是島人故亦勸明曉發程

初六日丙寅早風晩晴飯後將登艦旧島主宗義和即前太守重正之父也送舌官切懇曰僕世守此島恭奉貴國交隣之事于今三百年所十載以來疑阻之後常歎信使之久絶意外星槎忽臨陋地風波涉險縱不勝驚慮万〻而安知不天借之便耶幸伏望特賜光臨使廢人得以榮生門閭則豈非大幸大感者乎正使以下不得已歷路往訪其第宅雖不豊侈可給林泉供養遂與叙禮定坐其顏貌之俊碩言論之洪亮儘是藩臬世臣

也前進酒菓次設餠餔晩備飯蔬山珍海錯旣盛且絜出扇及紙遍請書
與畫皆隨技隨應無不大悅向午請入內堂此是燕居之所也簨奇石於庭畔
橫筧注瀑而泓爲長池種松竹栽花卉井井成列竹林之下別開數間精
舍貯書燒香頗有雅致其北有神堂以石爲門高可數丈內建傑閣扁曰奉
獻日本之俗以神佛儒爲三教而近自西學之盛三教皆索然矣隨遵而升
內堂續設茶菓一盤坐定主人請曰僕年今五十八有子二十餘人有女四矣可謂
福祿之盛而但恨此生恐未更聞貴國之樂音矣今日此會甚非偶然願聽
大風樂一遍遂命奏於庭上內外聽者莫不大悅茶罷出外堂將叙別以錦一
軸海黃紬一疋劒一振名酒四榼磁畫炉一坐進于正使以紬一疋團扇三梃各
贈於四譯以半紙二束團扇三面各贐於六從官其久积之餘稍舒菀悵
故欣歎甚摯相與揖別申刻至艦風脚指西〇對馬州改府爲嚴原縣
隸於長崎而永廢太守之官只置支廳以應長崎參事之時到敎政爲東

武舘在旧日府治之東我國使命之来留住于此至舖混突而六十六年之間蕪穢不治矣万松院在其西山谷窔邃處而前日信行多遊行息偃故紀事者詑若別界尙令巋然爲海岸寺在以酊之蓮南麓頗近精海前臨濵津東對巉岩可讀可棲也○宗太守送隷四使以茶食草五百圓胡桃一橐彩筆二十枝眞墨十笏童蒙先習四冊啓蒙篇三冊分送於其之子姪孫（子名東之介方十二歲 孫名直允年方一十）畧表心子之愛○夜初發船終夜南行直長佐須浦之下三百餘里向曙北去三百里出立西望我国群峰羣繞船頭路出影島之北吹螺報信辰初到泊草梁浦前四路並迂行爲六千六百五十里○（官戢之品毘用之妙畧備載於錦舘隨筆）俗尙之

初七日丁卯晴點檢箭籠卜使津船直達于釜山鎭而余与數人同舟到草梁客舍使行以其荒凉移住于訓導任所賓日軒之西誠信堂之南廳釜山僉使將爲来見中頓訖入處鎭廨午後左水使及萊伯多大鄭制

次第俱到矣○接見五月初五日家書俱爲平善可幸仍爲留宿
初八日戊辰風晴飯後黃山驛人馬未及來待貰物於人替騎於轎齊入萊
府還渡狀啓昨已修正送于萊府夜馳急延亢七宿而可達京城云○自
萊府精備饌鉄六七光肉滑四五榼送于草梁館接待船長及送接
官尾間啓沿浦瀨裕 荒川德磁中野許多郎先已落留對馬島 生徒等盖日人嗜此而明將
蘐還故耳○自釜山入萊府彥吟朝從誠信館路遠永嘉迨邊桐穴威壯皇
華瑞色開脳中滄海濶眼底疊山回紖是家鄉信平安二字來
初九日己巳晴機張倅暫來旋去以雩祭未撤也黃山丞亦纔到即還
以使行留憩五日將率夫馬趂期更待有所令飭也
初十日庚午晴梁山倅早來 補敘
十一日辛未陰燠
十二日壬申陽午饗各一卓別自本府備待以替宴需○訓導玄昔運病

瘇卧其私寓之第夕往與別○回禮單料檢官以機張縣監差定
十三日癸酉晴飯后難發至梵魚寺二十里留宿黃山丞來同起居萊伯以
瘇辭送兵幕李五衛將鎰使之看檢支億○夜起獨坐境僻禪窓靜天
低野色平雲間鍾磬響徹宵夢思清○渡海下屬並自此罷送
十四日甲戌晴晚發到梁山郡三十里中頓自咸安郡添助即發至通度寺日已曛
黑矣五十里留宿

通度寺

平遠官道接嶙峋綠宿禪門兩洗塵燈迦靈骨千年在道伯真容一
幅新僧徒曰若有大官宿于此則法雨必洗腥穢云伏之昊云旱餘夜果雨○寺後有如來舍利浮屠塔甚宏○申海藏錫愚氏曾以道伯寫真本殿諸佛龕
十五日乙亥曉雨一稍午自昌原府出站府使閔宗鎬亦來待朝飯於
午後飯畢即發還到梁山官五十里宿

進碧樓次板上韻 遽賢天仙田

高閣時相待層滙路且周江分郊勢去竹挽歲華留常供仙吏隱不障韻人遊坐盡東南美停盃我思悠○到密陽足成此詩簡寄一齋魚使君鐫揭于樓額以其要在踐約也

十六日丙子晴熱早發二十里過水門遷二十里歷鵲院遷年前新設關隘自龍堂夾洛東兩右之二十里至三浪倉中火（自密陽本府度）饋罷即發本倅元世澈來見先去到本府四十里宿於椽廳是日行一百里

十七日丁丑晴熱晚上嶺南樓々東凌波閣即正使信宿處所也與菊人兩亭乘樓船泝洄南江次板上都典校元與韻

樓角青山水底天溶々水色一樓前遠隨龍郎遊處外閑伴漁翁夢日邊位置勝區多歲月酬供韻士財風烟武陵巫峽尋真路可奈斜陽上酒筵○是日仍為留宿省峴丞金命基以夫馬差負來到

十八日戊寅晴熱留觀察使朴齊寅將禱雨於梁山龍堂津以是日過

宿于此云故乍退程期欲共語舊也晡後道伯簡率入府

十九日己卯晴熱晚發先送道伯而到榆川三十里中頓至清道四十里宿

是日行七十里

二十日庚辰朝雰晚陰二十里入省峴驛衙少憩三十里至慶山縣縣令李晩昇

中火旋雅大邱三十里判官金有鉉宿○是日行八十里

二十一日辛巳朝小雨晚凝陰慶州府尹金爽鎭方赴任來到營下以待道伯

之還而午間專訪旅館故晡後往謝焉正使以暑泄不能起程仍為留連

使陪行營吏馳通於前路使之退站

二十二日壬午風熱早發十里渡金烏江因旱橋涉又十里歷漆谷邑府使

具光書東明院二十里中火自本邑出站行五十里擧火入仁同府〻使李觀

應忽湯馨抱李進士源駿李碩士源禧從昆季自星州策室專到于

此竟夕穩話以五鐥酒一矩榼贐之○是日行九十里自東明院遞乘金泉驛馬

258 창사기행(滄槎紀行)

二十三日癸未驟雨一霽午發至善山府(府使李鶴甫)五十里宿進騎出谷驛○趙
中進玉庵自開寧舟室来見縣監金洛鎮致書相問○(所騎自召村驛等待)
二十四日甲申晴長川院(尚州地)四十里中頓自金山郡出站郡守徐相祖躬来
支億尚州牧三十里宿牧使李承𢢝以老病不能馳謁正使○是日行七十里
二十五日乙酉晴熱咸昌四十里中火縣監趙鍾純出見于椽廳飯畢旋發
日極熯屢憩于田叢遷及兎躬步炬行十餘里至聞慶縣六十里宿○是
日行一百里
二十六日丙戌晴早發至鳥嶺関三十里乗肩輿而下路由左轉入延豐縣
縣監李(容元)中火自沃川郡分當郡守洪彭裕因雰未出午後行五十里槐
山郡止宿(郡守林徹洙)自清州牧分當牧使趙秉益并因雰書替○是
日行一百里○金進士昌植族人檼壽来見(連源東峯夫馬皆来待于延豐)
二十七日丁亥晴熱早起往拜族兄光普氏于衙東驛村飯畢旋行過

訪金進士家敎酌訖到陰城五十里中頓縣監姜淡奎自燕岐縣分站縣監
閔泳大弁未來遂發至無極店忠州地三十里宿由本邑支應牧使李正
魯在治○連源丞金在鶚以稅穀差負不來粟峯丞朴文彬領到
二十八日戊子晴熱平明起行歷昆佐忠州地十里長院十五里陰竹縣十
五里中火方午旋發利川五十里宿○是日行九十里○中頓自楊根郡
振威縣分站夕供自砥平縣陽智縣分站
二十九日己丑晴熱昆佐廣州地三十里中火驪州龍仁安山分站午發踰慶
峴十里鳥峴二十里乘肩輿而登至廣州府二十里宿○是日行八十里
○留守尹滋悳在京判官李錫應在治支待
六月初一日庚寅晴熱飯后登西將臺眺遠由南門而出渡松坡三田
二津至箭串橋家兒及廣元松鶴丁石李輸畢來待矣少憩即
發從興仁門入京

【영인자료】

# 滄槎紀行

## 창사기행

여기서부터 영인본을 인쇄한 부분입니다. 이 부분부터 보시기 바랍니다.

**구지현**

연세대학교 국어국문학과 및 동대학원 졸업
선문대학교 국어국문학과 교수



수신사기록번역총서 2

**창사기행** 滄槎紀行

2018년 2월 22일 초판 1쇄 펴냄

**지은이** 안광묵
**옮긴이** 구지현
**발행인** 김흥국
**발행처** 보고사

**책임편집** 김하놀
**표지디자인** 손정자

**등록** 1990년 12월 13일 제6-0429호
**주소** 경기도 파주시 회동길 337-15 보고사 2층
**전화** 031-955-9797(대표)
02-922-5120~1(편집), 02-922-2246(영업)
**팩스** 02-922-6990
**메일** kanapub3@naver.com / bogosabooks@naver.com
http://www.bogosabooks.co.kr

ISBN 979-11-5516-769-4
979-11-5516-760-1 94910(세트)





정가 28,000원